A REVOLUÇÃO QUE ELES
NÃO ESPERAVAM

MILEI

A REVOLUÇÃO QUE ELES NÃO ESPERAVAM

MILEI

HOJAS DEL SUR
www.hojasdelsur.com

Milei. A revolução que eles não esperavam
Nicolás Márquez e Marcelo Duclos

1ª edição

Editorial Hojas del Sur S.A.
Albarellos 3016
Buenos Aires, C1419FSU, Argentina
e-mail: info@hojasdelsur.com
www.hojasdelsur.com

ISBN 978-987-8916-96-5

Direção editorial: Andrés Mego
Edição e revisão: Silvana Freddi e Ana Tamagno
Design da capa e do interior: Cali Hernández e Vero Lara
Tradução para o português: Roderick Navarro

Milei : a revolução que eles não previram / Nicolás Márquez ; Marcelo Duclos. - 1ª ed.
Ciudad Autónoma de Buenos Aires : Hojas del Sur, 2024.
320 p. ; 23 x 15 cm.

ISBN 978-987-8916-96-5

1. Ensaio político. I. Duclos, Marcelo II. Título
CDD 320.82

PRÓLOGO

JAVIER MILEI E A BATALHA CULTURAL

Agustín Laje

É tão difícil entender a ascensão de Javier Milei ao poder sem recorrer ao conceito de "batalha cultural" que até mesmo o jornalismo convencional teve que incorporá-lo em sua análise, embora, é claro, sem qualquer profundidade teórica. A rigor, a "batalha cultural" está na boca de todos hoje em dia: parece ter se tornado a chave hermenêutica do momento, aquela que funciona como a chave para interpretar o que cada vez mais passou a ser conhecido como a "Nova Direita".

O interessante é que, pelo menos desde a segunda metade do século XX, a cultura esteve sob o poder de várias ideologias de esquerda. Na verdade, a cultura foi uma espécie de prêmio de consolação diante do triunfo inexorável do sistema capitalista, do colapso das experiências totalitárias do socialismo real, do advento da globalização econômica e da formação do sistema de produção pós-industrial, que acabou tornando a "classe trabalhadora" um sujeito político definitivamente deixado no passado.

A esquerda recuou e fez da "cultura" seu refúgio. Cinema, rádio, televisão, jornais, revistas, livros, escolas, universidades, arte, teatro, música: a enorme esfera cultural - que, aliás, já estava em permanente expansão tecnológica e burocrática - não havia sido percebida pelas teorias revolucionárias do século XIX e das primeiras décadas do século XX como uma esfera de importância estratégica para a implantação de uma revolução política, com exceção de um homem: o marxista italiano Antonio Gramsci.

Assim, a noção de que a "cultura" é fundamental para a tomada do poder político corresponde, no século XX, ao pensamento estratégico não da direita, mas da esquerda. Se o método da revolução violenta (ao estilo leninista)[1], por meio do qual um grupo político se apropria à força do aparato coercitivo do Estado, for encerrado ou adiado por qualquer motivo, ainda há um método muito menos perceptível que surge como alternativa: o de se apropriar dos aparatos ideológicos e culturais[2], a fim de obter acesso ao poder uma vez que a "cabeça" do homem, por assim dizer, tenha sido conquistada. Por isso, Gramsci redefiniu de forma famosa o Estado como "hegemonia blindada com coerção"[3]: o que ele estava enfatizando era que os instrumentos de violência física pelos quais normalmente caracterizamos o Estado[4] são, na realidade, apenas metade da equação. O Estado é, acima de tudo, um consenso cultural (e isso é hegemonia) com o apoio definitivo da força das armas.

Os seres humanos somos animais culturais. Nascemos, vivemos e morremos cercados por elementos que foram fruto de nossa própria criação (nosso próprio cultivo). Por meio deles, por sua vez, nos inserimos em estruturas interpretativas por meio das quais entendemos o mundo e definimos nossa ação de acordo com elas. Toda ação humana depende de uma interpretação prévia (dos meios, dos fins, dos valores em jogo, dos sinais e símbolos, das histórias e mitos, das crenças e costumes, das palavras e formas, dos ritos e tradições). A cultura nos fornece a matéria-prima que, sem estarmos plenamente conscientes disso, usamos em cada uma de nossas interpretações e, nesse sentido, ela interfere na determinação de nossas ações.

Vista dessa forma, a cultura aparece diante de nossos olhos como poder. Max Weber definiu o poder como "a probabilidade de impor a própria vontade, dentro de uma relação social, mesmo contra toda resistência e

1 Vladimir Ilyich Lenin, o grande mentor por trás da Revolução Russa, colocou em prática uma teoria de tomada de poder por meio da violência, apresentada em seu livro *O Estado e a Revolução*. É interessante notar, também, que Lênin reconhece em outra parte que a violência não deve ser usada apenas para obter poder, mas também para governar os homens. Em 1918, Lênin reconheceu inequivocamente que a ditadura da qual ele foi o arquiteto é "um poder que se baseia diretamente na violência e não é limitado por nenhuma lei", e que, portanto, "a ditadura revolucionária do proletariado é um poder conquistado e mantido pela violência exercida pelo proletariado sobre a burguesia, um poder não limitado por nenhuma lei" (Vladimir Ilyich Lenin). (Vladimir Ilyich Lenin. *La revolución proletaria y el renegado Kautsky*. Madri, Fundación Federico Engels, 2007, p. 16).

2 Essa terminologia, em particular, corresponde a Louis Althusser, que desenvolveu alguns dos pensamentos de Gramsci na segunda metade do século XX.

3 Antonio Gramsci, Antología. Volume II (Buenos Aires, Siglo XXI, 2014), p. 392.

4 Considere a definição agora clássica de Max Weber sobre o Estado: "Um instituto político de atividade contínua, quando e na medida em que seu quadro administrativo mantém com sucesso a reivindicação do monopólio da coerção física legítima para a manutenção da ordem existente" (*Economía y sociedad* [Cidade do México: FCE, 2016], p. 185).

qualquer que seja a base dessa probabilidade"[5]. A cultura é poder na medida em que pode ser claramente discernida como a base de uma série de comportamentos. A torção de valores, sinais, histórias, linguagem, etc., torna-se uma torção da vontade, com uma vantagem sobre a torção obtida pela força física: é infinitamente bem menos perceptível.

A batalha cultural é uma lógica de ação política que considera o poder da cultura em pelo menos dois sentidos distintos, mas inter-relacionados. Por um lado, a cultura como um conjunto de meios e instituições pelos quais a comunicação humana flui incessantemente, definindo as estruturas interpretativas nas quais as pessoas vivem. Televisão, jornais, livros, filmes, séries, músicas, redes sociais, escolas, universidades, igrejas, fundações, são apenas alguns exemplos. A política, antes ligada quase que exclusivamente às instituições estatais, está se espalhando, em uma teoria de batalha cultural, por todas as áreas em que é possível se comunicar sistematicamente. Mas, por outro lado, a cultura também é vista como a própria natureza do conflito político; em uma teoria da batalha cultural, as questões da política se expandem para áreas que, há algum tempo, eram consideradas puramente culturais. História, gênero, família, religião, etnia, identidade, estética, moralidade: a batalha cultural se desenvolve nos campos mais diferentes.

Essa é a chave mestra de Javier Milei: ter entendido a batalha cultural em seu sentido integral, que envolve ambas as dimensões. Sua vitória política, certamente inesperada para quase todos os atores e analistas políticos, não pode ser atribuída às virtudes de um aparato partidário, nem aos grandes financistas, nem ao favorecimento da mídia tradicional, nem ao apoio de potências estrangeiras, nem à alavancagem por meio do Estado, como geralmente acontece. Tampouco pode ser reduzido à única variável do contexto econômico, pois, se assim fosse, seria difícil explicar por que Milei, e não Bullrich ou Larreta.

O diferencial mais notável de Milei em relação a todos os outros é a "batalha cultural", e é exatamente por isso que ela se tornou a chave interpretativa do momento. De fato, a própria trajetória do economista é definida em torno dessa noção. O projeto de Milei não começa com uma eleição presidencial, mas com o desejo de influenciar a cultura em um

5 Ibid., p. 183.

contexto no qual a decadência é definida, antes de tudo, como decadência cultural, da qual a decadência econômica é a consequência mais tangível.

Esse ponto de partida é vital. O economista libertário apresenta um diagnóstico que identifica a raiz do problema com algo que se chama "cultura". O desastre econômico da Argentina, produto do intervencionismo estatal crescente e descontrolado, não pode ser resolvido com mudanças puramente econômicas, mas requer, ao mesmo tempo, o banimento das estruturas interpretativas socialistas hegemônicas que foram impostas para garantir a pilhagem e o desastre que a casta política produziu. Milei não é sociólogo nem antropólogo, mas tem a seu lado a riqueza teórica da Escola Austríaca de Economia, de cujo seio um Friedrich Hayek pôde dizer que um economista que só soubesse de economia seria um perigo para a sociedade. Ou Ludwig von Mises, que, já em 1922, em sua obra O socialismo: uma análise econômica e sociológica, apostava na luta de ideias. Ou um Murray Rothbard que, em sua fase paleolibertária, conclamava a lutas culturais contra a "Nova Esquerda". Milei sabe muito bem que a economia é um sistema social inter-relacionado com outros sistemas sociais, como a política, mas também a cultura.

Com o diagnóstico feito, Milei travou sua própria batalha cultural. Ele certamente não foi o único a fazer isso. Muitos outros, como os autores deste livro e o autor deste prefácio, vínhamos fazendo o mesmo, e com enorme esforço. Mas Milei tinha uma diferença específica em relação a todos os outros: seu carisma. O charme de sua personalidade, a autenticidade de seus métodos (o que poderia ser mais ridículo do que criticá-lo politicamente por seus métodos, quando eles explicam em grande parte sua diferença em relação a todos os outros?) a coragem de abordar os tópicos mais politicamente incorretos fez de Milei um personagem atraente para a maioria da população, o que elevou a audiência dos programas que ousaram convidá-lo.

A lógica do mercado prevaleceu, e Milei rapidamente se tornou uma grande personalidade da mídia. Nesse meio tempo, ele escreveu livros, deu conferências, participou de painéis em fundações e, acima de tudo, aumentou sua presença nas redes sociais. A mídia tradicional, que certamente era importante no início, tornou-se cada vez menos importante. O poder cultural de Milei se emancipou dessas plataformas, no sentido de que ele precisava cada vez menos delas para que sua mensagem se espalhasse por toda parte. Suas redes ganharam autonomia, tornaram-se seu principal meio de comunicação direta com um público cada vez maior, e chegou um momento em que a mídia hegemônica, mesmo que não quisesse contribuir para sua disseminação, simplesmente não conseguia parar de falar sobre ele.

A batalha cultural de Milei não se reduziu a questões econômicas, mas abriu-se a uma série de tópicos que a "antiga centro-direita" teria considerado ociosos e desnecessários. Assim, por exemplo, Milei apoiou explicitamente a causa pró-vida, desde que o macrismo e, mais tarde, o kirchnerismo, trouxeram o debate sobre a legalização do assassinato de seres humanos em gestação. Muito antes de ser candidato a qualquer coisa, o economista libertário andou pela grande mídia defendendo o direito de viver. Ele também participou de manifestações em favor das duas vidas. De forma significativa, a militância pró-vida de Milei transcendeu o contexto desses debates e foi reafirmada durante sua campanha eleitoral de 2023. Qualquer consultor político o teria aconselhado a pedir silêncio sobre essa questão, já que ela não faz mais parte da agenda pública do país, e abri-la novamente poderia gerar "agitação social". O jornalista Alejandro Fantino lhe disse isso claramente no ar, ao que o candidato Milei respondeu que não se importava nem um pouco. De fato, sua batalha cultural tem uma lógica muito diferente da tradicional batalha político-eleitoral. Seu compromisso com valores e direitos fundamentais, como a vida, a liberdade e a propriedade, não está sujeito a pesquisas de opinião e grupos de discussão encomendados. Se assim fosse, seria muito difícil distingui-lo da práxis macrista acovardada, cujas "convicções" e "ideais" são tão fracos que se desfazem sob o domínio das pesquisas de opinião.

Milei também se manifestou contra a ideologia de gênero e todos os seus elementos ridículos associados. Assim, ele confrontou o feminismo hegemônico e seus dogmas (inclusive a "diferença salarial"); atacou o absurdo da mal chamada "linguagem inclusiva"; opôs-se à doutrinação que ocorre por meio do ESI e seus currículos de corrupção e confusão sexual de menores; Ele confrontou a ideia de que o Estado deve aos indivíduos algo chamado direitos de "identidade", de acordo com suas autopercepções, e que, para cumpri-los, ele deve mexer no bolso dos outros para financiar hormônios, cirurgias e vários disfarces. No debate presidencial, Milei se posicionou firmemente contra todas essas agendas, expressando sua recusa categórica em apoiar a "Agenda 2030", cuja chave hermenêutica transversal, de acordo com a CEPAL, é precisamente a categoria de "gênero".

No que diz respeito à discussão da história, mesmo antes de entrar na política, o libertário tomou uma posição. Sobre a década de 1970, em particular, ele denunciou, sempre que possível, o dano causado à sociedade pelo fato de a história ser contada pela metade para justificar guerrilheiros e terroristas e para lucrar com as bandeiras "derechohumanistas". Não teríamos tido o dia 24 de março de 1976 se não tivesse havido um ataque terrorista anterior contra governos democráticos e constitucionais, dirigido especialmente desde Cuba. Essa é "a outra parte da verdade" (assim é o título do primeiro livro de Nicolás Márquez) que tem sido sistematicamente ocultada porque, no momento em que for contada, a década de 1970 será mostrada sob uma nova luz. Também é significativo que, mesmo em seu debate presidencial, Milei tenha optado por negar a veracidade dos "30.000 desaparecidos", nada menos que o slogan favorito dos anos 70 e dos corruptos porta-estandartes dos "direitos humanos". Mais uma vez, qualquer consultor político teria recomendado enfaticamente não mexer com essa questão, muito menos com uma vaca tão sagrada: mas a batalha cultural é muito mais do que uma batalha político-eleitoral; a batalha cultural exige que a história seja colocada em seu lugar.

No que diz respeito à história do século XIX, Milei reivindicou duas figuras como inspiração para seu projeto político: Juan Bautista Alberdi e Julio Argentino Roca. O liberal clássico ao lado daquele que Natalio Botana colocou como a personalidade mais proeminente da "ordem conservadora" que se instituiu no país no final daquele século. Essa é uma definição político-prática, baseada na experiência histórica nacional, na qual libertários e conservadores se encontram no que muitos de nós hoje chamamos de "Nova Direita".

Em questões econômicas, o foco da batalha cultural de Milei foi destruir o esquema de "justiça social", entendido como redistribuição coercitiva por parte da casta política. Em nome dela, o Estado nunca parou de crescer; em nome dela, os gastos públicos nunca pararam de crescer; em nome dela, os cargos públicos, os privilégios, as regulamentações, o clientelismo e a corrupção nunca pararam de aumentar. A "justiça social" é o coração atávico do sistema ideológico da casta[6], que gera dois efeitos inter-relacionados:

6 Para aprofundar essa questão, recomendo que o leitor leia O *Atavismo da Justiça Social*, de Friedrich Hayek, e *Anarquia, Estado e Utopia*, de Robert Nozick.

por um lado, deforma a cultura, injetando nos indivíduos a estranha noção de que eles têm o "direito" de que outros lhes forneçam coercitivamente uma série de bens e serviços; por outro lado, configura o lugar dos políticos como os encarregados de operar a coerção necessária para que esses bens e serviços fluam de um para outro. A "justiça social", entendida dessa forma, é um ato de violência sistemática politicamente estabelecida. Milei mostrou a verdadeira face dessa questão para um povo acostumado a endeusar o Estado e os políticos em nome da "justiça social".

Poderíamos dar mais exemplos (como a conscientização gerada sobre a insensatez do gasto fiscal, a afronta à liberdade que os impostos representam, a natureza monetária da inflação, etc.), mas esses quatro pontos: aborto, ideologia de gênero, história, teoria da justiça, cujo centro de gravidade não passa necessariamente pela questão econômica, são suficientes para ilustrar nosso ponto de vista. E aqui vem o ponto mais importante: tendo conquistado democraticamente o poder, tudo indica que Javier Milei continuará a batalha cultural, agora de sua posição como Presidente da Nação. De fato, nenhuma dessas questões desapareceu da retórica do economista; seus inimigos estão perplexos, porque, como há muito tempo não entendem o que é uma verdadeira batalha cultural, eles a confundiram com uma mera tática eleitoral. Agora, eles estão chocados ao ver que, apenas em seus primeiros cem dias (enquanto escrevo esse prólogo), o presidente eliminou o "Ministério da Mulher, dos Gêneros e das Diversidades"; retirou da administração pública a mal chamada "linguagem inclusiva"; eliminou o INADI, o INCAA, a Télam; e desmantelou cada vez mais o aparato cultural kirchnerista herdado. Além disso, defende o direito de viver em suas aparições públicas, em suas redes e até mesmo em uma palestra em uma escola, e seus deputados mais importantes, como Bertie Benegas Lynch, antecipam que, quando o momento político for propício para isso, eles também banirão o aborto. Ele removeu os símbolos feministas da Casa Rosada em 8 de março, nada menos que isso; mostrou o outro lado da verdade em 24 de março, nada menos que isso, e muitas outras medidas.

A batalha cultural é a chave para interpretar Milei, não em um momento específico, mas como um projeto integral: o Milei antes de ser candidato, o Milei candidato e agora o Milei presidente dos argentinos. Se seu diagnóstico estiver correto, o país sairá definitivamente de sua decadência ao se renovar culturalmente, adotando valores de honestidade, trabalho árduo, mérito e economia, respeitando a vida, a liberdade e a propriedade dos outros.

Este livro é uma contribuição para isso mesmo: conhecer a fundo Javier Milei, o caminho que ele teve de percorrer, seu contexto histórico de atuação, as ideias que o marcaram, as fontes de seu pensamento, suas definições políticas e ideológicas e o que se pode esperar dele no futuro. Este livro é uma grande contribuição para todos aqueles que também querem acompanhar esse movimento patriótico que surpreendeu o mundo inteiro, juntando-se à batalha cultural que, por definição, não tem fim e que deve ser travada todos os dias e em todas as áreas em que somos necessários.

PRIMEIRA PARTE

Nicolás Márquez

ÍNDICE DA PRIMEIRA PARTE

INTRODUÇÃO

UMA VIAGEM RELÂMPAGO À QUINTA DE OLIVOS

O Dia-D

Foi quase um ano inteiro marcado por nervosismo, ansiedade, dedicação física e também estresse psicológico. Três dias antes da votação, em 16 de novembro de 2023, em Córdoba Capital (um tremendo bastião anti-Kirchner), Javier Milei encerrou a campanha diante de uma multidão tão grande que algumas estimativas apontam para meio milhão de pessoas. No palco, além dos representantes habituais do La Libertad Avanza (entre eles, a deputada eleita por Córdoba, María Celeste Ponce, Ramiro Marra e Victoria Villarruel), também estava Agustín Laje como convidado especial, oferecendo seu apoio intelectual e, como um enorme apoio político, a própria Patricia Bullrich subiu ao palco antes, sendo recebida com uma ovação retumbante: "Temos que apoiar a mudança", afirmou ela e, após breves expressões de incentivo, concluiu: "Javier, chegou a sua vez; você venceu e nós o acompanhamos com patriotismo".

Quando chegou o tão esperado momento de Milei, depois de criticar duramente a máfia no poder, ele pediu que se combatesse "a campanha do medo" e incitou seus seguidores a vencerem em 19 de novembro, pedindo que cuidassem das urnas porque, segundo ele, "os votos estavam lá". E exclamou: "Viva a liberdade, porra"[1].

A verdade é que no dia da eleição, em meio a tanta expectativa, fui votar em minha cidade (Mar del Plata), acompanhado de meu irmão Aníbal e de minha mãe, Mercedes (conhecida como "Mecha"). Nós três votamos a favor da liberdade.

---

1 Infobae. 16/11/2023. "Javier Milei encerrou sua campanha em Córdoba acompanhado por Patricia Bullrich". https://www.infobae.com/politica/2023/11/16/javier-milei-llego-a-cordoba-para-encabezar-su-cierre-de-campana-en-pleno-centro-de-la-ciudad-y-con-un-orador-sorpresa/

Mas, naquela mesma noite, se a vitória fosse conquistada, eu não poderia comemorar como gostaria (no bunker da campanha com todos os apoiadores), porque tinha que viajar de Mar del Plata (depois de me transferir para Buenos Aires) para o Paraguai para dar uma conferência. Não me arrependi nem um pouco da viagem; foi apenas o fato de ela ter coincidido com um dia como esse.

Já na cafeteria do aeroporto, aguardando o embarque e farejando o triunfo histórico que eu pressentia estar chegando, sem um único anúncio oficial, pouco depois das 20 horas, em meio a uma atmosfera de velório, vi pelo meu celular a imagem ao vivo de um Sergio Massa resignado e cabisbaixo, que subiu ao palco para falar com os militantes pagos da banca de seu partido e reconhecer publicamente a derrota[2]. Nem Cristina Kirchner nem Alberto Fernández estavam presentes para acompanhar seu candidato: sabemos quem são os primeiros a abandonar o barco quando há más notícias.

"Nicolás Márquez: Em que momento da votação você descobriu que já era presidente?

Javier Milei: Quando o Massa me ligou.

Nicolás Márquez: O diálogo foi amigável e ele o parabenizou?

Javier Milei: Não, ele me ligou para dizer que iria admitir a derrota, mas não me parabenizou nem nada".

Imediatamente fui inundado com mensagens de WhatsApp e ligações de todos os lugares. Eu não conseguia acompanhar minhas respostas eufóricas, e minha fala estava arrastada pela emoção. Eu estava à beira das lágrimas, um provável mecanismo involuntário para aliviar a tensão psíquica após tantos meses de intensidade emocional.

2 Infobae. 19/11/2023. Sergio Massa admite a derrota. https://www.infobae.com/politica/2023/11/19/sergio-massa-reconocio-la-derrota/

Pouco tempo depois, os dados confirmaram que Javier Milei e os argentinos do bem haviam demolido Massa e sua multidão demoníaca com 56% dos votos contra 44% do segundo: uma goleada histórica com quase 15 milhões de votos.

Minha viagem foi feita pela Aerolíneas Argentinas, uma empresa cujas operações são típicas de empresas estatais: o horário atrasou mais de uma hora, minha mala foi extraviada porque, por engano, foi colocada no voo errado (recuperei-a dias depois), e o atraso me impediu de fazer uma conexão adequada em Buenos Aires para chegar ao meu destino a tempo e da maneira correta.

Tive que cancelar o voo e, do aeroporto, liguei para meu irmão:

"Aníbal Márquez: O que está fazendo, rapaz, não deveria estar viajando?

Nicolás Márquez: Perdi meu voo; conto para você mais tarde. Quer que eu vá buscá-lo em alguns minutos? Vamos tomar umas boas cervejas, estamos comemorando hoje: Javier Milei é o novo presidente dos argentinos do bem".

Rockas Vivas e Born in the U.S.A

Depois de intermináveis bate-papos via WhatsApp com meu amigo Marcelo Duclos, que conheço há quase duas décadas e com quem há anos estamos cansados de concordar e discordar politicamente sobre várias questões (ele é um libertário de estrita observância, e eu sou um direitista da gema), de repente, nos últimos tempos, houve um poderoso efeito unificador, que varreu todas as discrepâncias e ampliou as coincidências: a decisão de Javier Milei de lançar sua candidatura presidencial. Além disso, nós o conhecemos há muitos anos, mesmo antes da enorme fama que o próprio Javier conquistou mais tarde com seu inegável carisma, uma notoriedade que hoje o impede de andar por qualquer rua do Ocidente sem ser espontaneamente aclamado por uma multidão que procura tocá-lo, incentivá-lo ou tirar uma selfie, uma ferramenta tecnológica que há muito tempo substituiu o obsoleto autógrafo, tão em voga antes do surgimento dos smartphones.

E foi assim com Marcelo que começaram a se estabelecer vínculos, diálogos, cálculos, análises, especulações, preocupações e, acima de tudo, o fato de compartilhar com confiança o intenso nervosismo sobre tudo relacionado à vertiginosa e longa campanha presidencial de nosso candidato favorito. O próprio Marcelo chegou a zombar do fato de que eu havia me tornado viciado em pesquisas, que flutuavam diariamente na velocidade do som, com números tão díspares quanto desconcertantes: as pesquisas na Argentina hoje se tornaram uma espécie de montanha-russa, cujo favoritismo parece depender não de estudos científicos, mas da ideologia da mídia que as divulga ou do interesse do candidato que as paga. Mas Javier Milei nunca contratou nenhum deles: No Hay Plata. Essa última frase lhe diz alguma coisa, caro leitor?

O ano estava chegando ao fim, e Marcelo me propôs escrever um livro conjunto sobre o "fenômeno Milei" e analisá-lo a partir dos mais diversos enfoques: o biográfico, o arqueiro, o Stone, o bilardista, o popularizador, o showman, o acadêmico, o disruptivo, o ideólogo, o desalinhado, o libertário, o anticasta, o economista, o polemista, o anticomunista, o amante de cães, o outsider, o político e também o Presidente da República Argentina.

Gostei imediatamente da ideia, embora primeiro eu tivesse que resolver alguns obstáculos pessoais para ter tempo suficiente para sentar e escrever doze horas por dia em velocidade máxima. Superadas as dificuldades, entrei em contato com meu amigo Andrés Mego (diretor da editora Hojas del Sur) para apresentar o projeto: seu apoio foi instantâneo. Em seguida, escrevi para o próprio Milei (ainda é raro eu ter acesso direto a um Presidente da Nação com tanta facilidade) e expliquei a natureza do projeto. Ele gostou e eu só lhe pedi um favor: que ele me concedesse duas horas pessoais para entrevistá-lo, na esperança de que, na parte desse trabalho que eu tinha de escrever, eu pudesse obter dados e declarações exclusivas que Javier não havia necessariamente exposto nos inúmeros artigos que escreveu nos últimos anos.

Na semana seguinte, Karina Milei (sua irmã inseparável, popularmente conhecida como "El Jefe") entrou em contato comigo para marcar a entrevista. Eu moro em Mar del Plata. Eu estava tomando café da manhã em uma cafeteria a meio quarteirão da minha casa e, assim que li a mensagem no telefone, escrevi para Javier. Segundos depois, meu celular tocou: "Venha à Quinta de Olivos hoje entre cinco e seis da tarde, não gaste dinheiro com hotel: você ficará no quarto de hóspedes", disse o presidente.

Eram cerca de dez horas da manhã de um dia muito quente em fevereiro de 2024: o auge do verão argentino.

Paguei meu café com pressa. Fui para casa. Fiz uma mala precária. Tomei um banho em dois minutos. Liguei o carro. Levei-o para checar os pneus. Carreguei o tanque de combustível e dali parti para Buenos Aires pela Rota 2. Eu tinha uns 400 km pela frente, sem nem mesmo ter preparado as perguntas, nas quais eu pensava o tempo todo enquanto dirigia as cerca de cinco horas que faltavam para chegar ao meu destino. Quantas vezes um Presidente da República iria me convidar para ir à Quinta de Olivos para uma conversa exclusiva e para me hospedar? E assim viajei, acompanhado pela música eufórica e alta de dois dos meus álbuns favoritos, agora compactados em um pendrive: Rockas Vivas, de Miguel Mateos, e Born In The U.S.A., de Bruce Springsteen, ambos os quais me marcaram para sempre.

Fui pontual: às 17h40, eu já estava entrando na residência presidencial.

O pessoal da segurança me submeteu a um breve protocolo e, em um corredor, enquanto eu esperava por Mario (um assistente de confiança de Javier), fui obrigado a colocar meu celular em uma bolsa preta de polietileno, bem fechada com uma espécie de fivela. Explicaram-me então que essa diretriz vinha da administração anterior (Alberto Fernández), cujas festas e banquetes pomposos eram tão comuns e ostensivos que, para que os convidados não tirassem fotos e a falta de vergonha se tornasse pública, o uso de telefones foi neutralizado por meio desse mecanismo de cancelamento.

Depois de um tempo, Mario apareceu e me cumprimentou muito gentilmente. Perguntei-lhe se poderia liberar o celular, e não houve objeções. Além disso, senti nele um gesto de repulsa pelo fato de essa medida ainda não ter sido removida por ser desnecessária. Em seguida, em uma espécie de minicarro (semelhante a um carrinho de golfe), ele me levou até o quarto de hóspedes. Depois de meia hora, Mario bateu à minha porta e me disse que o Presidente estava me esperando na piscina da Quinta, a poucos metros da residência presidencial.

Quando cheguei, Javier estava completamente sozinho, no meio da piscina, com a água até o pescoço. Eu o cumprimentei com expressiva alegria e mergulhei naturalmente, esquecendo a formalidade de estar na presença do homem mais importante do país. Conheço Javier há quase dez anos, mas aconteceu que a simplicidade de seus modos me fez esquecer que ele era agora a maior autoridade da República.

Lá, conversamos a sós sobre política por mais de uma hora e meia. Milei caminhou (e eu o acompanhei) incessantemente de uma ponta a outra da piscina, exercício que ele costuma praticar para combater tantas horas de trabalho e o consequente sedentarismo (ele dorme menos de cinco horas por dia). E, após o convívio ginástico, saímos da água, pegamos nossas respectivas toalhas e ele me disse que me esperava para jantar em meia hora.

O curioso é que, naquele mesmo dia, estava sendo discutida no Congresso a famosa Lei Básica, enviada pelo Presidente, e que as forças parasitárias, ciosas da remoção dos fideicomissos e dos negócios com dinheiro que o projeto de lei pretendia erradicar[3], estavam sendo boicotadas pelos ignóbeis agentes da casta a extremos insuportáveis (lembre-se de que a força política de Milei é extremamente nova e, portanto, minoritária no Congresso), Isso acabou levando, dias depois, o Presidente (que não estava no cargo há dois meses e já havia enfrentado quatro marchas desestabilizadoras e uma greve geral promovida pela máfia sindical) a tomar a drástica decisão de retirar a lei do debate e, a partir daí, usar as ferramentas que o Poder Executivo constitucionalmente tem em mãos: exacerbar a correção monetária para evitar acordos e desperdícios públicos nas províncias.

No momento em que escrevo esse texto, a Lei de Bases está sendo rediscutida com os governadores, com um resultado incerto. Mas, nesse contexto, longe de ver Javier ligado no noticiário, no celular ou com algum grau especial de ansiedade, sua calma interior era notável. Seu tom de discurso era tranquilo, sereno, reflexivo e, além do destino da Lei, ele carregava um notável otimismo em relação às medidas econômicas que estavam sendo tomadas, cujo resultado promissor lhe permitirá uma eleição auspiciosa nas disputas legislativas de meio de mandato em 2025. Se essas previsões se concretizarem, o Congresso será muito mais equilibrado (sua força eleitoral renovaria apenas dois deputados e seu crescimento legislativo seria

3 TN. 30/12/2023. O que a Lei Ônibus diz sobre fundos fiduciários, a caixa de milionários do estado que ninguém controla. A Lei Ônibus inclui um artigo que destaca o uso de dinheiro destinado a fundos fiduciários públicos, uma ferramenta que os governos usam para financiar obras e projetos e sobre a qual não há auditorias detalhadas. https://tn.com.ar/politica/2023/12/30/que-dice-la-ley-omnibus-sobre-los-fondos-fiduciarios-la-millonaria-caja-del-estado-nadie-controla/

exponencial), e Milei teria, portanto, uma chance muito maior de concluir as reformas econômicas e políticas urgentes que o povo votou, que a Argentina precisa e que os mercadores de uma partidocracia decadente e rufião tentam impedir em detrimento do povo e para seu próprio prazer.

Não sou muito exigente com os detalhes, nem tenho grande memória fotográfica, mas quando finalmente cheguei ao local onde jantaríamos na Quinta (por volta das 21h), quase com certeza acreditei que estávamos no mesmo ambiente em que, em meio à quarentena e com milhões de argentinos sequestrados em suas casas (uma gigantesca prisão domiciliar de fato imposta), o canalha do presidente anterior, Alberto Fernández, havia comemorado o aniversário de Fabiola Yáñez, sua concubina, com vários amigos cujas fotos sorridentes transcenderam as redes e se tornaram um dos muitos escândalos de imoralidade política aos quais nós, argentinos, estamos acostumados há décadas[4]. Teria sido esse episódio indiscutível que apressou a decisão do governo anterior de anular o uso de telefones celulares, trancando-os nos sacos pretos mencionados acima?

O desastre herdado fez com que o país passasse por uma crise sem precedentes e a maior parte da população está passando por um momento econômico significativamente ruim; há muitos argentinos que têm dificuldades para sobreviver: grande parte deles votou em Milei.

Além disso, esse mal-estar social no modus vivendi piorou temporariamente desde que Javier assumiu o cargo como consequência do ajuste essencial que ele prometeu fazer e que está realizando a todo vapor, buscando ansiosamente equilibrar as contas fiscais e acabar com o flagelo criminoso da inflação o mais rápido possível: o ajuste sincero de vários preços artificialmente achatados com o dispositivo mafioso da emissão monetária levou ao aumento de vários serviços.

Mas a austeridade e a privação que a Argentina sofre hoje em dia também são sentidas na Quinta de Olivos: o presidente comeu uma porção média de milanesa assada, sem entrada, sem guarnição, sem sobremesa e, para beber, bebeu água: duvido que haja um cardápio mais entediante. Para não ficar deslocado, pedi uma milanesa de frango assado, embora a tenha acompanhado com uma salada de cenoura e ovos. Mas pedi água com gás,

---

4 Infobae. 07/12/2023. Alberto Fernández deixará o governo sem ser absolvido pela festa em Olivos no meio da pandemia. https://www.infobae.com/judiciales/2023/12/07/alberto-fernandez-dejara-el-gobierno-sin-ser-sobreseido-por-la-fiesta-en-olivos-en-plena-pandemia/

para dar um pouco mais de glamour ao "banquete".

Liguei o gravador. O relato se estendeu por uma hora e quarenta minutos, e aqui cabe um esclarecimento necessário: tudo o que será exposto na parte do livro que é de minha responsabilidade e merece ser revisado ou ter sua fonte citada estará sempre no pé da página com seus respectivos detalhes. Mas tudo o que for relatado e transcrito a respeito do diálogo pessoal com o presidente estará entre aspas, mas sem citar a fonte, para evitar o cansaço de reiterar constantemente: "Arquivo em poder do autor".

No final da reportagem, fui para a cama e, às oito horas da manhã seguinte, uma mensagem telefônica de Javier me convidou para o café da manhã. O assistente veio me buscar e me levou para uma sala pequena, sem cenário e com pouca luz. Javier estava com o mesmo suéter preto da noite anterior, e seu café da manhã consistia em três (sim, três!) biscoitos, uma pequena porção de cream cheese e uma xícara de chá. "Fim", como diria Manuel Adorni, seu porta-voz oficial.

Mas não se engane! Nem sempre foi assim em Olivos. Na Quinta, confirmaram-me que o presidente "nacional e popular" Alberto Fernández tomava café da manhã, almoçava e jantava como um xeque árabe. Havia rumores de que seu hábito favorito era beber champanhe de US$ 1.000 por garrafa (marca Cristal), justamente no mesmo país em que seu governo deixou 50% de pobres, 10% de indigentes, oito milhões de pessoas com trabalho informal (sem registro), inflação comparável à da ditadura venezuelana e 60% das crianças argentinas comendo apenas uma vez por dia.

Pouco tempo depois, o próprio Alberto Fernández (agora envolvido em escândalos de corrupção embaraçosos[5]) se desculpou ao telefonar para Milei, alegando ser "abstêmio"[6]. Mas, então, as contas oficiais mostraram que a compra de bebidas alcoólicas na Quinta de Olivos durante seu desgoverno era tão habitual quanto onerosa: Por exemplo, de acordo com informações oficiais fornecidas pelo jornalista Jonatan Viale, durante o mês de agosto de 2021, em plena pandemia (em que as visitas ou reuniões eram mínimas

5 Perfil. 09/03/2024. A justiça unificará os casos de corrupção contra Alberto Fernández. https://www.perfil.com/noticias/politica/la-justicia-unificara-las-causas-por-corrupcion-contra-alberto-fernandez.phtml

6 La Nación. 07/03/2024. Em frases: Javier Milei sugeriu que continuará seu avanço contra a mídia pública e afirmou que "a inflação vai cair como um piano". "Eu comi uma fake news com o assunto champanhe e Alberto Fernández. Pedi desculpas a ele e publiquei um tweet para deixar isso registrado." https://www.lanacion.com.ar/politica/en-frases-javier-milei-sugirio-que-continuara-su-avance-contra-los-medios-publicos-y-afirmo-que-la-nid07032024/

e o Presidente vivia apenas com sua companheira), 48 garrafas de champanhe extra brut foram compradas na Quinta de Olivos; 96 garrafas de vinho branco Trumpeter; 128 garrafas de vinho malbec Trumpeter; 24 garrafas de vinho marsala; 24 garrafas de vinho do porto; 48 garrafas de abacaxi efervescente; 48 garrafas de cidra; 64 tetras de vinho branco Uvita; 64 tetras de vinho tinto Uvita; 288 garrafas de cerveja Corona e 184 garrafas de cerveja Stella Artois[7]. Quem estava bebendo, então?

A isso se deve acrescentar, por exemplo, que o tempo estimado para ir da Quinta de Olivos à Casa Rosada de carro varia de meia hora a quarenta minutos, em média. Mas o "líder dos pobres", Alberto Fernández, ia e voltava de helicóptero todos os dias (cada voo custa pelo menos cinco mil dólares - dez mil dólares por dia, ou seja, dois milhões e seiscentos mil dólares por ano). Por outro lado, Javier Milei, para não perder tempo, trabalha diretamente da Quinta de Olivos, comunicando-se com seus ministros virtualmente, exceto às terças e quintas-feiras, quando viaja de carro para reuniões presenciais do gabinete.

No entanto, Milei não organizou esse jantar modesto e café da manhã frugal com este escritor para se vangloriar da austeridade, mas porque entende que deve compartilhar as privações com o resto dos argentinos. Embora Javier Milei, a partir de 10 de dezembro de 2023, não seja mais apenas um argentino.

Uma mudança de época.

7 Jonatan Viale. Editorial de Joni Viale em "La Vés?": "La Casta Resiste" (sexta-feira, 8/3/24). Todo Noticias. 8 de março 2024. https://www.youtube.com/watch?v=HwYlfpjHRao

CAPÍTULO 1

MEIO SÉCULO DE DECADÊNCIA

Da guerra civil à presidência de Alfonsín

Antes de abordar completamente o fenômeno Javier Milei, é necessário rever um pouco da história relativamente recente para contextualizar o país, especialmente se o leitor, devido à sua idade, não viveu os eventos descritos aqui.

A década de 1970 na Argentina foi marcada por uma guerra civil, cujos principais protagonistas foram a guerrilha e o terrorismo marxista do Exército Revolucionário do Povo -ERP-, Montoneros, organizações menores relacionadas e a reação subsequente da ortodoxia peronista com os grupos paramilitares da Triple A (Alianza Anticomunista Argentina), que depois deu lugar à intervenção das Forças Armadas, ordenando-lhes, por meio de decreto constitucional, que entrassem em operações de combate a partir de fevereiro de 1975 (em plena democracia).

O desastre de mortes, bombas, excessos, sequestros, desaparecimentos e desgoverno não tinha precedentes no século XX. A terceira presidência de Juan Perón foi de curta duração, pois, devido à idade e à deterioração da saúde, ele morreu em junho de 1974: o país ficou então nas mãos de sua esposa, "Isabelita".

Uma digressão: "Isabelita" era o nome artístico de María Estela Martínez (a terceira esposa de Perón) quando ela trabalhava como dançarina noturna no Panamá, no lendário cabaré Happy Land Bar, um local de diversão que Perón frequentava enquanto estava fugindo naquele país. O tirano argentino a notou na referida boate de bêbados, e foi então que a aproximação aconteceu. O próprio Perón levou Isabelita para morar com ele na Espanha de Franco em 1960 e, ao retornar à Argentina em 1973, o polêmico líder fez dela sua companheira de chapa para as eleições daquele ano para seu terceiro mandato como presidente. Perón venceu a eleição com folga. Mas quando ele morreu no ano seguinte, a vice-presidente, ou seja, sua viúva, assumiu o cargo de chefe de Estado, de acordo com a hierarquia estabelecida na Constituição.

Vamos continuar.

Entre maio de 73 e março de 76 (todo o período democrático), houve seis ministros da economia diferentes, cada um com seu próprio programa (Celestino Rodrigo é o mais tristemente lembrado, embora não seja o principal responsável pelo "rodrigazo") e o país estava lutando contra uma enorme inflação, anomia e insegurança física, material e institucional. Isso precipitou, em março de 1976, a chegada ao poder das Forças Armadas, que, querendo ou não, contavam com o apoio maciço da população e dos atores políticos da época. Esses setores, naquele contexto de guerra civil, não se limitaram ao mero apoio formal à reação militar, mas colaboraram em uma espécie de co-governo. Prova disso é o grande número de prefeituras administradas pelos partidos políticos durante a administração do general Jorge Rafael Videla: a Unión Cívica Radical (União Cívica Radical) forneceu 310 prefeituras. O Partido Justicialista (presumivelmente "derrubado"), 192 prefeitos. Em terceiro lugar ficaram os democratas progressistas, com 109, seguidos pelos Frondizistas do MID (Movimiento de Integración y Desarrollo), com 94; a Fuerza Federalista Popular, com 78; os Democratas Cristãos, com 16; e o Partido Intransigente, de esquerda, com 4[1]. Até mesmo cidades importantes, como Mar del Plata, foram lideradas pelo Partido Socialista[2].

Mas a capacidade subsequente dos civis e políticos do sistema de fechar os olhos para as responsabilidades políticas durante a guerra interna e para os cargos ocupados durante o governo de fato levou as novas gerações doutrinadas nos estabelecimentos de ensino e na propaganda do sistema de comunicações a acreditar que "os genocidas" surgiram do nada e do nada se instalaram no poder. Vale a pena observar que apenas uma voz solitária se opôs à possibilidade de um governo militar como remédio para o desastre da violência e do caos que estava se desenrolando: o líder liberal Álvaro Alsogaray[3]. Ele tornou isso conhecido em um comunicado

1 Página 12, 21/04/2012. O›Donnel Pacho. A participação civil na ditadura. https://www.pagina12.com.ar/diario/elpais/1-192375-2012-04-21.html

2 Trata-se do conhecido líder do Partido Socialista Democrático, Luis Fabrizio, que liderou a comuna entre 1981 e 1983.

3 Álvaro Carlos Alsogaray (1913-2005) foi um político, oficial militar, engenheiro e economista argentino que foi um dos principais defensores do liberalismo na Argentina na segunda metade

à imprensa publicado em 21 de março de 1976 no jornal Clarín (três dias antes da demissão de Isabelita):

"Por que um golpe de Estado deveria livrar os líderes políticos de sua culpa? Por que sobrecarregá-los com o desastre, ao mesmo tempo em que lhes permite escapar ilesos e livres de custos da armadilha em que se meteram? Por que transformá-los em mártires incompreendidos da democracia no exato momento em que serão forçados a proclamar seu grande fracasso? Ele continuou dizendo que os peronistas deveriam ser deixados para governar porque "daqui a três meses, o país inteiro estará clamando para que eles saiam, mas não como perseguidos, mas como culpados"[4].

Pode-se ver na epístola de Alsogaray (que muitos julgaram mais tarde ser presciente) que sua prevenção não era "o golpe" como tal (historicamente, o apoio civil a governos militares era muito comum na Argentina). O que Alsogaray estava argumentando ali era basicamente que o custo político do desastre deveria ser pago pelo peronismo, e não por uma força exógena que o redimiria, a fim de evitar que a mesma corporação política inútil e corrupta voltasse à arena para se exonerar e se vitimizar. O problema é que ela, com seu cinismo habitual, construiu posteriormente uma narrativa enganosa, demonizando os mesmos governos militares que apoiou repetidamente e com os quais colaborou ocupando cargos importantes.

Quanto aos tristes números da guerra civil, depois de anos de mentiras, distorções e ocultação por motivos ideológicos ou de negócios ilegais (como o escandaloso golpe dos "Sueños Compartidos"[5] perpetrado pela quadrilha Castro-comunista Madres de Plaza de Mayo[6]), eles se tornaram mais claros com o tempo: houve cerca de 500 mortos na democracia nas mãos do grupo peronista Triple A[7]. Houve também, durante o governo

---

do século XX. Fundou três partidos políticos. Foi eleito quatro vezes como deputado nacional. Também foi duas vezes Ministro da Economia, uma vez Ministro da Indústria e Embaixador da Argentina nos Estados Unidos.

4 Clarín, 21/03/1976. Citado em Yofre Juan Bautista. *Nadie Fue: Crónicas, documentos y testimonios de los últimos meses, los últimos días, las últimas horas de Isabel Perón en el poder.* Ed. Autor. 2006. p. 361.

5 Infobae. 20/03/2023. Sueños Compartidos: a Promotoria exigiu que fosse fixada uma data para o julgamento oral. Por Nicolás Pizzi. https://www.infobae.com/judiciales/2023/03/20/suenos-compartidos-la-fiscalia-reclamo-que-se-ponga-una-fecha-para-el-juicio-oral/

6 Trata-se de uma organização de parentes de terroristas desaparecidos durante a guerra civil, cuja líder, até sua morte, era a desacreditada ativista Hebe de Bonafini. O grupo, além de reivindicar as ações homicidas de seus respectivos filhos, apoiou publicamente o narcoterrorismo das FARC, os crimes do ETA e o ataque da Al Qaeda às Torres Gêmeas em Nova York.

7 A lista completa de um total de 477 homicídios com seus nomes e respectivos dados pode ser encontrada em *In Memoriam, volume III* (2000). Ed. Círculo Militar, pp. 576-621.

peronista, 900 desaparecidos, após o decreto governamental apressado nº 261, emitido em fevereiro de 1975 e prorrogado em outubro do mesmo ano, que ordenava que as Forças Armadas "aniquilassem as ações de elementos subversivos"[8]. E aí vem o fato que mais incomoda os empresários de Direitos Humanos: os desaparecidos durante o governo militar não foram "30.000", mas 6.348, número confirmado em 2016 pela Secretaria de Direitos Humanos, na época a cargo de Claudio Avruj, conforme credenciado pelo órgão oficial Registro Unificado de Vítimas do Terrorismo de Estado[9]. E, com relação às guerrilhas, elas tinham uma estrutura de 25.000 membros e 21.700 ataques são atribuídos a elas: entre esses mais de 1.500 homicídios, 45 tomadas de unidades militares, 1.748 sequestros, 1.052 incêndios criminosos e 5.052 atentados a bomba[10], entre vários milhares de outros crimes, incluindo 2.368 feridos[11]. Enquanto isso, as crianças atacadas pelas milícias de esquerda totalizaram 142, distribuídas da seguinte forma: 29 mortas, 79 feridas e 34 sequestradas[12]. Tudo isso foi um verdadeiro drama fratricida cujas consequências, meio século depois, ainda perduram[13]. Mas há uma informação (entre muitas outras) que resgatamos para iluminar as novas gerações que, depois de tantos anos de intensa propaganda ideológica, foram apagadas do discurso oficial: o julgamento que Alfonsín ordenou que fosse realizado contra a Junta Militar na década de 1980, apesar de sua manifesta parcialidade e ilegalidade (cuja argumentação jurídica vai além do escopo deste livro), chegou à conclu-

---

8 O número exato seria de 908, de acordo com a lista até a letra "S", sendo o número restante fornecido pela Subsecretaria de Direitos do Ministério do Interior. A lista completa pode ser encontrada no livro de Nicolás Márquez *La otra parte de la verdad, la respuesta a los que han ocultado y deformado la verdad histórica sobre la década del setenta y el terrorismo*. Terceira edição. Novembro de 2004. Pp. 147-153.

9 Um órgão oficial afirma que houve 6.348 desaparecidos. Por meio de um comunicado, o órgão nacional publicou números que contradizem os das associações civis de direitos humanos. Informação publicada em 7/11/2016 no jornal La Nación, disponível no seguinte link: https://www.lanacion.com.ar/politica/unorganismo-oficial-asegura-que-hubo-6348-desaparecidos-nid1954120/

10 Fatos e valores ratificados na sentença ditada em 9 de outubro de 1985 pela Câmara de Apelações Criminais e Correcionais da Capital Federal, Caso nº 13, Questões Fáticas, Capítulo 1. Dados confirmados posteriormente pela Suprema Corte de Justiça alfonsinista.

11 Apa, Jorge Norberto, Al gran fraude argentino ¡salud!, el paroxismo de la mentira 1966–2015, 2017, Ed. Edivern, pág. 15

12 Apa, Jorge Norberto, Al gran fraude argentino ¡salud!, el paroxismo de la mentira 1966-2015, 2017, Edivern, p. 206.

13 Um relatório complementar do Celtyv (presidido por Victoria Villarruel) afirma que os guerrilheiros mataram 1.094 civis, ou seja, sem contar os combatentes uniformizados. Em termos de vítimas colaterais, esse número chega à assustadora soma de 17.000 afetados. Consulte Os outros mortos: uma investigação sobre as vítimas do terrorismo na década de 1970. https://revistas.ungs.edu.ar/index.php/po/article/view/137/153

são inequívoca de que a Argentina viveu uma guerra, e isso foi repetidamente declarado nos considerandos da sentença:

"Em consideração aos múltiplos precedentes reunidos nestes processos e às características que o terrorismo assumiu na República Argentina, pode-se concluir que, dentro dos critérios de classificação expostos anteriormente, o fenômeno correspondia ao conceito de guerra revolucionária [...]. Alguns dos fatos dessa guerra interna teriam justificado a aplicação da pena de morte contemplada no Código de Justiça Militar [...]. Não há, portanto, criminosos políticos, mas inimigos de guerra, uma vez que ambos os lados são militarmente iguais [...]. Como se pode ver pelo que foi dito até agora, devemos admitir que em nosso país houve de fato uma guerra interna, iniciada por organizações terroristas contra as instituições de seu próprio Estado"[14].

Quanto à gestão econômica das Forças Armadas, deve-se acrescentar que houve quatro governos diferentes[15] com quatro planos econômicos diferentes, uma inconsistência que, obviamente, deixou claro de antemão que nada poderia dar certo. A isso se soma a guerra das Malvinas, que começou em abril de 1982 contra a Grã-Bretanha, a principal frota da OTAN. Como era de se esperar, a Argentina foi derrotada, o que enfraqueceu ainda mais o governo. Com esse revés, a liderança militar estava exausta, e havia três motivos principais para seu desgaste: 1) a metodologia aplicada para reprimir as guerrilhas e o terrorismo foi amplamente questionada (vale ressaltar que o mecanismo era idêntico ao criado e utilizado pelo peronismo antes de os militares assumirem o poder); 2) a incongruente má administração econômica mencionada acima; 3) a derrota na guerra das Malvinas, tudo isso gerou uma espécie de naufrágio, não dando ao governo de fato outra alternativa a não ser convocar eleições para o final de 1983.

Para as históricas disputas eleitorais que inauguraram a democracia moderna, do lado peronista, o candidato presidencial era Ítalo Lúder

---

14 Sentença da Câmara Federal alfonsinista, ratificada pela Corte Suprema de Justiça, que em 1985, por meio de Decreto Executivo, ordenou a condenação da Junta Militar que entrou em vigor em março de 1976. Caso nº 13, Cuestiones de hecho, Capítulo 1. Um resumo do exposto acima também pode ser encontrado no La Nación. 09/10/2003. Na década de 1970, houve uma guerra interna. Por Jorge Norberto Apa para LA NACIÓN. https://www.lanacion.com.ar/opinion/en-los-anos-70-si-hubo-una-guerra-interna-nid534033/

15 Os Ttes. Generales Jorge Videla (1976-81), Roberto Viola (1981), Leopoldo Galtieri (1981-1982) e Reynaldo Bignone (1982-83).

(1916-2008), um professor de direito relativamente sério, na medida em que a militância peronista permite que se seja assim. Mas as lembranças do último governo peronista estavam intactas na sociedade e suas realizações tinham sido tão horríveis que a balança parecia pender a favor do outro candidato com chance, Raúl Ricardo Alfonsín (1927-2009), o homem escolhido pela Unión Cívica Radical e fortemente apoiado pela social-democracia internacional: "Enquanto eu viver, aquele esquerdinha nunca será presidente"[16], havia esboçado o centrista Ricardo Balbín, seu rival histórico no partido, mas ele havia morrido em 1981 e agora parecia não haver maiores obstáculos para que 'el zurdito' conquistasse seu mais caro reconhecimento político.

Alfonsín era um advogado de qualidades intelectuais limitadas, mas suficientes, de inquestionável talento discursivo e visíveis atributos carismáticos, que, com bom olfato, optou por um discurso institucionalista para contrastar tantos anos de violência política.

Onde estava o liberalismo? Nas eleições anteriores, realizadas uma década antes (1973), as forças de centro-direita haviam sido três: Francisco Manrique, do Partido Federal, que obteve 14,9% dos votos, seguido pela candidatura de Ezequiel Martínez (com um eleitorado semelhante), que teve apenas 350.000 votos (2,7%). E, finalmente, Hugo Chamizo, do partido Nueva Fuerza, o candidato liberal do partido liderado por Álvaro Alsogaray, que, apesar de uma notável campanha de marketing, mal conseguiu 235.000 votos[17]. Mas, dez anos depois (1983), tudo isso havia se liquefeito e apenas a voz perseverante de Alsogaray permanecia no mercado eleitoral, e para essa ocasião ele estava criando seu terceiro partido político, que foi o mais bem-sucedido de sua intensa carreira: Unión del Centro Democrático (UCeDé)[18].

Os rostos peronistas da década de 1970 sobreviveram nos eventos políticos de 1983, mas as lembranças de vários deles ligados à violência, à bandidagem ou à incapacidade estavam muito frescas na opinião pública. A ala esquerda do partido (ligada ao terrorismo de Montonero) havia sido

16 Beccar Varela, Cosme. *Curiosidades. Panorama de la historia Argentina. Diccionario político y manual práctico para destruir el poder de los corruptos*. Buenos Aires. Ed. De autor. 1991.
17 La Nación, 31/03/1973. Citado em Acuña Carlos Manuel. Por Amor al Odio, La Tragedia de la Subversión en la Argentina. Volume I. Ed. Del Portico. Terceira edição. 2003. Pág. 612.
18 Originalmente, o acrônimo era UCD, mas devido a problemas legais com o Partido Democrata Cristão (UCD), o nome foi posteriormente alterado para Ucedé, que ainda é usado atualmente.

derrotada militarmente, mas sua antítese, a chamada "ortodoxia", não tinha nada tranquilizador para mostrar ao público. Além disso, não faltaram gestos indecorosos, como os do candidato a governador de Buenos Aires, Herminio Iglesias (famoso por seu péssimo domínio da língua espanhola), que, em um evento público, queimou uma caixa mortuária com as iniciais da UCR: muitos atribuem a esse episódio um fator fundamental para o revés eleitoral sofrido pelo peronismo nessas eleições.

Alfonsín aproveitou esses e outros temores despertados pelo partido rival para se apresentar como o candidato da "legalidade", culminando seus discursos públicos com uma recitação enfática do Preâmbulo da Constituição Nacional.

As eleições ocorreram em 30 de outubro de 1983, e a singularidade delas foi que, pela primeira vez na história, o peronismo perdeu uma eleição: Alfonsín obteve 51,72% contra 40,16% de Ítalo Lúder. O já mencionado Álvaro Alsogaray, acompanhado na chapa por Jorge Oría (avô de Santiago Oría, atual fotógrafo e cineasta oficial de Javier Milei), embora respeitado e ouvido em sua insistente pregação livre-empresarial, não obteve votos de forma significativa. De fato, naquela eleição, sua participação presidencial foi modesta, embora, apesar das baixas expectativas, ele tenha conseguido conquistar dois deputados nacionais para a capital federal[19]. Mas a realidade era que sua figura e sua proeminência cresceriam à medida que o governo de Alfonsín e seus sucessivos planos econômicos estatistas e culturais gramscianos (estes últimos muito alinhados com o que era então representado pelo socialismo espanhol sob Felipe González e seu colega francês François Mitterrand) fracassavam. E foi assim que Alsogaray e a Ucedé começaram a crescer e obtiveram 570.000 votos nas eleições legislativas de 1985 (nas quais acrescentaram mais dois deputados). Em 1987, o número havia aumentado para quase um milhão, o que acrescentou mais cinco deputados, até atingir seu ápice em 1989, com quase dois milhões de votos legislativos, alcançando um bloco não desprezível de 18 deputados[20].

---

19 O próprio Alsogaray, que, além de candidato à presidência, também era candidato a deputado, e José Manny Lalor entraram no parlamento.

20 Eleições de 1989. https://www.argentina.gob.ar/dine/resultados-electorales/elecciones-1989

O desastre de Raúl Alfonsín

Embora muito justificado pela história recente, a verdade seja dita: seu governo foi um desastre retumbante. A primeira coisa que ele fez ao assumir o cargo foi realizar um revanchismo contra o governo civil-militar cessante, cujo pronunciamento em março de 1976 foi apoiado e aprovado pela Unión Cívica Radical -UCR- (ou seja, o partido de Alfonsín), como vimos. Foi assim que o presidente radical impôs um julgamento aos líderes militares por meio do Decreto 158/83 (atropelando a independência do poder judiciário), cuja letra, aliás, continha a sentença do próprio decreto, afastando os acusados de seus juízes naturais, nomeando um tribunal ad hoc para o julgamento e, ainda por cima, aplicando leis alheias à jurisdição militar, entre uma série de outras irregularidades e inconstitucionalidades, que até mesmo um incipiente estudante de direito pode perceber[21].

Maliciosamente, toda a revisão da década de 1970 foi imposta depois de 24 de março de 1976, e nenhuma vírgula foi examinada em relação às responsabilidades e aos crimes cometidos tanto pelo terrorismo subversivo quanto àqueles atribuídos à partidocracia em geral e ao governo peronista em particular (entre colegas que não iriam culpar uns aos outros), Esse viés político e essa omissão ideológica não minimizam os ultrajes que podem ter sido cometidos pelos setores militares em defesa da República, mas que, quando contados ou julgados isoladamente e ocultando um lado importante da história, só poderiam gerar confusão e levar as novas gerações a um engano manifesto.

Vale a pena acrescentar o fato não desprezível de que o próprio Alfonsín foi advogado *ad honorem* dos assassinos do ERP no sequestro e assassinato do empresário da FIAT Oberdan Sallustro[22], um fato que mais uma vez mostra sua simpatia militante pelos guerrilheiros. Na década de

---

21 A irretroatividade da lei foi violada (artigo 18 da Constituição Nacional). Os tribunais foram privados de seus juízes naturais (que foram nomeados por decreto, também em violação ao Artigo 18) por meio da nomeação de uma comissão especial (Decreto 158/83). Não houve uma acusação válida (a acusação foi nomeada por decreto). O princípio da lei penal mais benigna foi violado (Artigo 2 do Código Penal). Os acusados foram retirados de sua jurisdição natural (jurisdição militar). A legislação foi aplicada não em tempos de guerra, mas em tempos de paz (apesar do fato de a própria sentença reconhecer explicitamente a existência de guerra). E não foi a lei militar, mas a lei civil que foi aplicada a eles, entre muitas outras ilegalidades manifestas. Em outras palavras, o tão elogiado julgamento foi uma caricatura.

22 M. H. Laprida. Jornal LA PRENSA, edição de 06/07/1989, citado em Los Increíbles Radicales, 1994, Ed. Autor. Pág.83.

1970, o próprio Alfonsín também mantinha contatos bem azeitados com o terrorismo Montonero, vários de cujos membros ele entretinha com almoços afetuosos (entre eles, o terrorista perdoado Miguel Bonasso), em agradecimento por ter colocado seu discípulo Leopoldo Moreau no órgão de imprensa da organização ilegal[23]: décadas depois, tanto Moreau quanto sua filha Cecilia trocaram o radicalismo alfonsinista pelo submundo kirchnerista: "O alvo preferido do ressentimento agravado de Alfonsín eram as Forças Armadas e é por isso que o radicalismo 'esquerdista' olha com benevolência, quase com ternura, para os chefes terroristas, talvez com remorso e inveja por não ter ousado imitá-los, contido por seu ressabio de pequeno-burguês rebelde, mas burguês no final, que sempre esteve arraigada no radicalismo de todos os tempos"[24], disparou com certeza o pensador conservador Emilio Hardoy em suas memórias.

Foi durante o período Alfonsinista em que, com poucas exceções[25], a mídia televisiva permaneceu nas mãos do Estado para controlar as informações, realizando uma profusa campanha psicológica de inequívoca tendência marxista, na qual a liberdade de imprensa foi atacada (o presidente rotulou publicamente o jornalismo independente de "cagatintas"[26]), prendendo jornalistas da oposição, como Daniel Lupa. Além disso, foi revelada uma lista negra de trinta jornalistas dissidentes, com mandados de prisão iminentes (entre eles Rosendo Fraga e Carlos Manuel Acuña), cujas prisões foram finalmente suspensas devido ao escândalo. Até mesmo uma personagem despolitizada como Mirtha Legrand teve de mudar para outro canal, por cometer o "crime" de não elogiar o líder favorito da social-democracia latino-americana: esse e nenhum outro era o perfil do "pai da democracia" (esse foi o apelido incomum dado a ele pela multidão enganosa que o homenageia).

Com o já mencionado histórico proto-terrorista do presidente, exceto pelo caso semi-paródico do líder Montonero Mario Firmenich (o único terrorista que ficou preso por algum tempo), nenhum guerrilheiro foi preso[27]; e dedicou todo o seu governo a humilhar os militares, que, paradoxalmente,

---

23 Bonasso Miguel. *Diario de un clandestino*. Ed. Planeta, 2000. Pág. 136.

24 Hardoy Emilio. *No he Vivido en Vano*. Marymar Ediciones. 1993. Argentina. Pág. 402.

25 Como o Canal Nueve, de seu amigo e apologista Alejandro Romay.

26 Cronista. 02/10/2015. "É o pior momento da democracia para o jornalismo crítico" https://www.cronista.com/3dias/Es-el-peor-momento-de-la-democracia-para-hacer-periodismo-critico-20151002-0047.html

27 Usamos as palavras "terrorista" e "guerrilheiro" de forma indistinta nestas linhas, já que tanto o ERP quanto o Montoneros usaram ambas as metodologias.

em janeiro de 1989, o salvaram da tentativa de golpe de Estado perpetrada pelo ataque assassino da organização marxista MTP (Movimientos Todos por la Patria), então comandada pelo experiente terrorista internacional Enrique Gorriarán Merlo (no ataque, os criminosos assassinaram uma dúzia de homens uniformizados): Em outras palavras, os militares que Alfonsín maltratava o salvaram dos guerrilheiros que ele defendia.

Na política internacional, sob o comando do ministro socialista das Relações Exteriores, Dante Caputo, a Argentina manteve relações carnais com as tiranias comunistas da época, e até votou negativamente, perante a Comissão de Direitos Humanos da ONU, em março de 1987, sobre a acusação contra o eterno despotismo de Cuba por suas conhecidas violações da liberdade e da dignidade humanas. Além disso, a empobrecida Argentina alfonsinista concedeu empréstimos incobráveis à Nicarágua e a Cuba no valor de 400 e 600 milhões de dólares, respectivamente. Da mesma forma, em seu afã de consolidar laços com os totalitarismos de esquerda da época, e em um malicioso desrespeito à democracia e ao sistema republicano, assinou "acordos culturais" com países da estatura da República da Argélia (03/12/84), Nicarágua (16/02/84), Cuba (09/08 e 13/11/84), Rússia (26/01 e 26/07/86) e Bulgária (29/07/86)[28].

Para o deleite dos criminosos, Alfonsín também foi um precursor do garantismo penal, promovendo a promulgação das Leis 23.050 e 23.077, que ampliaram as isenções de prisão e reduziram as penas para infanticídio, grilagem e muitos outros crimes. Quanto à administração dos assuntos públicos, a burocracia socialista e o desperdício se expandiram imensamente e, de 8 secretarias de Estado, passaram para 42; de 20 subsecretarias, para 96; e foram nomeados 280.000 funcionários públicos. Admirador fervoroso do eurocomunismo, Alfonsín conseguiu garantir que, em 1985, 50% dos meios de produção estivessem nas mãos do Estado e a Argentina se tornou, pouco tempo depois, o país não comunista mais estatista do mundo, perdendo apenas para o México.

Esse período também viu a inauguração da execrável prática clientelista de traficar miséria com planos sociais, que, na época, assumiram a forma das famosas "Cajas de PAN"[29], que foram quintuplicadas como resultado

---

28 H. Laprida. *Los Increíbles Radicales*, 1994, Ed. Autor. Pág.166.

29 Acrônimo de Programa Alimentario Nacional (Programa Nacional de Alimentação).

da dispersão da miséria gerada por sua "administração" (se é que se pode chamar esse conjunto de improvisações coletivistas de tal coisa), cujo Ministério da Economia era chefiado principalmente pelo infame Juan Vital Sourrouille.

Tão hábil na oratória quanto no trabalho preguiçoso, em 1986, por exemplo, ele fez 130 discursos (um a cada dois dias) e ia ao seu escritório dois ou três dias por semana[30].

Em questões econômicas, depois de pulverizar o peso, em 1985 ele lançou o famoso Plano Austral, um programa estatista baseado em uma receita previsivelmente inútil: emissão de moeda sem lastro e controle de preços, que explodiu dramaticamente. E, para aliviar os danos econômicos e financeiros, a "equipe de luxo" que o assessorava (como ele descrevia publicamente seus ministros) lançou outro "gênio" batizado de "Plano Primavera", inaugurado em 3 de agosto de 1988, que nada mais era do que uma aventura socialista renovada que levou à maior hiperinflação da história argentina. De 10 de dezembro de 1983 até sua saída do poder em 8 de julho de 1989, a inflação acumulada foi de 664.801%, uma das mais altas da história mundial, comparável apenas à da Alemanha em 1923[31]. A desvalorização da moeda foi de 1.627.429% e, entre 6 de fevereiro e 8 de julho de 1989, o austral (o símbolo monetário da época) foi desvalorizado em 3.050%[32]. Se nos atermos aos argumentos do livro A inflação como crime[33], escrito pelo jurista e acadêmico objetivista[34] Ricardo Rojas, não hesitaríamos em acusar o próprio Alfonsín de ser um criminoso empobrecedor da mais alta gravidade.

Durante os cinco anos e meio de governo radical/socialista (a Constituição Nacional então em vigor estipulava que o mandato presidencial deveria durar seis anos, mas o caos era tamanho que Alfonsín fugiu antes do fim), o poder de compra despencou entre 107% e 121%. A dívida externa recebida no início de seu mandato era de menos de US$ 40 bilhões, ao passo que, quando ele fugiu do cargo, deixou o país com US$ 67 bilhões em dívidas, aos quais devem ser adicionados US$ 30 bilhões

30 H. Laprida. *Los Increíbles Radicales*, 1994, Ed. Autor. Pág.136.

31 Hiperinflação alemã em 1923. Fonte: La Nación, 10 de abril de 2023. https://udesa.edu.ar/noticias/la-hiperinflacion-alemana-en-1923

32 H. Laprida. *Los Increíbles Radicales*, 1994, Ed. Autor. Pág. 111.

33 *La Inflación como delito*. Publicado na Argentina, 2022, pela Unión Editorial.

34 O objetivismo é uma corrente de opinião dentro da escola de pensamento liberal caracterizada pela exaltação do egoísmo, fundada pela escritora e novelista russa Ayn Rand (1905-1982). Suas obras mais conhecidas são provavelmente A Nascente e A Revolta de Atlas.

em dívidas internas (ambos os números foram unificados na década de 1990), e apenas 38 milhões de dólares em reserva no Banco Central, com o país inadimplente e o povo, aterrorizado, fazendo uma peregrinação aos mercados vazios para competir entre si por um pacote de arroz ou polenta nas prateleiras vazias da década de 1980.

Enquanto isso, Alsogaray, com suas propostas de privatização e desregulamentação do mercado, estava crescendo em popularidade. Suas constantes aparições no popular programa político Tiempo Nuevo (apresentado por muitos anos pelos jornalistas Bernardo Neustadt e Mariano Grondona) estavam aperfeiçoando seu discurso.

Alsogaray era um polemista notável. Seus debates na TV faziam seus oponentes tremerem e ele se caracterizava por seu sarcasmo agudo, sempre proferido com serenidade imperturbável. Além disso, os acontecimentos da época comprovaram que suas previsões estavam corretas, o que facilitou a vitória nas batalhas verbais que travava com seus oponentes ocasionais.

Um dos marcos de sua carreira em ascensão foi quando seu partido, o Ucedé, em meados da década de 1980, conseguiu atrair 65 mil pessoas ao estádio do River Plate, apesar de ter sido um dia de chuva forte e, ainda por cima, a organização estava feliz em cobrar ingresso. Mas uma das grandes desvantagens que o Alsogaray em particular e o Ucedé em geral sempre tiveram foi a dificuldade de penetrar politicamente nas bases. Ele sempre foi considerado um partido político de "classe alta" e, no máximo, estava enraizado nos setores médios, que eram em sua maioria educados. Essa falta de policlassismo ocorreu em um contexto em que o país tinha um voto cativo muito rígido: o peronismo nas classes mais baixas, o radicalismo nas classes médias, o Ucedé nas classes altas e a esquerda trotskista (cujo ponto de referência na época era Luis Zamora, sempre marginal e pregando divagações extremistas) mal atraía um grupo modesto de desordeiros, o que nunca lhe permitiu desempenhar um papel mais proeminente: exatamente como acontece hoje.

A verdade é que, durante os últimos estágios do Alfonsinismo, o país estava literalmente devastado. Todos os serviços públicos estavam nas mãos do Estado e isso era visível: não havia eletricidade (a televisão começava às 18 horas e era proibido usar elevadores nos prédios, para que as pessoas não consumissem eletricidade). Não havia água (era restrita a determinados horários). Os telefones não funcionavam e não podiam ser comprados (uma casa com telefone tinha um preço mais alto no mercado só porque tinha esse serviço básico) e o fornecimento de gás estava em perigo. Enquanto isso, Alfonsín, em seus últimos dias de declínio e fracasso, continuava a divagar sobre a transferência da capital para Viedma e outros empreendimentos faraônicos. A sociedade empobrecida e faminta ouvia atônita o acúmulo de bobagens proferidas pelo presidente-desertor, hoje transformado ficcionalmente em um "estadista" pela propaganda domesticada do sistema.

A experiência "liberal" de Carlos Menem

As eleições estavam se aproximando e o principal candidato da oposição era o peronista Carlos Saúl Menem, então governador da província de La Rioja, que usava um visual francamente extravagante. Suas longas costeletas combinavam com seu traje habitual de Facundo Quiroga, cujo physique do role pretendia imitar um caudilho federal do século XIX. No entanto, o público peronista histórico se identificou com o candidato deselegante e audacioso, que tinha a seu favor um grande poder de sedução, principalmente por causa de seus modos pessoais amigáveis, enquanto o radicalismo desorganizado tentava se modernizar e se desvincular do desastre alfonsinista. Para isso, o partido do governo escolheu a figura de Eduardo Angeloz (governador de Córdoba), que copiou sem pudor ad literam o histórico discurso liberal que Alsogaray vinha promovendo há décadas, buscando não apenas "roubar" seu crescente capital eleitoral, mas também mostrar à opinião pública uma alternativa muito diferente da de seu correligionário Alfonsín, que desgovernou o país com uma reputação calamitosa e notícias terríveis diariamente.

Mas a sorte estava lançada. Não havia mais nenhuma chance de um novo governo radical e Alsogaray, apesar de seu crescimento, continuava a não conseguir penetrar nas camadas subalternas: no domingo, 14 de maio de 1989, Menem venceu com 47,5% dos votos, seguido por Angeloz com 37% e Alsogaray (que liderava uma confederação de partidos liberais-conservadores chamada "Alianza de Centro") com 8%, embora tenha conseguido uma votação melhor em questões legislativas: Muitas pessoas que compartilhavam ideias liberais perceberam que Alsogaray não poderia vencer e votaram em Angeloz (que, em resumo, plagiou sua proposta), mas combinando a chapa com legisladores do Ucedé. Assim, Alsogaray e seu povo obtiveram 1.200.000 votos para Presidente e 1.800.000 votos para Legisladores, formando um bloco considerável de Deputados, conforme detalhado acima.

Com um Estado destruído e uma hiperinflação sem precedentes, o "estadista" Alfonsín deixou o cargo em pânico, seis meses antes do estipulado pela Constituição Nacional, e o entregou desesperadamente a Menem em um esforço para apagar o fogo de seu sistema. Além disso, em nível internacional, houve o descrédito das políticas estatistas, cuja expressão máxima foi a queda do Muro de Berlim e o fim virtual da Guerra Fria[35]. Então, o ano da posse de Menem como presidente (1989) apresentou-se como o ponto de inflexão certo para que o novo presidente fizesse uso, sem o menor preconceito ideológico, de doutrinas que sempre lhe haviam escapado.

Na verdade, o habilidoso Carlos Menem tirou suas roupas exóticas, aparou e aperfeiçoou suas costeletas; passou a usar ternos impecáveis e a primeira coisa que fez foi ligar para Álvaro Alsogaray para pedir ajuda e explicar sua intenção de dar uma guinada drástica nas privatizações, na desregulamentação econômica e na economia de mercado "popular" (uma adaptação da "livre empresa" no jargão peronista): "Eles ganharam a batalha ideológica e perderam a batalha política"[36], disseram Fabián Doman e Martín Olivera, dois jornalistas dedicados à biografia de Alsogaray e à história de seu partido, com relação à Ucedé. disseram Fabián Doman e Martín Olivera, dois jornalistas dedicados à biografia de Alsogaray e à história de seu partido.

Digressão: no meio liberal, dizia-se que a expressão usada pelo menemismo "economia popular de mercado" era redundante, já que a economia de mercado é popular por natureza.

Vamos seguir em frente.

Embora a administração de Menem tenha cometido muitos erros, é impossível não mencionar uma multiplicidade de realizações concretas. Houve um crescimento exponencial da produção (uma taxa média anual de crescimento do PIB de 7,5%), uma rápida modernização dos serviços

35 Formalmente, a URSS (União das Repúblicas Socialistas Soviéticas) se desintegra em agosto de 1991.

36 Doman, Fabián e Olivera, Martín. *Los Alsogarays. Secretos de uma dinastia y su corte*. Ed. Aguilar. 2ª edição, 1989, p. 198.

públicos, grandes obras de infraestrutura (durante o governo de Alfonsín, o país estava tão abandonado que as estradas nem sequer podiam ser percorridas), acesso à tecnologia importada a um custo muito baixo e uma redução drástica da pobreza que, no final do mandato de Alfonsín, era de 47%. Investimentos bilionários chegaram ao país, as exportações dobraram e o consumo per capita cresceu 35%. Outro mérito que pode ser atribuído a ele é que, de 1983 a 2023, ele foi o presidente que, até então, mais respeitou a liberdade de expressão e a liberdade de imprensa. Isso se deu graças à privatização dos canais de TV (que deu independência editorial a cada grupo de mídia) e à ascensão da TV a cabo, algo que paradoxalmente trabalhou contra o próprio governo, já que a grande maioria do jornalismo da época se opunha raivosamente a ela. Um exemplo desse último caso é fornecido pela empresa de consultoria Nueva Mayoría e pela Fundação Konrad Adenauer, que, em um documento publicado em 1997, determinou que mais de 70% dos programas políticos estavam nas mãos da esquerda.

Em questões econômicas, foi implementada uma firme tendência de privatização (uma novidade para a tradição peronista, que sempre fez do Estado um culto idólatra), mas também deve ser dito que, de forma correspondente, os gastos públicos aumentaram 143% durante o primeiro mandato de Menem e, no segundo, mais 36,5%. Da mesma forma, o orçamento presidencial de Menem era de US$ 703 milhões em 1995 e subiu para US$ 3.285 milhões em 1999. Para manter padrões de vida artificialmente altos, durante o período de 1991 a 1995, o déficit foi alimentado pela venda de ativos de privatização e, nos anos seguintes, pelo endividamento. Isso elevaria a dívida para US$ 147 bilhões no final de seus dois mandatos, em 1999[37]. Durante essa década, o aumento dos gastos públicos representou o dobro do crescimento do PIB, e o déficit fiscal foi de 12 bilhões de dólares. Em outras palavras, os anos 90 são acusados de diminuir a influência do Estado, embora os gastos do Estado tenham crescido 100% e a economia argentina 40%. Mas o pior efeito foi propagandístico, porque gerou a sensação de que o que fracassou foi a reforma do Estado, não seu desequilíbrio fiscal[38]. É por isso que Milei insiste enfaticamente que as principais crises econômicas

37 BBC News Mundo. Veronica Smink. 19/02/2020. Quem é responsável pela enorme dívida da Argentina (a maior da América Latina). https://www.bbc.com/mundo/noticias-america-latina-51540061

38 Reportagem a Álvaro Vargas Llosa, Infobae 26/09/2004, P. 35

pelas quais a Argentina passou durante décadas se devem ao déficit fiscal. Os dados de nossa história provam que ele está certo.

Todo esse déficit foi realizado para sustentar um plano discutido no mundo liberal, conhecido como "conversibilidade", no qual o bem móvel por excelência (ou seja, a moeda) tinha um valor não fixado pela lei da oferta e da demanda, mas por uma determinação legal que lhe impunha um valor nominal arbitrário (o famoso "um para um"[39]). Mas a conversibilidade não foi uma decisão atribuível apenas a Menem ou a Domingo Cavallo (seu ministro da Economia e arquiteto do programa), já que o novo sistema monetário foi votado por ambas as casas do Congresso[40] e constantemente ratificado durante a maior parte de seu governo. No entanto, foi o próprio Alsogaray que, já em 1993, em suas memórias, declarou que a conversibilidade era uma ferramenta necessária para erradicar a inflação, mas que deveria ser de natureza transitória e que o sistema rígido deveria ser abandonado assim que as condições fossem adequadas[41].

O que diferenciou esse período de seus antecessores é que os gastos públicos não foram financiados com a "maquininha" da produção de papel de parede (emissão monetária sem lastro), mas com o dinheiro das privatizações monopolistas, o formidável aumento de impostos (o IVA[42] subiu para 21%) e, é claro, com o endividamento externo. Mencionar a artilharia sufocante dos impostos confiscatórios não é um detalhe menor, já que a herança da gestão dos anos 90 em matéria tributária, conforme detalhado pelo economista liberal Agustín Monteverde, resultou em que "o Estado fica com três quintos da riqueza gerada pelo contribuinte médio, os incentivos para a evasão ou a elisão são extremamente altos, enquanto os riscos de ser detectado - especialmente em determinadas atividades - são mínimos"[43].

---

39 Cada peso da base monetária era equivalente a um dólar. As reservas do Banco Central da Argentina tinham de ser equivalentes à moeda em circulação, e a emissão de moeda sem lastro era proibida, e com essas ferramentas a estabilidade monetária foi alcançada por quase uma década.

40 Lei nº 23.928. Aprovada em: 27/03/1991.

41 Alsogaray, Álvaro. *Experiencias. De 50 años de política y economía argentina*. Ed. Planeta. Bs. As. 1993. Págs. 177-189.

42 O Imposto sobre Valor Agregado aumentou de 13% para 21% nesse período. Consulte "Qual é a história do IVA, um imposto que tem meio século de existência". Cadena 3. 17/09/2023. Por: Alejandro Arnoletti. https://www.rosario3.com/ecos365/noticias/Cual-es-la-historia-del-IVA-un--impuesto-que-va-por-el-medio-siglo-20230917-0001.html

43 La Nación 24/10/2004. Citado em Monteverde, Agustín. Atlas, Caminando entre la Asfixia y la Evasión, p. 28.

Vale a pena reiterar que esse esquema conseguiu acabar com a inflação, o que não foi um feito fácil em um país acostumado à depreciação crônica da moeda. Da mesma forma, não se pode dizer que a conversibilidade é um mal em si, mas podemos afirmar com segurança que, sem equilíbrio fiscal, é um empreendimento fadado ao fracasso, e não foi o que aconteceu: províncias inteiras usaram o aparato estatal para sustentar o paternalismo clientelista por meio da criação indiscriminada de empregos públicos supérfluos (províncias como La Rioja, Santa Cruz e Tierra del Fuego tinham um funcionário público para cada três famílias e a própria cidade de Buenos Aires tinha nove funcionários públicos por quarteirão). E quem pagou por essa folia? Como sempre, o ônus recaiu sobre as costas da iniciativa privada com impostos esmagadores; as receitas fiscais cresceram US$ 30 bilhões por ano entre 1991 e 1999.

Foi também durante essa década que o aparato estatal gastou 20 bilhões de dólares por ano, e grande parte do desperdício foi gasta em milhares de cargos eletivos com seus infindáveis derivados (assessores, subsídios, vantagens, módulos, nepotismo e compadrio). Entre os erros cometidos durante o governo de Carlos Menem, provavelmente o maior deles foi ter distorcido - em conluio com o inefável Raúl Alfonsín - uma Constituição Nacional que, embora passível de críticas em alguns pontos (como o demagógico artigo 14 bis), era, em termos gerais, um marco regulatório extremamente valioso. Mas, com o desejo irrefreável de reeleição (para o qual era necessário reformar a Lei Fundamental que impedia a reeleição presidencial), um Processo Constituinte foi realizado na Província de Santa Fé em 1994. Foi lá que quilômetros de tratados internacionais foram incorporados à Constituição e, assim, não apenas a soberania legal foi perdida por meio da internacionalização da lei, mas também foram adicionadas regulamentações difusas e "sociais", que corroeram parcialmente sua marca original.

Seja como for, com prós e contras, Menem assumiu sua presidência com um país absolutamente devastado e, das cinzas, levou-o ao auge da modernização, estabilidade, consumo, crédito e euforia. No entanto, a má gestão orçamentária acabou por deixá-lo em uma situação sólida, mas não sem grandes complicações, que o presidente seguinte não só não soube lidar, como agravou.

O fracassado interregno de Fernando de la Rúa

Apesar dos problemas mencionados acima, a conversibilidade teve um alto nível de aceitação na opinião pública. Tanto que, em 1999, com a proximidade de novas eleições presidenciais, foi paradoxalmente o candidato peronista Eduardo Duhalde que questionou essa ferramenta e a fórmula de oposição Fernando de la Rúa-Carlos Álvarez (coalizão UCR-FREPASO), de origem social-democrata, foi a que se apresentou como garantidora disso, a tal ponto que, no calor da campanha eleitoral, o futuro presidente de la Rúa, a fim de tranquilizar a população, lançou um anúncio na televisão confirmando que manteria a paridade "um peso, um dólar"[44]. Da mesma forma, seu candidato a vice-presidente, Carlos "Chacho" Álvarez, teve que confessar seu "arrependimento" por ter votado contra a Lei de Conversibilidade como membro do parlamento. E, como se isso não bastasse, o próprio pai desse sistema econômico, o ex-ministro de Menem, Domingo Cavallo, seria mais tarde nomeado ministro, mas no próprio governo de De la Rúa, mais um sinal do desejo de continuar no mesmo caminho.

Finalmente, em 24 de outubro de 1999, chegaram as eleições presidenciais. A década menemista estava chegando ao fim, e a sociedade decidiu dar uma nova chance à abalada União Cívica Radical, cuja fraqueza significava que ela agora estava concorrendo em coalizão com a FREPASO[45]. A diferença de votos foi esmagadora: 48,37% para de la Rúa, 38,27% para Duhalde, enquanto a candidatura pró-liberal de Cavallo[46] obteve 10,22%, um número nada desprezível para um setor historicamente modesto em termos de votos.

De la Rúa, devido ao seu breve período no poder (ele foi derrubado por um golpe civil em dezembro de 2001), não fez nenhuma mudança importante. Em questões econômicas, ele se limitou a manter a Lei de Conversibilidade criada pelo governo anterior e a resistir às constantes exigências de Anne Krueger, a feroz representante do FMI, que agora queria cobrar a dívida herdada.

---

44 O vídeo pode ser visto no link a seguir: Fernando de la Rúa 1999: https://www.youtube.com/watch?v=WW38rkYjLcM

45 FREPASO é a sigla de Frente por un País Solidario. Foi uma força de esquerda fundada em 1994, que conseguiu ganhar terreno eleitoral e acabou se unindo à UCR para as eleições de 1999.

46 O partido de curta duração com o qual Domingo Cavallo concorreu chamava-se "Ação pela República".

A rigor, até agora, os gastos públicos perdulários que o país vinha sofrendo há 60 anos haviam sido financiados em três etapas: 1) com a depredação das reservas nos anos 1940/50 (aí, Juan Perón foi o grande responsável pelo desfalque; 2) com a emissão de moeda sem lastro e empréstimos até o final dos anos 1980; 3) com o ativo de privatizações, impostos confiscatórios e endividamento externo até 2001.

Esses três métodos foram se esgotando um a um, e a bomba explodiu nas mãos de De la Rúa quando não havia mais espaço para aumentar os impostos, a emissão de moeda era uma receita impedida pela letra da Lei de Conversibilidade e a capacidade de endividamento externo havia sido reduzida. A única alternativa possível e razoável era realizar um ajuste muito severo nas contas. Portanto, seja por falta de coragem, de apoio interno ou de convicção, isso não foi feito e, na falta de dinheiro para aliviar os gastos, as províncias (lideradas principalmente pelo peronismo) começaram a emitir moedas de fantasia[47] (quatorze em todo o país), por meio de títulos provinciais que praticamente substituíram a moeda oficial. A desconfiança cresceu; houve uma fuga maciça de capital e, para compensar o déficit, as reservas do Banco Central foram saqueadas, o que de fato destruiu a conversibilidade (as reservas em dólares não eram mais equivalentes à base monetária). E, para neutralizar o êxodo de capitais do sistema financeiro, foi tomada uma medida que ficará na história: os depósitos bancários em dólares foram sequestrados no final de 2001, por meio do que foi chamado de "corralito", que teve um efeito inclemente sobre os poupadores e, com isso, sobre o direito de propriedade. A todo esse cenário deve-se acrescentar o acúmulo de panelaços, passeatas e protestos que perseguiram à classe política com o grito "Saiam todos daqui!".

Esse estado de alarme minou ainda mais a governabilidade, que já havia sido enfraquecida pela renúncia, meses antes, do vice-presidente Carlos Álvarez (que presidia a FREPASO, a força que co-governava com a UCR), devido ao escândalo de supostos subornos dados pelo partido governista a senadores peronistas em troca de votos a favor de uma reforma trabalhista. Além desses episódios corrosivos, houve os vários planos de golpe promovidos

47 Na verdade, eram títulos emergenciais (tecnicamente chamados de "Letras de Tesorería para Cancelación de Obligaciones"), emitidos entre 2001 e 2002 pelos governadores para pagar suas respectivas burocracias.

pelo peronismo em Buenos Aires, pelo próprio alfonsinismo[48], pela UIA[49] e por uma mídia poderosa e influente que conspirou para desvalorizar a moeda e, assim, liquidar seus passivos ao custo de arruinar a renda dos setores médio e assalariado.

A todo esse acúmulo de adversidades deve ser acrescentada uma passividade fatal e culpável por parte do presidente quando se trata de tomar decisões. Nas páginas do jornal La Nación, o humorista Nik o chamava de "Aquele Sr. Prescindente Frenando de la Duda, de raciocínio lento". A rigor, de la Rúa não tinha poder em todos os momentos. Além dos golpistas que conspiravam de vários ângulos, a Suprema Corte de Justiça havia sido ampliada pelo governo anterior e, portanto, respondia ao peronismo, um partido que não apenas controlava as principais províncias do país, mas também tinha maioria em ambas as casas do legislativo. Além disso, o mau humor foi promovido na televisão, onde a investidura do presidente foi ridicularizada, manchando ainda mais sua imagem deteriorada. O epicentro dos protestos violentos ocorreu entre 19 e 20 de dezembro, com 39 mortos e meio milhar de feridos[50]. Para piorar a situação, De la Rúa não só não tinha mais o apoio de seu partido, como também tinha que enfrentar seu repúdio: ele estava acabado.

Professor de Direito Constitucional, medalha de ouro concedida pela Universidade de Córdoba, conhecedor do mundo e fluente em quatro idiomas, o presidente nunca soube como se adaptar aos negócios obscuros da guerra política, nem teve a coragem de enfrentar a crise e impor o ajuste: renunciou em 20 de dezembro de 2001[51], apenas dois anos depois de assumir o cargo, deixando a Casa do Governo em um helicóptero, um cartão postal que ficou imortalizado na memória coletiva.

Enquanto isso, os caudilhos peronistas amotinados estavam mais uma vez se preparando para tomar o poder de assalto.

---

48 Infobae. 09/07/2019. O dia em que Raúl Alfonsín ligou para Fernando De la Rúa para explicar por que o deixou sozinho. https://www.infobae.com/politica/2019/07/09/el-dia-que-raul-alfonsin-lo-llamo-a-fernando-de-la-rua-para-explicarle-por-que-lo-dejo-solo/

49 Acrônimo de União Industrial Argentina, que fez lobby para desvalorizar a moeda.

50 BBC. "Eles são mortos incômodos": a busca por justiça para as 39 pessoas que morreram na explosão social na Argentina há 20 anos. Analía Llorente. 17/12/2021. https://www.bbc.com/mundo/noticias-america-latina-59660966

51 Infobae (21/12/2022). A intimidade da renúncia de De la Rúa: de "O helicóptero está pronto". Por Ceferino Reato. https://www.infobae.com/sociedad/2022/12/21/la-intimidad-de-la-renuncia-de-de-la-rua-de-el-helicoptero-esta-listo-al-chiste-del-presidente-sobre-bin-laden/

O governo de fato de Eduardo Duhalde

Em meio a uma situação institucional caótica e depois de muitas disputas legislativas, vários governadores se tornaram presidentes efêmeros (duraram apenas algumas horas no cargo) e, assim, Ramón Puerta, Adolfo Rodríguez Saá (este último foi o mais lembrado por ter declarado o calote diante da comemoração atônita da multidão parlamentar analfabeta) e Eduardo Caamaño se permitiram tirar fotos efêmeras de si mesmos com a faixa presidencial. Finalmente, a partir de janeiro de 2002, foi Eduardo Duhalde (que havia sido derrotado nas urnas pelo próprio presidente deposto) que seria o beneficiário mais duradouro dessa situação angustiante e vergonhosa.

O aparato peronista (com uma notável estrutura territorial e capacidade de suborno), no exato momento em que recuperou o poder pela força, conseguiu "magicamente" acabar com todos os panelaços e mobilizações sindicais e piqueteiras (que causaram tantas dores de cabeça a De la Rúa) em um instante.

Ao assumir o cargo, Duhalde empobreceu drasticamente o trabalhador assalariado com uma desvalorização dramática de mais de 300%, e o preço do dólar quadruplicou em uma semana. Mas, como o descrédito do presidente de fato aos olhos da opinião pública não lhe dava espaço para permanecer na cadeira de Rivadavia[52] por muito tempo, para acalmar os ânimos, ele antecipou a data das eleições e a subsequente entrega do poder.

O ódio pessoal que o peronismo interno entre Menem e Duhalde desenvolveu durante a década de 1990 levou à preparação de um acordo irregular durante a presidência de Duhalde, que permitiu ao partido peronista omitir as eleições internas e permitir que diferentes candidatos presidenciais concorressem simultaneamente[53], além dos candidatos dos outros partidos. Isso deu início a uma armadilha pela qual o peronismo poderia apresentar

---

52 A morte dos agitadores Maximiliano Kosteki e Darío Santillán nas mãos da polícia acelerou o fim do breve governo de Duhalde. Veja Infobae, 26/06/2022. 20 anos após o crime de Kosteki e Santillán: sentenças quase concluídas e o pedido de julgamento dos responsáveis políticos pelo "massacre de Avellaneda". https://www.infobae.com/sociedad/policiales/2022/06/26/a-20-anos-del-crimen-de-kosteki-y-santillan-condenas-casi-cumplidas-y-el-pedido-para-juzgar-a-los-responsables-politicos-de-la-masacre-de-avellaneda/

53 A armadilha foi montada no famoso congresso do partido no "Parque Norte". Os detalhes podem ser encontrados no seguinte artigo da época. Clarín. 27/03/2004. A guerra verbal do Parque Norte mostrou um peronismo vazio. https://www.clarin.com/ediciones-anteriores/guerra-verbal-parque-norte-mostro-peronismo-vacio_0_Syl-sYaJ0Kg.html

três candidatos com o mesmo selo do partido. Foi então que Duhalde se aliou a um desconhecido governador da distante e despovoada província de Santa Cruz, um certo Néstor Kirchner, um candidato ideal porque, como ele era desconhecido, a maior parte do eleitorado não sabia de seu passado obscuro e ele não estava ligado aos políticos desacreditados do establishment habitual. Assim, além do restante dos partidos políticos, Carlos Menem, Néstor Kirchner e Adolfo Rodríguez Saá concorreriam pelo peronismo nas próximas eleições.

Esse espetáculo obsceno revelou pela enésima vez o que o peronismo tem sido historicamente - e é - um partido que pertence a um vilarejo marginal do terceiro mundo (no qual a Argentina estava se tornando), tão comparável a uma caixa de alfaiate quanto a um saco de gatos. Sua capacidade singular de acumular, combinar, esquecer e se transformar hoje no oposto de ontem ou de amanhã não seria relevante, não fosse o fato alarmante de que os peronistas, independentemente de como se apresentem (divididos, mal colados, embaralhados ou empilhados), com um programa fascista, montonero, estatista ou privatista (e qualquer outro etc. possível), quase sempre vencem. O peronismo não se soma: ele se acumula e tem, a propósito, as vantagens do indefinível, o que lhe permite estar aberto a todas as tramas e a qualquer forma de roubo ou imoralidade.

A lei foi criada, a armadilha foi acionada. Menem, que buscava seu terceiro mandato, ficou em primeiro lugar com 24,5% dos votos no primeiro turno, seguido pelo candidato de Duhalde (ele transferiu para o incógnito Kirchner a estrutura e os votos clientelistas do aparato burguês de Buenos Aires que ele comandava), que obteve 22%. Vale ressaltar que, em terceiro lugar, ficou o liberal Ricardo López Murphy, com 16,4%, um número formidável para uma ideologia que, por uma série de razões além do escopo desta análise, sofreu constantemente o opróbrio da imprensa e a desconfiança das massas populares. Além disso, se presumirmos que Menem estava próximo do liberalismo e acrescentarmos a isso os votos obtidos por López Murphy, ambas as cabeças somaram um eleitorado pró-liberal de mais de 40%. No entanto, os votos de López Murphy não teriam sido transferidos em bloco para Menem se tivesse havido um segundo turno: muitas pessoas viam neste último uma "figura repetida", que havia sido responsabilizada por muitos episódios de corrupção durante sua década.

E, como as pesquisas não mostravam o ex-presidente[54] nem perto de vencer nas urnas, Menem finalmente renunciou e um golpe "carambola" irrepetível consagrou como presidente da República um homem cujos eleitores não sabiam sequer pronunciar seu sobrenome.

O Kirchnerismo: uma quadrilha de ladrões

Novos tempos para a América Latina. Assim como 1989 foi o ano certo para promover a livre iniciativa, a reconvenção da esquerda como consequência da iniciativa criminosa levada a cabo pelo tirano Fidel Castro e pelo condenado Lula da Silva com a criação do Foro de São Paulo[55] em 1990 (hoje renovado como Grupo Puebla[56]), depois de uma década de trabalho incessante bem financiado pelo narcotráfico das FARC[57], começou a dar frutos. Em grande parte da região, a tradicional partidocracia estava desgastada pela corrupção e outros vícios, e o fato de os preços das commodities terem sido significativamente baixos na década de 1990, o que afetou parcialmente a qualidade de vida, contrastando com o aumento dos preços das commodities no novo século, fez com que vários agentes de esquerda, em seus disfarces recondicionados, começassem a recuperar o poder e a proeminência na esfera institucional. Um exemplo arquetípico disso foi a Venezuela: quando Hugo Chávez se tornou presidente, no final de 1998, o preço do petróleo era de nove dólares o barril, mas durante seu despotismo ele subiu vertiginosamente para 110 dólares em 2012[58].

E foi então que um grupo de supostos outsiders começou a chegar ao poder, liderando um movimento conhecido como "socialismo do século XXI": Hugo Chávez ganhou a presidência da Venezuela em 1998. O já mencionado Lula no Brasil em 2003. O falso indígena Evo Morales, na Bolívia,

---

54 Mais atrás, Rodríguez Saá (P.J), com 14%. Elisa Carrió (Ari), com 14%. E a U.C.R. (arruinada por seu descrédito), nessa ocasião liderada pelo marginal Leopoldo Moreau, mal conseguiu 2% dos votos: a pior eleição radical em seus inférteis 100 anos de vida política.

55 www.forodesaopaulo.org

56 www.grupodepuebla.org

57 La Gaceta. 30/09/2022. Foro de São Paulo: a rede criada por Lula e Castro para o ataque às democracias. https://gaceta.es/iberosfera/el-foro-de-sao-paulo-la-red-creada-por-lula-y-castro-para-el-asalto-de-las-democracias-en-la-iberosfera-20220930-0726/

58 Statista. Preço médio anual do petróleo bruto definido pela Organização dos Países Exportadores de Petróleo (OPEP). De 1960 a 2024, em dólares por barril. https://es.statista.com/estadisticas/635114/precio-medio-del-crudo-fijado-por-la-opep/

em 2006. Rafael Correa, no Equador, em 2007. Daniel Ortega na Nicarágua em 2007 e, em nosso caso, Néstor Kirchner em 2003, que, embora não fosse um outsider, foi vendido como tal, devido ao seu baixo perfil, primeiro como prefeito e depois como governador de uma província tão distante que era a jurisdição mais ao sul da Argentina, com exceção da Terra do Fogo. Na fronteira com o Chile, no lado esquerdo do mapa, e com o Oceano Atlântico no lado direito, a apenas 660 km por mar das Ilhas Malvinas.

Em tempos sem redes sociais ou comunicações avançadas, por mais corrupto e imoral que fosse seu perfil, para o público em geral Kirchner era uma novidade, e o cansaço das pessoas com a liderança habitual acabou por escolhê-lo. Pouco depois de assumir o cargo, aproveitando-se do idílio que geralmente existe entre um novo presidente e a maior parte da população, o presidente deu um verdadeiro golpe de Estado na Suprema Corte de Justiça, expulsando de fato quatro juízes de um total de sete e substituindo-os por outros quatro agentes viciados, a fim de ter uma maioria automática em suas decisões. Entre os juízes da Suprema Corte que militavam a favor do kirchnerismo estava o cafetão Eugenio Zaffaroni[59], conhecido por suas posições garantistas-abolicionistas no direito penal. Essa subjugação do judiciário abriu as portas para que o novo líder iniciasse uma detenção ilegal em massa de militares que lutaram contra o terrorismo na década de 1970[60] e, ao mesmo tempo, realizasse uma reivindicação explícita das guerrilhas, muitos de cujos ex-membros se tornaram autoridades renomadas em seu governo.

Durante todos esses anos, a questão foi usada como um tremendo bombardeio ideológico, financiando e fortalecendo organizações de ultraesquerda, erroneamente chamadas de "defensoras dos direitos humanos",

59 Infobae. 08/11/2017. Um sexto bordel denunciado nos apartamentos do juiz Eugenio Zaffaroni. https://www.infobae.com/2011/07/29/596651-denuncian-un-sexto-prostibulo-departamentos-del-juez-eugenio-zaffaroni/

60 Para implementar essas detenções, o seguinte está sendo violado: PRINCÍPIO DA IGUALDADE PERANTE A LEI (A PARTIR DAÍ, TODO O RESTO). PRINCÍPIO DA LEGALIDADE. IRRETROATIVIDADE DA LEI PENAL MAIS GRAVOSA. JULGAMENTO. NE BIS IN IDEM. DE INOCÊNCIA. IN DUBIO PRO REO (NA DÚVIDA, A FAVOR DO RÉU). IMPARCIALIDADE DO JUIZ. PRAZO RAZOÁVEL PARA O JULGAMENTO. PERÍODO RAZOÁVEL DE PRISÃO PREVENTIVA. 2- CONSTITUIÇÃO NACIONAL.ARTS. 16, 18. 3- CONVÊNIOS INCORPORADOS À CONSTITUIÇÃO NACIONAL DESDE A REFORMA DE 1994. CONVENÇÃO AMERICANA SOBRE DIREITOS HUMANOS - ARTS. 4, 5, 7.3, 7.5, 8.1, 8.2, 8.2.C, 8.2.f. 8.2.g, 9, 24. PACTO INTERNACIONAL SOBRE DIREITOS CIVIS E POLÍTICOS - ARTS. 7, 9.1, 9.3, 10.1, 14.1, 14.2, 14.3.B, 14.3.C. 14.3.E, 14.7, 26. 4- CONVÊNIOS COM HIERARQUIA CONSTITUCIONAL POR LEI 27. 700. CONVENÇÃO INTERAMERICANA SOBRE A PROTEÇÃO DOS DIREITOS HUMANOS DOS IDOSOS - Arts. 2, 3, 4, 5, 9, 10, 12, 13, 19, 31, 32.

como as "Madres de Plaza de Mayo" ou as "Abuelas de Plaza de Mayo". Na verdade, esses grupos são formados por parentes de membros de organizações guerrilheiras que foram mortos ou desapareceram nos anos 70, cujos assassinatos e ataques não apenas são explicitamente reivindicados, mas também são defensores enfáticos do terrorismo transnacional (como é o caso do ETA[61], da Al Qaeda[62] ou das FARC[63]), além de apoiarem as mais sangrentas ditaduras de esquerda[64]. Além disso, essas estruturas têm sido um terreno fértil para negócios paraestatais ou, diretamente, para atos escandalosos de corrupção com a piscadela e o dinheiro do governo[65].

Politicamente, foi fácil para Néstor Kirchner consolidar seu império e sua liderança aplicando enormes "retenções" às receitas de exportação do setor agrícola (que não eram retenções[66], mas roubo legalizado). De fato, dado o contexto da época, a gangue do governo não teve falta de dinheiro para impor um regime longo e autocrático. Assim como observamos o contraste no preço do petróleo que tanto favoreceu a consolidação do chavismo na Venezuela, no caso da Argentina, o kirchnerismo teve um destino semelhante com o "ouro verde", ou seja, a soja. Enquanto no ano da posse de Néstor Kirchner o preço da tonelada de soja estava abaixo de 200 dólares (de acordo com a cotação de Chicago), em 2008 já estava acima de 600 dólares, e chegou a 650 dólares em 2012, antes de cair drasticamente durante o governo "oposicionista" de Macri (300 dólares em 2015) e subir para 630 dólares em 2021/2022 durante o governo kirchnerista de Alberto Fernández[67]: na Argentina, a esquerda é um erro moral, mas com uma sorte

61 Infobae. 23/10/2017. Hebe de Bonafini retornou para apoiar os terroristas do ETA. https://www.infobae.com/2007/04/25/313242-hebe-bonafini-volvio-apoyar-terroristas-eta/

62 Infobae. 23/10/2017. Hebe de Bonafini retornou para apoiar os terroristas do ETA. https://www.infobae.com/2007/04/25/313242-hebe-bonafini-volvio-apoyar-terroristas-eta/

63 Infobae. 25/10/2017. Hebe de Bonafini apoiou os guerrilheiros das FARC. A chefe das Madres de Plaza de Mayo emitiu uma declaração na qual apoia a organização terrorista que mantém Ingrid Betancourt como refém, entre outras pessoas. https://www.infobae.com/2008/01/04/357526-hebe-bonafini-respaldo-guerrilleros-las-farc/

64 30/11/2016. Gabriel Salvia. Fidel Castro e a integridade de Estela de Carlotto na defesa dos direitos humanos. https://www.infobae.com/opinion/2016/11/30/fidel-castro-y-la-integridad-de-estela-de-carlotto-en-la-defensa-de-los-derechos-humanos/

65 Crônica. 20/11/2022. Sueños Compartidos, o escândalo de corrupção que quase levou Hebe de Bonafini para a cadeia. https://www.diariocronica.com.ar/noticias/2022/11/20/74410-suenos-compartidos-el-escandalo-de-corrupcion-que-casi-lleva-a-hebe-de-bonafini-a-la-carcel

66 A retenção, por definição, implica que o que for retido será devolvido. O que estava em questão aqui era simplesmente roubar dos exportadores uma porcentagem do dinheiro legitimamente obtido sem qualquer reembolso ou compensação.

67 Preço histórico da soja: Tabela histórica de Rosário e Chicago. https://www.negociosdelcampo.com/agricultura/soja/precio-historico-de-la-soja

circunstancial inquestionável.

Essa oportunidade permitiu que Kirchner e seus capangas (incluindo Alberto Fernández, que era chefe de gabinete) realizassem uma rápida recuperação econômica (que já estava em andamento desde a época de Duhalde), não porque tivessem elaborado um programa de governo sensato, mas por causa de um boom nas commodities internacionais, ou seja, devido a circunstâncias fora do controle de Kirchner, que tinha grandes qualidades mafiosas e ditatoriais, mas sofria de uma notável ignorância geral e econômica, assim como sua parceira, esposa e sucessora na dinastia presidencial: a delinquente Cristina Fernández de Kirchner.

A rigor, o kirchnerismo foi uma tragédia para o país. Não apenas por causa do terrível programa econômico (que durante anos muitas pessoas não perceberam devido à anestesia gerada pela distribuição demagógica de planos e subsídios clientelistas), mas também por causa da destruição da educação e dos valores por meio do bombardeio cultural (especialmente durante a época de Cristina Kirchner), do atropelamento sistemático das instituições republicanas e do saque criminoso dos fundos públicos a serviço de uma verdadeira quadrilha de ladrões. Para piorar a situação, deve-se acrescentar que o kirchnerismo foi a força política que conseguiu a maior continuidade no governo em toda a história moderna da Argentina, sustentando-se por três mandatos presidenciais consecutivos ao longo de 12 anos: de 2003 a 2007 (Néstor Kirchner), de 2007 a 2011 (Cristina Kirchner) e, de 2011 a 2015, o segundo mandato de Cristina. Depois veio o intervalo inconsequente da “oposição” de Macri até 2019, e mais uma vez o kirchnerismo voltou ao poder até 2023. Nesse último caso, Alberto Fernández atuou como uma paródia de presidente e Cristina Kirchner como vice-presidente, mas a verdadeira chefe da organização.

Esse período prolongado de tempo facilitou a consolidação de um plano sistemático e generalizado de estelionato: Desde o desaparecimento dos 600 milhões de dólares dos fundos do petróleo de Santa Cruz (quando Néstor Kirchner era governador) até a Alfândega Paralela em Caracas; as malas de dólares de José López (Secretário de Obras Públicas, condenado pela justiça); os casos Hotesur e Los Sauces (que deixaram Cristina na corda bamba); a tragédia com 52 mortes no trem Once; os subornos de Ricardo Jaime (Secretário de Transportes condenado pela justiça); a bolsa com dinheiro ilegal encontrada no escritório de Felisa Miceli (Ministra da Economia de Cristina Kirchner, condenada pela Justiça); as práticas mafiosas do Secretário de Comércio Guillermo Moreno (condenado pela Justiça); o esquema Ciccone de Amado Boudou (ex-vice-presidente de Cristina Kirchner, condenado pela Justiça); o estado paralelo e as milícias em Jujuy de Milagro Sala (condenado pela Justiça); os possíveis vínculos de Aníbal Fernández com o narcotráfico e o triplo crime do General Rodríguez; o roubo de Sueños Compartidos por Hebe de Bonafini e o assassino Sergio Schoklender; a compra ilegal de trens da Espanha por Julio de Vido (Ministro do Planejamento, condenado pela justiça); "La Rosadita" e o caso de Lázaro Báez (homem de fachada de Néstor Kirchner, condenado pelos tribunais); a condenação criminal da própria Cristina Kirchner por fraude contra o Estado em obras públicas; o caso Vialidad; o constrangimento da AFI paralela (inteligência ilegal para espionar juízes); o pacto Kirchner/Irã para encobrir o atentado à AMIA e a subsequente morte do promotor Nisman; o arrepiante caso Skanska e os vínculos com a Odebrecht; o escândalo do dólar futuro; a cinematográfica "Causa de los Cuadernos" - um dos maiores casos de corrupção da história argentina; o vacinador VIP do ministro Ginés González García; a compra de máscaras superfaturadas em plena quarentena; o escândalo de Martín Insaurralde e suas paixões prostibulárias nos iates de Marbella; o caso imperdoável do governador kirchnerista Alperovich, que abusou sexualmente de sua sobrinha; os cartões de débito do "Chocolate" Rigau e dos vereadores de Massa; Emerenciano Sena no Chaco e seu clã envolvido no tráfico de pessoas; as festas de Alberto Fernández em Olivos em quarentena total; a quantia milionária que a Argentina deve pagar pela conivência de Axel Kicillof na expropriação da YPF; os movimentos sórdidos do "Plano Qunita"; o sobrepreço da Aysa na compra de 620 vans Kangoo (cuja implicação compromete Malena Massa); as negociações de "cooperativas fantasmas" da ministra Victoria Tolosa Paz; as compras milionárias com sobrepreços no Ministério de Assuntos da Mulher e, nas últimas horas, assistimos a recente acusação criminal do próprio Alberto Fernández, pela negociação estrondosa de contratos de seguro, entre uma lista interminável de ilegalidades em quase duas décadas marcadas pela vergonha.

Na Argentina de hoje, falar de um "Kirchnerista corrupto" é quase uma expressão redundante.

Durante esse período interminável de pilhagem e imoralidade, o kirchnerismo executou uma política de compra permanente de vontades, um aumento exponencial dos planos clientelistas, seguido do consequente aumento artificial do consumo com a moeda estrangeira apropriada do setor agrícola e pecuário. O ponto mais alto desse roubo que desencadeou um conflito de proporções ocorreu em 2009, quando o desertor e incompetente Martín Lousteau (na época Ministro da Economia da quadrilha), tentou aumentar de forma confiscatória a porcentagem das mal chamadas "retenções" com a lembrada "Resolução 125", fato que resultou em uma divisão social de proporções tão profundas que causou a primeira derrota eleitoral da máfia do governo nas eleições legislativas daquele ano. Lousteau foi posteriormente expulso como um inútil do submundo kirchnerista e, desde então, tem se disfarçado como um social-democrata puro, unindo-se e "autopercebendo-se" tardiamente como um radical, a fim de escalar politicamente em outras estruturas colaterais.

A liberdade de imprensa foi francamente encurralada e, além das tentativas de expropriar a mídia dissidente, o regime fabricou processos judiciais para silenciar ou prender Joaquín Morales Solá (jornalista do La Nación), Vicente Massot (chefe do grupo de jornalistas La Nueva Provincia), Carlos Pagni (jornalista do La Nación), Ernestina Herrera de Noble (proprietária do Clarín), Magnetto (CEO do Clarín) ou o escritor Juan Bautista Yofre, cujos livros best-sellers desmascaram em grande parte o relato oficial ficção da década de 1970. A própria Sociedade Interamericana de Imprensa (SIP)[68] denunciou formalmente o assédio e a intimidação da liberdade de expressão na Argentina: "A organização colocou a Argentina ao lado da Venezuela, Equador, Bolívia e Nicarágua, cujos líderes estão 'assediando' jornalistas e meios de comunicação que têm uma visão crítica do governo, de acordo com um relatório divulgado pelo veterano jornalista Milton Coleman, presidente da SIP e editor do The Washington Post, e Gustavo Mohme, do Comitê de Liberdade de Imprensa e editor do diário peruano La República"[69]. Da mesma forma, o regime autoritário também agiu contra a Igreja Católica, que classificou a Argentina como uma "Sé Impedida"[70], um status que o Vaticano concede a países comunistas ou países

68 https://www.sipiapa.org/contenidos/home.html

69 Clarín, 24/04/12. A SIP condenou a hostilidade e o assédio do governo à mídia. https://grupoclarin.com/notas/sip-condeno-hostilidad-acoso-del-gobierno-los-medios

70 Âmbito Financiero. 4 de março de 2008. Sé impedida. https://www.ambito.com/politica/sede-impedida-n3488194

com manifesta perseguição religiosa.

Ao exposto acima, deve-se acrescentar que, nos últimos 20 anos, houve um aumento desenfreado do aparato estatal: o emprego público entre 2003 e 2015 aumentou em um milhão e quinhentos mil funcionários, ou seja, 60% da geração total de empregos, caso em que fica claro que não se trata apenas de emprego improdutivo, mas de nomeações indiscriminadas em troca de uma tarefa nula ou simbólica. Entre 1997 e 2011, o emprego estatal cresceu cinco vezes mais do que a população[71]. E, em vez de reverter ou atenuar a tendência alarmante e antieconômica, desde esse mesmo ano (em pleno regime de Cristina Kirchner), o pé no acelerador foi colocado e, entre 2011 e 2022, o emprego público cresceu onze vezes mais rápido do que o emprego privado registrado[72].

O esbanjamento obtido foi financiado, em primeiro lugar, com o que o Estado roubava do campo, mas como, apesar da excelente renda que entrava no país, o regime continuava a aumentar excessivamente os gastos públicos, ele aumentava o financiamento emitindo moeda sem lastro, o que fez com que a inflação aumentasse progressivamente até explodir em seu estágio final durante o governo de Alberto Fernández: De acordo com o INDEC[73] (cujos números mentirosos foram conscientemente elaborados, reduzindo as cifras até serem normalizadas somente em 2015[74]), durante o regime de Néstor Kirchner, a inflação acumulada foi de 67%. Durante o primeiro mandato de Cristina, foi de 121%, e durante seu segundo mandato, de 177,2%. Continuando na linha, durante a continuidade socialista de Macri, a inflação chegou a 295%[75], até voar pelos ares na última versão kirchnerista, sob a presidência de Alberto Fernández, com 1020%[76].

---

71 Idesa. 05/02/2012. Emprego público cresce 5 vezes mais que a população. https://idesa.org/empleo-publico-crece-5-veces-mas-que-la-poblacion/

72 Infobae. 02/07/2023. Entre 2011 e 2022, o emprego público cresceu 11 vezes mais rápido do que o emprego privado registrado. https://www.infobae.com/economia/2023/07/02/entre-2011-y--2022-el-empleo-publico-crecio-once-veces-mas-rapido-que-el-empleo-privado-registrado/

73 Acrônimo para Índice de Preços ao Consumidor.

74 Clarín. 28/09/2009. O INDEC, forçado a mentir. https://www.clarin.com/ediciones-anteriores/indec-obligado-mentir_0_SyuE9dR6Fx.html

75 Infobae. 13/08/2023. Inflação PASSO a PASSO: quanto os produtos básicos aumentaram entre 2015 e 2023. A fonte é da Libertad y Progreso, com base no INDEC e em estimativas próprias. https://www.infobae.com/economia/2023/08/13/la-inflacion-paso-a-paso-cuanto-aumentaron-los--bienes-basicos-entre-2015-y-2023/

76 Infobae. 12/01/2024. Inflação recorde na era Alberto Fernández: com 1.020%, é a mais alta dos últimos 5 mandatos presidenciais. https://www.infobae.com/economia/2024/01/12/inflacion--record-en-la-era-alberto-fernandez-con-1020-es-la-mas-alta-de-los-ultimos-5-mandatos-presidenciales/

Com exceção dos primeiros anos de Néstor Kirchner, quando o boom da soja permitiu que ele obtivesse enormes receitas em moeda estrangeira que abriram caminho para seu esbanjamento festivo, não é preciso dizer que essa foi uma política temporária que não poderia ser sustentada ao longo do tempo: a Argentina não cresceu de 2011 a 2023, um verdadeiro recorde de estagnação e opróbrio que levou a um empobrecimento maciço e generalizado[77].

Quanto à oposição, ela frequentemente se dividia nas eleições e, além disso, nunca estava à altura da ocasião. Em todos esses anos, o liberalismo foi estigmatizado e a direita foi demonizada ou perseguida. A estreiteza ideológica das forças social-democratas e a covardia de Macri ao ser acusado de ser um livre-empresário impediram que elas assumissem que o problema econômico era sistêmico, e não apenas o fato de o kirchnerismo ter sido uma organização criminosa. O slogan da oposição era "Manteremos o Estado presente, a distribuição de renda e a justiça social, mas sem roubar". Como se isso resolvesse as complicações que haviam se enraizado ao longo do tempo.

Néstor Kirchner morreu repentinamente em 2010; na época, Cristina era a presidente, mas, até então, era seu marido quem estava dando as ordens. A partir de então, ela teve que administrar o crime governamental sozinha até 2015, quando não era mais legalmente elegível para a reeleição. Sua figura já estava desgastada e a oposição se uniu em um único bastião, o que levou Mauricio Macri à presidência no domingo, 22 de novembro de 2015, quando ele venceu a votação contra o candidato do partido governista, Daniel Scioli, por uma pequena margem: 51,3% contra 48,6%.

O continuísmo covarde de Mauricio Macri

Mauricio Macri não merece muitas linhas na história argentina. Ele não merece que nos debrucemos muito sobre sua personalidade insubstancial. Mas temos que dizer algo.

Embora com melhores maneiras, roupas elegantes e um bom domínio do inglês (que contrastava com a vulgaridade rústica de seus antecessores),

77 Perfil. 02/03/2024. Carlos Burgueño. Confirmado: a Argentina não cresce há 12 anos (pode ser 13). https://www.perfil.com/noticias/columnistas/confirmado-argentina-no-crece-hace-12-anos-pueden-ser-13-por-carlos-burgueno.phtml#:~:text=Seg%C3%BAn%20la%20medici%20medici%C3%B3n%20oficial%2C%20el,obvias%20alzas%20y%20retrocesos%20anuales.

sua presidência foi uma calamidade. Ele agitou a bandeira da "Mudança" ad nauseam, o que gerou uma expectativa saudável na opinião pública, e não apenas nada mudou, como também aprofundou o pior do kirchnerismo: o estatismo econômico e o progressismo cultural.

Na política internacional, ele se reuniu e apoiou publicamente a candidatura esquerdista de Hillary Clinton em detrimento de Donald Trump nos Estados Unidos[78], e Hillary perdeu a eleição. Ele validou em Cuba, junto com o sanguinário Raúl Castro e outros centristas funcionais, o famoso Acordo de Paz promovido pelo pacifista Juan Manuel Santos (então presidente da Colômbia) em benefício do narcoterrorismo das FARC[79], e o plebiscito para aprovar o acordo foi perdido por Santos em seu país.

Em termos da batalha cultural, apavorado com as críticas que poderiam vir dos donos da narrativa dominante, ele manteve a lenda fictícia dos anos 1970 de apresentar o terrorismo marxista como "jovens idealistas" e os militares como os vilões da história[80]. Abriu as portas para o debate sobre o aborto em 2018, rejeitado na época pelo Congresso, para seu pesar, já que chegou a enviar seu ministro da Saúde ao Parlamento, o médico abortista Adolfo Rubinstein, para convencer deputados e senadores[81] a aprovar a lei homicida. Da mesma forma, comprometeu-se publicamente com a intensificação da desastrosa ideologia de gênero, como ele mesmo confessou ter recebido ordens expressas da agenda globalista do G20[82], entre muitos outros alinhamentos com a catequese do woke, à qual se submeteu com uma pusilanimidade governamental raramente vista: "O governo de Macri é mais de esquerda do que o de Cristina"[83], declarou o ideólogo do governo Alejandro Rozitchner (seu escritório ficava na mesma Casa Rosada, a

---

78 Infobae. 10/11/2016. Macri apostou em Hillary Clinton, mas ganhou com Donald Trump. Por Nancy Pazos. https://www.infobae.com/politica/2016/11/10/macri-aposto-por-hillary-clinton-pero-gano-con-donald-trump/

79 Infobae. 04/10/2016. Álvaro Uribe: "Me doeu ver Mauricio Macri apoiando o acordo com as FARC". https://www.infobae.com/politica/2016/10/04/alvaro-uribe-me-dolio-ver-a-mauricio-macri-apoyando-el-acuerdo-con-las-farc/

80 El Cronista. 12/05/2017. O governo promulgou a lei que exclui o benefício do 2x1 para genocídios. https://www.cronista.com/economia-politica/El-Gobierno-promulgo-la-ley-del-beneficio-del-2x1-a-genocidas

81 Clarín, 31/05/2018. O aborto legal recebeu forte apoio do Ministro da Saúde no encerramento do debate. https://www.clarin.com/sociedad/aborto-existe-podemos-soslayar-dijo-ministro-salud_0_By3-6sa1m.html

82 NotimexTV. Macri recebe recomendações de gênero para a cúpula do G20. https://www.youtube.com/watch?v=Y1_tloyq9mo

83 Ámbito Financiero. 26/09/2016. "O governo de Macri é mais de esquerda do que o de Cristina". https://www.ambito.com/politica/el-gobierno-macri-es-mas-izquierda-que-el-cristina-n3956401

poucos metros do gabinete do presidente): um influente assessor de Macri que, dizendo-se filósofo, ministrou aos quadros políticos de seu partido "oficinas de otimismo"[84], em sintonia com a "revolução da alegria"[85] propagada pelo macrismo e seu esquecível governo, cujo líder, em seus eventos partidários, pulava com empolgação artificial entre balões combinados e serpentinas estudadas, onde a decoração caprichada era seu principal diferencial em relação ao governo anterior. Em suma, o macrismo não foi uma mudança de paradigma, mas uma modificação estética.

Digressão: no momento em que este texto foi escrito, enquanto Milei era presidente, o próprio Rozitchner defendeu ferozmente o atual governo na mídia, sem intenções políticas até onde sabemos, um gesto de honestidade intelectual que consideramos digno de nota.

Voltando a Macri, como ele não teve coragem de mudar o rumo econômico, seus resultados ruins eram previsíveis. Ele não privatizou um único parafuso e ficou em pânico o tempo todo para fazer o ajuste; por isso, recorreu a um endividamento externo exorbitante com o FMI no valor de 50 bilhões de dólares[86] para continuar financiando o sistema socialista inútil que seu governo manteve. É verdade: a imprensa não foi atacada, presumo que muito menos foi roubado, houve uma melhoria institucional e, durante seu governo, nenhum promotor foi assassinado; mas, economicamente, as pessoas continuaram a viver cada vez pior.

Para que serviu a "mudança" de Macri? Para continuar o declínio e levar a delinquência kirchnerista de volta ao poder: ele perdeu, em 2019, sua candidatura à reeleição contra Alberto Fernández (48% contra 40%), o homem que Cristina Kirchner escolheu para encabeçar a chapa presidencial de sua quadrilha. Por que Cristina não foi candidata à presidência? Seu descrédito já era enorme e ela precisava de uma figura de proa servil, mas fez questão de ir como vice-presidente (para preservar sua imunidade penal, devido às dezenas de casos de corrupção que a comprometeram), embora sem participar da campanha, para não prejudicar as chances eleitorais de seu lacaio.

---

84 Página 12. 11/05/2016. Um workshop de entusiasmo. https://www.pagina12.com.ar/diario/elpais/1-299063-2016-05-11.html

85 Ámbito Financiero. 03/10/2015. "Em 25 de outubro houve uma revolução de alegria". https://www.ambito.com/politica/el-25-octubre-hubo-una-revolucion-alegria-n3914426

86 BBC. 07/06/2018. A Argentina acorda um empréstimo de US$ 50 bilhões com o FMI que a compromete a reduzir o déficit e a inflação. https://www.bbc.com/mundo/noticias-america-latina-44408231

O desgoverno de Alberto Fernández

O fato de Alberto Fernández ter sido um inútil de proporções é indiscutível: nem mesmo os kirchneristas se atrevem a defender tal idiota. Mas, para sermos justos, também devemos deixar claro que seu desastre nada mais foi do que o corolário da ficção do "estado atual", da "justiça social", da "substituição de importações", das "conquistas trabalhistas", dos subsídios aos serviços públicos, do festival de pensões concedidas àqueles que nunca contribuíram e dos infindáveis planos sociais distribuídos por todos os tipos de razões, durante 20 anos ininterruptos. Tudo isso foi uma bomba que o pequeno presidente não só não conseguiu desarmar, como também aumentou.

Quanto à situação do Banco Central, os números não poderiam ser piores: somente em 2023 (último ano de Alberto Fernández), a emissão foi equivalente a 13% do PIB. Os dados da realidade reforçaram os argumentos de Javier Milei sobre seu desprezo explícito pela instituição. E, se considerarmos a evolução do preço do dólar durante esses 20 anos de "justiça social", bastam dois números: quando Néstor Kirchner assumiu o governo, a moeda valia 3 pesos locais e, no final do governo de Alberto Fernández, ultrapassou a barreira dos 1.000 pesos[87].

Em termos de educação, sendo a Argentina um país em que a partidocracia como um todo (incluindo o Macrismo) se vangloria dos benefícios da "educação pública gratuita", a farsa do "Estado educa você" ficou mais uma vez transparente. Em 2023, de acordo com os respeitáveis relatórios do PISA, com um total de 81 países examinados (a amostra foi realizada com mais de 12.000 alunos da 7ª série ou mais e frequentando mais de 460 escolas): 7 de cada 10 alunos argentinos não atingiram os níveis mínimos em leitura. E em matemática, a Argentina ficou em 66º lugar entre 81 países na classificação[88].

---

87 Clarín. 09/12/2023. As estatísticas da herança deixada por Alberto Fernández e Cristina Kirchner: o asado argentino 2.150% mais caro, o dólar azul 1.234% e 45% mais pessoas pobres. https://www.clarin.com/economia/estadisticas-herencia-dejan-alberto-fernandez-cristina-kirchner-asado-2150-caro-dolar-blue-1234-45-pobres_0_TIeJprx3li.html

88 Ámbito Financiero. 05/12/2023 Testes PISA: 7 em cada 10 estudantes argentinos não atingem os níveis básicos em matemática e metade não atinge os níveis mínimos em leitura. https://www.ambito.com/informacion-general/pruebas-pisa-7-cada-10-estudiantes-argentinos-no-logra-niveles-basicos-matematicas-y-la-mitad-no-alcanza-niveles-minimos-lectura-n5891738

Quanto à qualidade institucional, o exaustivo e recente relatório da RELIAL nos mostra que a "República" argentina apresenta dados pouco apresentáveis: de um total de 183 países estudados, ficamos em 110º lugar. Mas, com relação ao Índice de Democracia (estudado pela The Economist), a pontuação é medida de um a dez. 1 é a melhor nota e 10 a pior: a Argentina obteve um péssimo 7[89].

Em conclusão, Alberto Fernández deixou o governo com a inflação mais alta do mundo, 50% de pobres, 10% de indigentes e 60%[90] de crianças que só comem uma vez por dia. A isso podemos acrescentar um drama que sempre nos foi estranho e alheio, mas que agora (com a provável cumplicidade do Estado) já estava enraizado: o narcotráfico. A Argentina é o segundo país da América Latina com a segunda maior taxa de consumo de drogas em 2023[91].

Já dissemos isso várias vezes: o kirchnerismo não é apenas uma ideologia econômica coletivista e culturalmente progressista, mas, acima de tudo, uma metodologia criminosa. Em 2023, de acordo com o Índice de Percepção de Corrupção elaborado pela Transparência Internacional, a Argentina ocupava o 98º lugar no ranking mundial de corrupção, compartilhando sua posição com países difíceis de encontrar no mapa: Etiópia, Zâmbia, Gâmbia, Albânia e Bielorrússia, marcando apenas 37 pontos de um máximo de 100, que é o algarismo das nações menos corruptas do planeta[92].

O modelo de castas, sob qualquer aspecto, não poderia estar mais exposto.

---

89 Infobae. 29/08/2022. O fraco desempenho da América Latina no ranking de Qualidade Institucional: quais países estão no topo. https://www.infobae.com/america/america-latina/2022/08/29/mala-performance-de-america-latina-en-el-ranking-de-calidad-institucional-que-paises-lo-encabezan/

90 O governo estima que a pobreza já esteja em 50% e o FMI prevê mais assistência social. Atualmente, mais de 50% dos argentinos vivem abaixo da linha da pobreza, e esse número chega perto de 60% no caso das crianças. https://www.clarin.com/economia/gobierno-estima-pobreza-50-fmi-preve-ayudas-sociales_0_AgbQZXonno.html

91 Infobae. 09/06/2023 A Argentina é o país com o segundo maior consumo de drogas psicoativas da região. https://www.infobae.com/salud/2023/06/09/argentina-es-el-segundo-pais-con-mas-consumo-de-drogas-psicoactivas-de-la-region/

92 Ranking Mundial de Corrupção: a Argentina teve um desempenho ruim, sua classificação e por quê. https://www.cronista.com/economia-politica/ranking-mundial-de-corrupcion-argentina-tuvo-un-pobre-desempeno-en-que-puesto-quedo-y-por-que/

CAPÍTULO 2

A AUTOCONSTRUÇÃO DE JAVIER MILEI

O verdadeiro fracasso
é não aprender do fracasso

"Nicolás Márquez: Como você se define?

Javier Milei: Olha, eu sou um cara honesto, uma pessoa íntegra.

NM: Há muitas pessoas com honestidade e integridade, mas apenas uma se torna presidente...

JM: Recebi um conjunto de habilidades que, em um determinado momento da história e em um lugar específico, têm um certo impacto para contribuir com a sociedade.

NM: Você disse: "Recebi um conjunto de habilidades", como se esses atributos tivessem sido dados a você por alguém ou algo supremo. Lembrei-me de Lionel Messi, que sempre que marca um gol olha para cima e aponta as mãos para o céu. Além disso, uma vez ele disse algo semelhante sobre seus talentos...

Digressão: olhando para trás, mais tarde confirmei que Messi disse: "A verdade é que eu não fiz nada. Foi Deus quem me fez jogar assim [...] Ele me deu esse dom, não tenho dúvidas disso. Ele me escolheu e, depois disso, fiz tudo o que pude para me aperfeiçoar e ter sucesso. Mas, obviamente, sem a ajuda Dele eu não teria chegado a lugar algum"[93].

---

93 Imprensa. 26 de outubro de 2022. Foi assim que Messi reconheceu que seu talento vem de Deus. https://www.aciprensa.com/noticias/96382/asi-fue-como-messi-reconocio-que-su-talento--viene-de-dios

"JM: A realidade é que podemos estudar a Torá e ver todo o processo que Moisés conduz. Você fica simplesmente maravilhado. E a característica fundamental de Moisés era a humildade. E essa humildade foi o que lhe permitiu ser um canal limpo da voz do Criador. Portanto, é preciso ter grandeza para estar em um lugar como Moisés e permanecer no eixo. Como seria replicar a experiência de Moisés hoje? E... Seria se aparecesse alguém de um povo que está sendo escravizado. A China, por exemplo. Que alguém se levante, enfrente o primeiro-ministro chinês e diga: 'Libertem meu povo'".

As citações ou apreciações religiosas de Milei são comuns, e é por isso que não ficamos surpresos com seu diálogo com o jornalista Luis Novaresio:

"LN: Nós morremos e o que acontece?

JM: Vamos nos encontrar com o Único (Deus), se fizermos as coisas direito.

LN: O Único existe?

JM: Sim, o Único existe.

LN: Como é que um cara tão pragmático tem uma convicção tão improvável?

JM: Bem, isso é no seu caso. Aconteceram algumas coisas muito fortes em minha vida, coisas que ultrapassam qualquer explicação científica"[94].

Vamos continuar nossa conversa:

"NM: Em que ano você nasceu?

94 Entrevista de Javier Milei com Luis Novaresio, no La Nación+. https://www.youtube.com/watch?v=BssEhFk7dQY

JM: Na capital federal, em 22 de outubro de 1970.

NM: Nas várias notas que você deu, você se referiu a uma infância difícil. Foi sempre assim ou você teve momentos de alegria?

JM: Veja, minha infância foi certamente difícil. Não foi fácil. Os critérios da época também eram duros; havia muita disciplina, muito rigor e, no meu caso, sem dúvida, muitos excessos, muitos maus-tratos.

NM: E qual era o nível de exigência de seus estudos?

JM: Sim, isso era um fato. Não era permitido não fazer as coisas bem feitas. E, como eu era bastante rebelde desde pequeno, isso tornava as coisas ainda mais complicadas [...] na verdade, a primeira grande surra foi por confrontar meu pai sobre o assunto da Guerra das Malvinas. Enquanto ele estava supereufórico com o famoso 2 de abril[95], eu disse: 'Isso é uma loucura; eles vão acabar com a gente'. Eu tinha 11 anos de idade, porque isso foi em abril, e farei 11 anos em outubro. Eu tinha um primo em Malvinas, mas descobri naquela noite. Levei uma surra, um chute, um pontapé, tudo. Mas, bem, naquela época você não costumava contradizer seu pai ou ridicularizar tanto a posição [...]. Mas toda essa experiência adversa e negativa também foi uma ótima escola. Porque o outro lado disso é que, em momentos de pressão máxima, eu nunca fico nervoso. Na verdade, enquanto estamos filmando isso, o kirchnerismo e a esquerda estão fazendo uma bagunça na porta do Congresso, uma votação em que os prebendeiros e aqueles que vivem de esmolas do Estado estão jogando seus negócios e, como resultado, querem quebrar tudo. No entanto, estou absolutamente calmo.

NM: E vocês falavam sobre política em sua casa?

95 Dia do desembarque das tropas argentinas para recuperar as Ilhas Malvinas: 2 de abril de 1982.

JM: Não, não era uma casa onde se discutia política. Havia brigas com outras partes da família por causa de política, e isso significava que não fazia parte da conversa. Era uma espécie de tabu.

NM: Sobre o que vocês conversavam?

JM: Trabalho. Meu pai, originalmente, começou dirigindo um "colectivo"[96] na linha 111, depois passou a trabalhar na 21, que era uma linha que rendia muito mais dinheiro. Na verdade, ele se lembra que era chamada de 'A Milionária'. E uma das coisas que aconteciam era que, se ele trabalhasse nos feriados, recebia metade dos ganhos, e se trabalhasse nas festas, recebia o dia inteiro, depois de pagar os custos. Assim, com os esforços que fazia durante as festas, ele comprou metade de um ônibus. Quando eu nasci, por exemplo, ele comprou um ônibus inteiro. Mais tarde, quando minha irmã nasceu, ele comprou outro, e assim ele cresceu e se tornou um gerente. E, a partir daí, ele continuou crescendo e fazendo negócios. Acabou tendo seis ou sete empresas de ônibus que, obviamente, ele não tinha por conta própria, mas por meio de um processo de crescimento...

NM: Essa vontade de trabalhar com afinco, podemos dizer que você a herdou?

JM: É por isso que entendo a vida como um aprendizado. Você pode tomar tudo o que aconteceu comigo como uma desculpa para chorar e ficar preso ali e viver se auto justificando. Ou você pode tomar tudo isso como uma lição e tirar proveito disso para aprender e seguir em frente, que foi o que eu fiz.

NM: Você teve algum fracasso especial (seja romântico, acadêmico, profissional ou de qualquer outro tipo) que o atingiu em cheio e lhe deu uma lição vital?

---

96 Termo usado na Argentina para se referir a ônibus urbanos.

JM: Olha, todo mundo que tenta alguma coisa tem de perceber que o fracasso faz parte da própria vida. Sempre me lembro de uma final do Boca[97], que eles venceram nos pênaltis. Sebastián Battaglia havia perdido o pênalti e o jornalista, com todo o sangue ruim do mundo, disse a ele: "Qual é a sensação de ter perdido um pênalti", quando ele deveria estar comemorando com seus companheiros de equipe. Battaglia, com grande sabedoria, respondeu: "Os pênaltis são perdidos por aqueles que os cobram". Esse, o covarde que vai e não chuta, não erra, mas também não converte. O que acontece é que há muitas pessoas que não só não estão em posição de ir e cobrar o pênalti, mas também há pessoas que estão nas arquibancadas. Você se lembra daqueles que chamaram Messi de "perdedor"? Eles acham que são bem-sucedidos porque vão jogar uma partida no sábado, em um piquenique ou em um campo, ou no futebol de ex-alunos, ou solteiros contra casados.

Então, nesse sentido, eu diria que a vida é feita de sucessos e fracassos, e o importante é que você precisa aprender tanto com os fracassos quanto com os sucessos. Quando você entende que tudo é aprendizado, é muito difícil definir algo como sucesso ou fracasso porque, no fundo, é o que eu aprendo com isso ou o que eu não aprendo. O verdadeiro fracasso seria não aprender do fracasso. Ou seja, as coisas que acontecem com você e acontecem com você para aprender. Se você não tirar proveito delas, se não aprender, continuará repetindo o mesmo erro. É algo que vai acontecer com você repetidamente".

Nem todo mundo está apto a ser goleiro

"NM: Você usa muitos exemplos do futebol. Fale-me um pouco sobre sua experiência.

---

97 Entendemos que Milei está se referindo à final da Copa Intercontinental de 2003 entre Boca Juniors e Milan da Itália.

JM: Comecei a jogar futebol quando era muito jovem, a partir dos nove anos de idade, na escola. Depois, passei a jogar em um clube de futebol infantil e depois fui jogar no Chacarita. Passei um tempo no San Lorenzo e finalmente voltei para o Chacarita. Mas não era algo que me dava satisfação.

NM: Obviamente, estou fazendo psicologia de bolso aqui. Mas o estilo de sua personalidade é impetuoso, beligerante. Parece-me estranho imaginá-lo como goleiro, em atitude defensiva, quando seu estilo parece ser o de um atacante: eu o visualizo muito mais chutando e estourando a rede do gol adversário do que defendendo chutes.

JM: Não, eu vejo isso de forma diferente. Porque é verdade que o futebol é um esporte coletivo. Mas a lógica do goleiro é totalmente diferente. Em primeiro lugar, ele pode tocar a bola com a mão; os outros não podem. Em segundo lugar, ele se veste de forma diferente. Ele tem um treinamento diferente. E, além disso, ele é o único que, quando comete um erro, o gol é o oposto. Além disso, quando seu próprio time marca um gol, todos se abraçam e comemoram: você está sozinho. É uma posição que tem uma psicologia muito forte. Nem todo mundo está apto a ser goleiro. Um jogador de campo pode se perder na multidão e pronto. O goleiro, por outro lado, não tem chance de se esconder: se o goleiro se esconde, as consequências para a equipe são letais".

Javier também acrescenta o esforço notável que fez para compensar sua altura (1,80 m), que é menor, em média, que a de um goleiro: "Foram justamente essas características que me fizeram treinar muito mais quando jogava no Chacarita Juniors. E graças a esse nível de treinamento - seis horas por dia - quando eu estava no gol, eu pulava e deixava a trave na altura do peito. Eu voava de trave em trave sem dificuldade. Isso não é um fato menor, pois é um traço de personalidade"[98].

98 Milei Javier. *El Camino del Libertario*. Ed. Planeta. Buenos Aires. 2022, pág. 24.

"NM: Você mudou meu paradigma com sua resposta, porque isso me leva a relacioná-la com seu habitual elogio ao individualismo, que você sempre pregou. Quero dizer, além do componente coletivo em um esporte como o futebol, dentro desse coletivismo você procurou ser um goleiro: o mais distinto de todos.

JM: Não é que eu tenha buscado isso. Simplesmente foi assim que aconteceu. Eu gostava de ser goleiro. Na Copa do Mundo de 78, eu gostava do Ubaldo Matildo Fillol[99] e do Mario Kempes[100]. Mas eu gostava mais do Fillol".

Absolutamente bilardista

Apesar de sua admiração pelos expoentes da equipe vencedora da Copa do Mundo de 1978, o diretor técnico era César Luis Menotti, cujo antagonista emblemático é Carlos Bilardo, técnico da equipe vencedora da Copa do Mundo de 1986 no México:

"NM: Você é mais bilardista do que menottista?

JM: Sou absolutamente bilardista!"

Carlos Salvador Bilardo (nascido em 1938) é considerado por muitos não apenas o maior técnico de futebol da história da Argentina, mas também um dos melhores do mundo. Ele é médico universitário e se formou como esportista no Club Estudiantes de la Plata, como meio-campista sob a direção técnica de Osvaldo Zubeldía. Lá, ele conseguiu vencer o campeonato local (algo que, naquela época, era exclusividade dos 3 ou 4 clubes "grandes"), mas, posteriormente, esse time realizaria uma epopeia que deixou todos sem palavras: vencer não apenas o torneio nacional, mas também três Copas Libertadores consecutivas (1968, 1969 e 1970), além de sua maior

99 O goleiro da equipe nacional argentina na época.
100 Jogador centroavante da seleção argentina na época e artilheiro da equipe.

conquista: a Copa do Mundo de Clubes da FIFA, vencida como visitante na Inglaterra, contra o Manchester United, em 1968, nada menos que isso.

Como técnico de futebol, Bilardo sempre foi caracterizado como um "obsessivo por trabalho extremo" e um defensor veemente do resultado a qualquer custo. É atribuída a ele a frase "vencer não é a coisa mais importante, mas a única coisa importante"[101]. Anedotas sobre seu estilo meticuloso são contadas em todos os lugares, e há até mesmo um documentário de várias sagas (chamado "O Doutor do Futebol"[102]), em que as pessoas próximas a ele contam histórias hilariantes sobre seu notável zelo pelo trabalho, beirando o perfeccionismo exacerbado. Nessa função, Bilardo foi campeão no comando de seu amado Estudiantes de la Plata em 1982, por cujo desempenho notável foi chamado para treinar a seleção argentina após a demissão de César Luis Menotti como técnico, depois de seu desempenho desastroso na Copa do Mundo na Espanha[103] (apesar da presença de um Diego Maradona com idade impecável).

César Luis Menotti, seu inimigo histórico, sempre foi um personagem obscuro que gostava de ser intelectualmente "profundo" e, ao mesmo tempo, mantinha continuamente a pose de despreocupado ou alheio aos resultados de suas equipes (que raramente lhe eram favoráveis).

Filiado ao obscuro Partido Comunista aos 17 anos de idade, apesar de seu marxismo ideológico, Menotti não teve nenhuma objeção moral para treinar e vencer a Copa do Mundo de 1978, sediada na Argentina (durante o governo militar liderado pelo então presidente Jorge Rafael Videla). Tudo isso em um contexto repleto de dúvidas, já que o governo da época é acusado de ter incentivado o Peru a perder a partida contra nossa seleção por mais de 4 gols (número essencial que a Argentina precisava para

---

101 As 50 melhores frases de Carlos Salvador Bilardo. A série documental "O Doutor do Futebol" reviveu algumas das citações e explosões engraçadas do técnico vencedor da Copa do Mundo de 1986. O Infobae selecionou cinquenta de suas frases que o retratam por completo.

102 "Bilardo, o doutor do futebol": o título mais assistido na HBO Max que você pode maratonar em pouco tempo. Poucos dias após seu lançamento, a série documental de 4 episódios se tornou a favorita da plataforma. Veja detalhes em: https://www.infobae.com/que-puedo-ver/2022/03/04/bilardo-el-doctor-del-futbol-el-titulo-mas-visto-de-hbo-max-y-que-puedes-maratonear-en-poco-tiempo/

103 A equipe foi humilhada pelo Brasil por 3 a 1, perdeu para a Bélgica por 1 a 0, para a Itália por 2 a 1 e teve apenas duas vitórias contra equipes inferiores: 1 a 0 contra El Salvador e 4 a 1 contra a Hungria. A seleção nacional foi imediatamente eliminada como uma das últimas equipes da Copa do Mundo, com um Maradona que, longe do que brilharia sob o comando de Bilardo na Copa do Mundo seguinte (sendo mais velho), acabou expulso de forma impotente na Espanha por "jogo brusco".

continuar e se classificar para o torneio, disputado em 21 de junho em Rosário). Além disso, o time peruano já estava eliminado e só jogou aquela partida por causa do calendário, mas sem nenhuma expectativa esportiva. Resumindo, a seleção argentina venceu com um placar suspeito de 6 a 0 (só de olhar a súmula, vários gols parecem estranhos, tendo em vista a falta de vontade do adversário em defender sua meta) e, desde então, diz-se que em 1978 o time da casa venceu com "gols de Videla". Posteriormente, confirmou-se que a Argentina, após a partida, enviou gratuitamente vários carregamentos de trigo ao Peru, fato que aumentou as suspeitas sobre a legitimidade do resultado[104].

Voltando a Bilardo, em 1986 ele treinou a seleção argentina no México e foi campeão da Copa do Mundo com um sistema que as pessoas subestimaram e muitos não entenderam. Mas foi um desempenho tão majestoso que ele não apenas venceu invicto em um país estrangeiro, mas a equipe nem precisou ir para a prorrogação ou para os pênaltis. Isso fez com que as autoridades da AFA[105] renovassem o contrato do técnico para disputar mais uma Copa do Mundo: Itália 1990. Nessa ocasião, sua equipe chegou à final novamente, mas como vice-campeã, por causa de um gol de pênalti que foi confirmado como tendo sido erroneamente concedido a favor de seus adversários, a Alemanha, os mesmos adversários de 1986, que a Argentina havia derrotado na final por três gols a dois[106]. Das quatro Copas do Mundo em que Maradona participou, ele só brilhou nas duas sob o comando de Bilardo. Por outro lado, em 1982, sob o comando de Menotti, ele foi expulso por falta e, na Copa do Mundo de 1994 nos Estados Unidos, foi expulso em meio a um escândalo por jogar sob a influência de substâncias proibidas[107]. No último caso, o diretor técnico era o menottista Alfio Basile.

A rigor, Bilardo aperfeiçoou e reformulou uma escola que, de forma ainda rudimentar, mas original, havia sido concebida décadas antes pelo já

104 As remessas estão registradas nos arquivos do Conselho Nacional de Grãos de 1978 e foram feitas após a Copa do Mundo. Foi uma doação do governo argentino. Embora isso não prove a trapaça, levanta suspeitas. Pigna Felipe. *Lo Pasado Pensado*. Entrevistas con la historia (1955-1983). Ed. Planeta. 2005. Depoimento de Pablo Llonto nas pp. 386/387.

105 Abreviação de Asociación del Fútbol Argentino (Associação de Futebol Argentino). https://www.afa.com.ar/es/

106 No momento em que este texto foi escrito, Bilardo tinha 85 anos e dois discípulos de sua escola treinavam a equipe nacional: Alejandro Sabella e Leonel Scaloni. O primeiro foi campeão continental à frente do Estudiantes (2009) e subcampeão mundial à frente da seleção nacional (2014, Copa do Mundo no Brasil), e o segundo foi campeão mundial (2023, Copa do Mundo no Catar).

107 elmundo.es 30/06/2019. O que Maradona consumiu na Copa do Mundo nos Estados Unidos?

mencionado Osvaldo Zubeldía. Portanto, não é inadequado falar do "futebol de Bilardo". O caso de Menotti é diferente, pois ele nunca foi um inovador. Por isso, sempre que se falava do "futebol de Menotti", o histórico jornalista esportivo Dante Panzeri[108] corrigia: "Não é o futebol de Menotti", mas "o futebol que Menotti gosta".

Alguém acredita que Menotti é lembrado por seu "espetáculo"? Se, por algum motivo, ele é defendido por seus fiéis, é porque lhe é creditada a conquista da Copa do Mundo de 1978 (supondo que o governo militar não teve nada a ver com isso). Esse triunfo, e nada mais, foi o que o tornou famoso, mesmo que depois disso ele tenha dirigido muitas equipes e seus resultados tenham sido muito modestos: "Menotti é um fracassado e há anos vive de besteiras"[109], disse o goleiro de renome internacional José Luis Chilavert, um admirador declarado de Javier Milei[110].

Para apimentar ainda mais a controvérsia popular, o jornalista esportivo Diego Bonadeo (1939-2016), outro acólito cego de Menotti, defendia uma teoria curiosa: as pessoas da direita são bilardistas e as da esquerda, menottistas. Os primeiros estão ansiosos pelo resultado e os segundos pela "beleza futebolística". Parece haver alguma lógica na equação. O primeiro coincidiria com o espírito competitivo do capitalismo e o segundo com a boemia progressista. Mas essa tese tinha seu flanco: a todo momento Bonadeo era lembrado de que Víctor Hugo Morales, o radialista uruguaio que sempre se identificou como um homem de esquerda e até militou no mais visceral kirchnerismo, é manifestamente um bilardista. Então, surgiu a resposta fácil: "Ele é a exceção que comprova a regra". Seja como for, esses são debates que não resolvem o mundo, mas que alimentam as paixões nos encontros acalorados da Argentina.

Voltando à disputa em questão, vale a pena concluir que ela foi anulada após as conquistas de Bilardo, em contraste com o falastrão superestimado

---

108 Dante Panzeri (1921-1978) foi um jornalista esportivo argentino, conhecido por suas opiniões polêmicas e trabalho jornalístico na revista El Gráfico. Seu livro Fútbol, dinámica de lo impensado (publicado em 1967) foi um clásasico da literatura da época.

109 Jornal La Nación, 08/05/1998. "Menotti é um fracassado e há anos vive de besteiras". https://www.lanacion.com.ar/deportes/menotti-es-un-fracasado-y-hace-anos-que-vive-del-verso-nid95853/

110 El País. Uruguai. 05/01/2024. A surpreendente confissão de José Luis Chilavert sobre Javier Milei: "Ele pode ter me ensinado a goleiro". O ex-jogador de futebol fez referência ao atual presidente da Argentina e destacou suas habilidades sob as três traves, já que eles têm um passado em comum. https://www.elpais.com.uy/ovacion/futbol/la-sorprendente-confesion-de-jose-luis-chilavert-sobre-javier-milei-puede-que-me-haya-ensenado-a-atajar

de Menotti. Assim, foram enterrados slogans como "Futebol que o povo gosta", um aforismo que Menotti e seus comparsas sempre insistiram, que nunca perceberam que o que o povo do futebol gosta é de ganhar. Quando Menotti treinou o Boca Juniors na Copa Libertadores de 1994 contra o Palmeiras do Brasil, sua equipe foi notavelmente humilhada por seis gols a um. Depois de tal degradação, Menotti demonstrou seu cinismo habitual ao dizer que estava "satisfeito porque o Boca havia feito um bom espetáculo"[111]. Os torcedores boquenses queriam fulminá-lo: a alardeada "poesia esportiva" foi mais uma vez subordinada ao resultado vergonhoso.

Quanto mais eu treino, mais sorte eu tenho

"NM: De onde você tirou o "bilardismo"? Porque você é torcedor do Boca, jogou no Chacarita, jogou no San Lorenzo, e o Bilardo vem de uma escola diferente...

JM: Lembro-me de que Bilardo havia vencido o campeonato com o Estudiantes e fiquei fascinado. E depois fiquei fascinado pelo time dele (a Seleção Argentina) de 86, e o acompanhei desde o primeiro momento. De fato, na primeira partida da era Bilardo, que foi no estádio do Vélez, a seleção argentina jogou com a clássica camisa azul e branca, mas com calções e meias brancas. Naquele dia, Alonso jogou como camisa dez. Eu me identificava muito com o Bilardismo e com a maneira como ele trabalhava: um cara obcecado pelo trabalho. Há uma frase do golfista Roberto de Vicenzo[112] que me marcou muito. O jornalista vai e lhe faz uma pergunta: 'Mestre, que sorte você tem'. Um homem grosseiro! (Milei se irrita com esse comentário). E a resposta de Vicenzo, com muita sabedoria, foi: 'Sim, é verdade que tenho muita sorte. E uma coisa que eu descobri é que

---

111 Crónica, 08/03/2021. Já se passaram 27 anos desde a pior derrota do Boca na Copa Libertadores. https://www.cronica.com.ar/depo/futbolinternacional/Se-cumplen-27-anos-de-la-peor-derrota-de-Boca-en-la-Copa-Libertadores-20210308-0032.html

112 Roberto De Vicenzo (1923- 2017) foi um notável golfista argentino. Ao longo de sua carreira de sucesso, ganhou mais de 200 torneios profissionais, com destaque para o British Open de 1967 e o Canada Cup Team Championship de 1953.

quanto mais eu treino, mais sorte eu tenho". E então, a partir do bilardismo, o que eu trouxe à tona foi a questão do "resultadismo". Ser profundamente orientado para os resultados: não perco tempo com detalhes estéticos que não fazem a diferença".

De tudo o que Milei disse no diálogo que transcrevemos até agora, é fácil perceber que ele é uma pessoa dedicada à concorrência, algo que também coincide com sua filosofia econômica e, ao mesmo tempo, com o fato de que ele é um homem propenso a assumir desafios extremos. Em outras palavras, ele assume corajosamente responsabilidades em que erros podem ser fatais. Seu papel como goleiro e sua explicação posterior confirmam isso: um jogador pode dar um passe errado e não há grandes tragédias. Uma manobra ruim do goleiro leva a um gol do adversário, detalhes aos quais Milei acrescentou seu selo estético e técnico, diferenciando-o claramente do restante dos jogadores do time. Seria possível argumentar que seu libertarianismo poderia ser uma forma de racionalizar o desejo de não se misturar ou mimetizar no anonimato ou na inconsequência da massa monocromática? Quem sabe. E, quanto ao seu famoso bilardismo, dois itens são claramente evidentes: a busca por bons resultados e a obsessão pelo trabalho. Ele não se saiu mal: em apenas três anos de militância política, tornou-se presidente da República Argentina. No entanto, veremos que o resultado que Milei buscava não era se tornar presidente, mas erradicar a decadência do país. Mas, para conseguir isso, era necessário que ele fosse presidente primeiro, o que obviamente significa que ele ainda não alcançou o resultado desejado, mas apenas começou a perseguir essa meta ambiciosa e extremamente difícil.

Os recitais

Outra passagem não menos importante na vida e na conformação de Milei é o fato de ele ser um "stone". O que significa esse perfil de roqueiro e o que ele acrescenta aos vários aspectos de sua singular personalidade?

"NM: Com que idade você começou a ouvir música e quando disse a si mesmo: "Quero ser um astro do rock and roll"?

JM: Comecei nos anos 80 (Javier já tinha dez anos de idade). Quando John Lennon morreu, comecei a ouvir os Beatles. Comprei a coleção completa. Mas não era algo que me fazia sentir muito satisfeito. Até que ouvi os Rolling Stones, que tiveram um forte impacto sobre mim, a ponto de eu acabar montando uma banda de rock stone e cantando[113].

NM: Você estudou canto, estudou música ou foi simplesmente autodidata?

JM: Todo autodidata. Um inimigo da música, eu diria! Fizemos dois recitais ao vivo.

NM: Você encerra suas campanhas políticas em estádios Arena, que normalmente são destinados a shows de rock ou de música de grande porte. Existe alguma relação entre subir ao palco para fazer um discurso político e sair para cantar? Porque seus eventos têm uma estética mais parecida com um show de rock do que com um evento político...

JM: Na verdade, com Kari, minha irmã, "El Jefe", chamamos nossos eventos de campanha de "os recitais" e "ao vivo", como se fossem shows de rock.

NM: Que elementos de rock há em seus eventos partidários?

JM: Olhe, quando você vai a um show dos Rolling Stones (eu os vi quatorze vezes na Argentina), se eu for a um show e não tocarem Brown Sugar, se não tocarem Satisfaction, vou ficar com raiva, porque essas são músicas que têm de estar lá. Nós, com os eventos, basicamente fizemos a mesma coisa. Como se você estivesse indo ver os Stones. Provavelmente, muitas das coisas que eu digo, vocês

113 A banda musical de existência fugaz se chamava Everest.

já ouviram antes, ou eu já disse antes. Há coisas que, se eu não as dissesse, você quase se sentiria desapontado. Se eu não der a definição de liberalismo de Alberto Benegas Lynch Filho[114], seria um sacrilégio. Parece-me que, nesse sentido, é preciso vê-lo como um evento em que as pessoas vão e se divertem e, além disso, sentem orgulho de fazer parte dele. Acho que há pessoas que dizem "Eu estava na Movistar Arena 1" ou "Eu estava na Movistar Arena 2", ou que participaram das caminhadas em Santa Fé ou Rosário. Você não sabe como foi o caso de Mendoza, ou o caso de Córdoba, onde acho que havia cerca de meio milhão de pessoas. Nesse contexto e nesse sentido, ele se assemelha a um recital. A estética é muito parecida com a de um recital, exceto pelo fato de que se fala sobre política e economia".

De fato, o próprio Milei costuma iniciar seus "recitais" políticos cantando a música Panic Show, para aclamação e cumplicidade de seus fiéis. "Com minha passagem pela música, acontece o mesmo que com o futebol: quem viu e acompanhou o processo diz que eu era bom. Minha percepção não é tão otimista"[115], conclui.

Olá a todos, eu sou o Leão

Panic Show é uma música de sucesso (lançada em 2000, no álbum La Esquina del Infinito) da banda argentina La Renga, uma banda com raízes em ambientes populares. A banda (fundada em 1988) é caracterizada por um estilo de rua e é conhecida por ter um estilo de hard rock. A música se tornou um hino emblemático entre os jovens fãs "mileistas", não apenas por causa do estilo roqueiro próprio de Milei, mas principalmente porque a letra fala de um "leão" na primeira pessoa: "Olá a todos, eu sou o leão", começa o verso do hit, que também é o apelido que Javier ganhou como resultado de aspectos fisionômicos relacionados ao seu cabelo volumoso

114 A definição de Benegas Lynch Filho, muitas vezes repetida por Milei, diz: "O liberalismo é o respeito irrestrito ao projeto de vida dos outros, baseado no princípio da não agressão, em defesa do direito à vida, à liberdade e à propriedade, cujas instituições fundamentais são a propriedade privada, mercados livres da intervenção do Estado, livre concorrência, divisão do trabalho e cooperação social".

115 Milei Javier. *El Camino del Libertario*. Ed. Planeta. Buenos Aires. 2022, pág. 26.

e desgrenhado, semelhante a uma juba exuberante de um animal do tipo panthera. Até mesmo os logotipos de seus partidos contêm um leão.

"Esse cabelo é seu ou é uma peruca?", perguntou Mirtha Legrand a Milei em um de seus clássicos almoços na TV, em 2018. "É meu, é natural. Porque, na verdade, se fosse uma peruca, eles teriam deixado bem fininho em cima [...]. A verdade é que eu não penteio meu cabelo. Saio do chuveiro, me seco e depois, quando entro no carro, abro as janelas e alea jacta est. A sorte foi lançada, e que venha a ordem espontânea! Sou penteado por Éolo"[116], concluiu rindo, em meio às gargalhadas dos comensais.

O apego e a identificação de Milei com os Rolling Stones também não parecem ser obra de um simples prazer auditivo. Seu ritmo enérgico e relativamente monotemático e sua irrupção estética descompassada combinam muito bem com aspectos de sua personalidade: é inédito na democracia argentina (provavelmente em qualquer democracia ocidental) que um presidente vá para o trabalho desgrenhado, vestindo joggers, moletons ou, diretamente, uma jaqueta de couro de roqueiro. Quando nos referimos à monotonia rítmica de Stone, relacionamos isso à sua paixão quase monopolista por livros de economia, cujos autores e títulos ele cita constantemente em relatórios e discursos.

Quanto à conhecida rivalidade na época em que os Rolling Stones competiam com os Beatles, estes últimos (especialmente em seus primeiros anos) eram retratados como elegantes, de terno, com músicas harmoniosas e melodias cativantes, cujas letras cantavam o amor ou continham histórias inofensivas. Os Beatles, portanto, encarnavam o papel de "os mocinhos". Cada membro da banda representava o namorado que toda jovem com moral apresentaria aos pais. Embora inicialmente tenham causado um forte impacto de acordo com os cânones conservadores da década de 1960, eles ainda eram os "músicos do sistema". Os Rolling Stones, por outro lado, foram apontados como seu contraste. Com um som mais sujo, roupas provocantes e letras mais ousadas, seriam eles os músicos do " anti-establishment"?

Ainda mais quando os Beatles, já entrando nos sons psicodélicos, em maio de 1967, lançaram o histórico álbum Sgt. Pepper's[117], cuja capa cuidadosamente

116 A pergunta incômoda de Mirtha Legrand para Javier Milei. Veja o vídeo em: https://www.youtube.com/watch?v=pazZt9meM-s

117 A histórica capa de Sgt. Pepper's: os 5 personagens que ainda estão vivos, a censura a Lennon e os mitos que a cercam. Por Matías Bauso. 01/04/2022. https://www.infobae.com/histo-

pensada, revolucionária e com cores berrantes apresentava os cinco membros da banda e mais cinquenta e oito celebridades (a arte da capa custou 3.000 libras, um valor extraordinário para uma época em que o design médio custava menos de 80 libras e geralmente se limitava a uma foto dos artistas), os Rolling Stones lançaram imediatamente outro álbum intitulado Their Satanic Majesties (Suas Majestades Satânicas), duplicando a capa com um estilo obviamente semelhante ao de Sgt. Pepper's, mas com insígnias malignas e a imagem dos membros da banda em trajes de bruxaria: sempre com o objetivo de serem "mais malignos" que os Beatles.

Vale a pena acrescentar que os Stones estavam frequentemente envolvidos em escândalos na mídia, nos quais drogas, excessos e problemas legais estavam sempre presentes (esse não é o caso de Milei, que nem mesmo fuma tabaco ou bebe álcool). Mas, se tivermos que procurar um ponto de contato, achamos que podemos encontrá-lo no fato de que a frontalidade verbal e gestual de Javier é tão intensa e antidiplomática que gera controvérsia, confusão e discussões perturbadoras, que geralmente são manchetes imediatas de primeira página nos jornais, o assunto principal nas hashtags das redes e um debate obrigatório na agenda política.

Além disso, é preciso acrescentar que no X (antigo Twitter) e nas redes sociais relacionadas, ele nem sequer coloca em seu perfil que é "presidente da República", mas continua a se apresentar simplesmente como "economista". Com exceção do TikTok, ninguém gerencia suas contas, e ele as utiliza com o mesmo tom beligerante de antes de assumir o cargo. Essa última faceta de seu trabalho tem sido objeto de críticas insistentes por parte da imprensa estabelecida, que, agora sem publicidade oficial (Milei, como presidente, removeu todos os subornos legalizados ao jornalismo), dedica-se a atacá-lo levianamente por seus tweets ou repostagens. É bom saber que essas são as críticas e não as que foram feitas aos governantes anteriores: corrupção, aumento sem precedentes da riqueza, suborno, tráfico de drogas ou assassinato de promotores[118]. Mas, como não podem contar com notícias de notoriedade criminal, agora a maioria dos porta-vozes do establishment se ofusca ao questionar não os crimes,

rias/2022/04/01/la-historica-tapa-de-sgt-pepper-los-5-personajes-que-siguen-vivos-la-censura-a--lennon-y-los-mitos-que-la-rodean/

118 A morte chocante e sem solução do promotor Alberto Nisman em 18 de janeiro de 2015 em Buenos Aires é uma das muitas manchas escandalosas no governo da criminosa Cristina Kirchner.

mas os gostos cibernéticos. Do jornalismo investigativo, eles se transformaram em fofocas digitais.

Quanto à paixão de Milei pelos Stones, é preciso acrescentar que, na verdade, durante sua adolescência, nos anos 80, a banda britânica não teve um grande impacto mundial. Foi um período de declínio em sua proeminência, e isso faz de Javier uma espécie de fã atemporal. A ascensão das grandes orquestras de rock/pop da época (Michael Jackson, U2, INXS, The Police, Wham!, Bon Jovi, Madonna ou Bruce Springsteen) ofuscou o icônico grupo e, de qualquer forma, pode-se dizer que o único álbum memorável que reposicionou os Stones com força no mercado foi Steel Wheels, mas ele só foi lançado em 1989. No entanto, na Argentina, a cultura stone continuou em vigor durante esse período, como consequência do surgimento de bandas locais que copiavam abertamente o estilo britânico. O caso mais notório é o de Los Ratones Paranoicos: "Cresci em uma época em que era muito difícil ver os Stones, porque eles não vinham à Argentina, e então matávamos nosso desejo de vê-los vendo Los Ratones Paranoicos"[119], lembra Javier.

No dia em que Milei venceu as primárias, a cantora/vedete adolescente conhecida como Lali Esposito, que alega ser cientista política, fez uso do seu progressismo amador, tuitando primeiro: "Que perigoso, que triste"[120], e depois acrescentando: "É perigoso que haja pessoas que votem em uma pessoa anti-direitos"[121]. Ao ser questionado pelo jornalista Esteban Trebucq sobre isso, Milei, com naturalidade, respondeu: "Eu não a conheço [...]. Desculpe minha ignorância, mas não sei quem ela é; me disseram que ela é cantora, mas eu ouço Rolling Stones"[122]. A disputa na mídia entre Espósito e Milei recomeçou algum tempo depois, e não faltaram motivos para justificar a raiva da jovem empresária do entretenimento infantil, que repetidamente arrecadava dinheiro do Estado ao ser contratada com remuneração exorbitante nos chamados festivais "gratuitos"[123]: "Ela vive

---

119 https://twitter.com/agarra_pala/status/1691286688612413441

120 https://twitter.com/lalioficial/status/1690908310407364608?lang=es

121 Página 12. 14/08/2023. Lali Espósito lamentou a vitória de Javier Milei: «É perigoso que haja pessoas que votem em um ativista anti-direitos». https://www.pagina12.com.ar/578644-lali-esposito-lamento-la-victoria-de-javier-milei-es-peligro?utm_source=twitter&utm_medium=dlvr.it

122 https://twitter.com/agarra_pala/status/1691286688612413441

123 Realpolitik. 14/01/2024. Por decreto, o governador Ricardo Quintela pagou 37 milhões de pesos a "Lali". Em meio a um ajuste feroz e com a polícia provincial exigindo melhores salários, o governador Ricardo Quintela não teve melhor ideia do que alocar um grande orçamento para a

às custas dos contribuintes e da fome das crianças"[124], disparou Milei, expondo sua renda imoral.

Por fim, vamos nos lembrar do grande sucesso que causou furor e se tornou o hino do rock de língua espanhola na América Latina, pertencente ao notável músico argentino Miguel Mateos, que em 1986 fez a seguinte pergunta no refrão: "Baby, o que você vai fazer quando crescer, um astro do rock and roll ou presidente da nação?"[125].

A referência é interessante, pois a pergunta que surge é a seguinte: Javier Milei conseguiu, à sua maneira, desempenhar os dois papéis em uníssono? "O que não consegui como cantor, consegui como político", ele nos disse.

Ela é O Chefe

É impossível tentar elaborar o fenômeno Milei sem falar um pouco sobre Karina, sua influente irmã mais nova, que o próprio Javier batizou de «El Jefe» (O Chefe). O apelido provavelmente tem origem em suas paixões musicais mencionadas anteriormente: She›s the boss é o primeiro álbum solo de Mick Jagger, lançado internacionalmente em 25 de fevereiro de 1985. É óbvio, mas nem todo leitor precisa estar familiarizado com o rock: Jagger é o icônico vocalista dos Rolling Stones.

"NM: Muito já foi dito e especulado sobre seu carinho especial por sua irmã e seus cachorros. Você gostaria de acrescentar algo que não tenha dito em outro lugar?

JM: Olhe, passei por momentos muito difíceis em minha vida. Em um determinado momento, perdi meu emprego e o único dinheiro que tinha era a indenização. Sempre trabalhei como economista e, com esse dinheiro, calculei quanto tempo poderia aguentar. Levando em

---

contratação de artistas renomados para o festival La Chaya. https://realpolitik.com.ar/nota/55747/por-decreto-el-gobernador-ricardo-quintela-le-pago-37-millones-de-pesos-a-lali/

124 Clarín. 15/02/2024. Milei, sobre Lali Espósito: "Ela vive às custas dos contribuintes e da fome das crianças". https://www.clarin.com/politica/milei-lali-esposito-vive-pagadores-impuestos-costa-hambre-chicos_3_N25FBrz7jB.html

125 A música se chama "Cuando Seas Grande" e abre o notável álbum de Miguel Mateos, "Solos en América", lançado internacionalmente pela gravadora RCA em 1986.

conta que nem a carona do Conan[126] nem a qualidade da comida eram negociáveis, além do fato de que, como consequência disso, comecei a comer pizza todos os dias, porque uma pizza me permitia comer o dia inteiro. Além disso, engordei. Cheguei a pesar 120 kg, até que um dia me olhei no espelho e disse: 'Ufa! E então comecei a reconfigurar meus hábitos alimentares. Na primeira parte, perdi peso rapidamente, mas depois ficou mais difícil. Mas ali, naquele momento em que eu estava mal, quando tudo estava dando errado, eu estava no chão e, para piorar, havia pessoas fazendo fila para me chutar, os únicos que estavam ao meu lado e sempre me acompanharam incondicionalmente foram minha irmã e o Conan. Então, existe algo chamada "gratidão". A verdade é que eles são os únicos que sempre estiveram ao meu lado; portanto, a lealdade nesses níveis é paga com lealdade."

Mas, além da gratidão e da lealdade, também vislumbramos uma espécie de admiração e um farol de valores que Javier vê em sua irmã: "Ela é uma pessoa com valores morais impressionantes. É uma pessoa com uma retidão que não permite nem o menor desvio [...]. E ela tem muita coragem, porque a vida nos engana. De que forma? Às vezes você vê algo e quer se convencer de que é assim mesmo. Porque você vê o caminho mais fácil. Às vezes, você cria essas armadilhas para si mesmo. Sou muito crítico, portanto, é menos provável que eu caia nisso, mas sou humano. Então, o que acontece? Um dia tive a chance de seguir um caminho e comprei todos os espelhos coloridos para seguir esse caminho. Fui falar com a Kari e disse a ela: "Ei, Kari..." E sabe o que ela me respondeu com uma sabedoria incrível? Se você está me fazendo essa pergunta, é porque sabe que isso está errado"[127].

A própria Karina Milei diz o seguinte sobre seu irmão: "Eu estive com ele em diferentes momentos da vida. Desde pequena, costumávamos ir com minha família ao Clube Ideal para vê-lo jogar futebol infantil e, como eu sempre assistia aos treinos dele enquanto fazia meus deveres escolares sentada nos bancos ao lado do campo, eles me ofereceram para ser a mascote

126 Na época, seu único cachorro.

127 Entrevista de Javier Milei com Luis Novaresio, no La Nación+. https://www.youtube.com/watch?v=BssEhFk7dQY

do time", lembra. E acrescenta: "Quando meu irmão parou de jogar futebol, formou uma banda de rock tributo aos Rolling Stones chamada 'Everest': lá, como sempre, ele tendia a se destacar; ele era o cantor. Em todos os shows, ele fazia uma espécie de striptease, virando a camiseta ou alguma peça de roupa, e eu lutava com as fãs que gritavam para pegar as roupas de volta. Mas quando Javier começou suas palestras em todo o mundo, comecei a acompanhá-lo. Comecei a perceber que as pessoas o viam como uma estrela do rock; que não queriam apenas ouvi-lo, mas também tocá-lo e tirar fotos com ele. Era uma loucura, porque ele não era mais o vocalista do Everest... agora ele era um economista! E, com relação à importância de seu apelido honorário, Karina reflete o seguinte: "Não sei em que momento Javier começou a dizer a todos que eu era 'O Chefe', porque, referindo-se a si mesmo, ele dizia: 'Eu só leio, escrevo e falo, e ela se encarrega do resto' [...]. Quando me veem, me dizem diretamente: 'Como vai, chefe? Sempre achei curioso que alguém pudesse chamá-lo de machista quando ele mesmo recebia conselhos de uma mulher"[128].

"NM: Quando você discorda de sua irmã, quem tem a última palavra, ela?

JM: Sim."

De fato: Ela, é O Chefe.

Comecei a ser "Javier Milei" aos vinte anos.

"NM: Quando você é criança, imita seu pai, seu tio ou a figura paterna de quem é próximo. Depois, à medida que cresce e entra na adolescência, é comum ter um ídolo, seja ele um esportista, um músico ou qualquer outra celebridade, e imitá-lo como forma de identificação (imitando suas roupas, penteados ou qualquer outra característica). Até que finalmente a pessoa se torna "ela mesma".

128 Milei Javier. *El Camino del Libertario*. Ed. Planeta. Buenos Aires. 2022, pág. 109.

Você foi uma criança com uma infância rígida. E quando começou a ser você mesmo? Quando começou a ser Javier Milei como tal?

JM: Quando eu tinha dezenove ou vinte anos, quando me apaixonei pela economia.

NM: Então, você começou a aproveitar a vida depois de se formar na universidade?

JM: Sim, a universidade foi fabulosa. Até então, eu não conseguia dar certo em nada. Eu estava me saindo muito bem, embora não tivesse muito tempo para estudar, porque estava treinando seis ou sete horas por dia. Mas eu estava indo relativamente bem, em uma escola com um nível de exigência razoável. E quando entrei na universidade, as coisas começaram a dar certo para mim.

NM: Você mencionou muitas vezes que um evento importante em sua vida como "economista precoce" foi testemunhar a hiperinflação durante o governo de Alfonsín, e que isso aumentou seu interesse pela economia. Se Alfonsín não tivesse existido, você teria sido um economista da mesma forma?

JM: Sim, porque decidi me tornar economista em 1981, quando a "tablita cambiaria"[129] chegou ao fim. Mas a paixão que a hiper gerou em mim foi furiosa.

NM: Mas com que idade você se tornou politicamente consciente?

129 Milei refere-se ao plano econômico de José Alfredo Martínez de Hoz (1925-2013), que foi Ministro da Economia entre 1976 e 1981. Um sistema criado pelo ministro é chamado de "tablita cambiaria" (pequena tabela de taxas de câmbio), no qual, para evitar a perda de competitividade das empresas, foi instituída uma desvalorização programada e gradual, de modo que os empresários e cidadãos pudessem ter uma espécie de calendário em antecipação à desvalorização. Um relatório completo sobre seu programa foi escrito pelo autor deste texto e pode ser lido no site oficial de Martínez de Hoz no seguinte link: http://www.martinezdehoz.com/words/Demonizar_es_gratis_%20%C2%BFpero_alguien_sabe_quien_fue_Martinez_de_Hoz_.pdf

Ou seja, além do esporte e da música, em que momento a política passou a fazer parte do seu mundo?

JM: A chegada da política veio muito mais tarde. Na verdade, nunca me interessei por política.

NM: Mas a discussão com seu pai sobre as Malvinas foi uma discussão política. Ou sua preocupação com a "tablita" de Martínez de Hoz também tinha uma conotação de economia política...

JM: Não, eu não vi dessa forma. Vi pessoas que de repente estavam em má situação e ficaram bem de vida porque liquidaram suas dívidas. E pessoas que estavam bem de vida de repente ficaram em má situação. Então pensei: "Bem, se você quer se dar bem e ter dinheiro, precisa entender de economia". Foi por isso que comecei a estudar economia quando era pequeno. Então, quando surgiu a hiperinflação, eu estava no primeiro ano da escola. Isso foi muito chocante. Vi que, quando os preços subiam, a quantidade demandada diminuía, e fui ao supermercado e as moças passavam marcando os produtos. Os preços estavam voando e as pessoas estavam se jogando em cima dos produtos. Então eu disse: "Há algo errado aqui". Então, a solução digna foi que eu parei de jogar futebol e comecei a estudar.

NM: Você diz que lia economia quando criança, mas obviamente não estava na universidade. Quem recomendava material de leitura para você naquela época?

JM: Não, eu lia os jornais, artigos da seção de economia, esse tipo de coisa...

NM: Que jornal você lia em casa?

JM: Líamos o Clarín, mas, além desse, mais tarde, quando estava na universidade, acrescentei outros jornais ao cardápio, como o Ámbito Financiero, El Cronista. Mais tarde, acrescentei também o semanário El Economista. Eu estava lendo assim, mas assistia a muitos programas políticos, só para ouvir os economistas. Um pouco mais tarde, quando eu tinha vinte anos, escrevi meu primeiro artigo. Chamava-se "hiperinflação e distorção do mercado".

NM: E você escreveu esse artigo para si mesmo ou conseguiu publicá-lo em algum lugar?

JM: Eu o publiquei em um jornal da universidade.

NM: O senhor o guarda?

JM: Não. Há muito material que perdi com as várias mudanças e deslocamentos.

NM: Você não é uma pessoa que se apega às coisas?

JM: Não, de forma alguma."

O taco de hóquei

"NM: E como o liberalismo chegou até você, por meio de um livro, por meio de experiências pessoais?

JM: Veja, na universidade eu fui treinado, como todos os economistas argentinos, no paradigma heterodoxo. Autores verdadeiramente calamitosos, que são parte do fracasso da Argentina. Uma mistura de keynesianos, neokeynesianos e estruturalistas pós-keynesianos (aqueles com raízes marxistas). Em outras palavras, basicamente, uma mistura de economistas.

NM: E você aderiu a isso inicialmente?

JM: Sim, de fato, quando terminei meu primeiro curso de pós-graduação, fiz no IDES[130], onde estudei todos os aspectos do keynesianismo[131]. Aprendi muito e depois fiz minha segunda pós-graduação na Di Tella[132]. Eu já era mais velho; em outra época, era um curso de pós-graduação muito mais eclético. Também aprendi muito lá e gostei muito. A verdade é que, à medida que avançava nos diferentes estudos, fui me tornando cada vez mais ortodoxo. Depois da crise de 2007-2008[133], o paradigma se desfez para mim e, por isso, decidi abandonar toda a questão da macroeconomia e começar a trabalhar em questões de crescimento econômico, que era uma questão de longo prazo. Como essas eram questões que poderiam ser resolvidas em cinquenta anos, cem anos, fiquei à vontade. Na verdade, comecei a escrever artigos e notas para o Infobae sobre questões de crescimento econômico e discuti coisas que eram "pancadas" ao kirchnerismo, mas de forma velada, de outro lugar.

Mas havia algo que não me convencia. Quando analisamos as evidências empíricas do crescimento econômico (o que é chamado de "taco de hóquei"), basicamente, temos um PIB per capita constante do ano 0 a 1800, e então ele começa a aumentar brutalmente. É por isso que ele é chamado de "taco de hóquei". E uma das coisas que acontece é que isso significa a existência de retornos crescentes à escala, porque você está multiplicando o produto per capita em um

130 https://www.ides.org.ar/

131 Keynesianismo é o nome dado à escola econômica liderada pelo economista britânico John Maynard Keynes (1883-1946), incorporada em sua Teoria Geral do Emprego, dos Juros e da Moeda, publicada em 1936, que era inclinada ao intervencionismo estatal e à emissão monetária para estimular a demanda.

132 https://www.utdt.edu/

133 Refere-se à crise financeira iniciada nos Estados Unidos, cujo precursor foi a "bolha imobiliária" de 2006 e o subsequente colapso do Lehman Brothers Bank com seu "efeito dominó". Os detalhes podem ser lidos aqui: O que causou a crise financeira de 2008? https://www.20minutos.es/noticia/5109941/0/que-provoco-la-crisis-financiera-2008/

contexto em que a população está aumentando brutalmente. Mas isso, na teoria neoclássica, significa que você tem monopólios ou estruturas concentradas. E isso, de acordo com a teoria neoclássica, é ruim. Mas houve algo que quebrou minha cabeça, porque eu disse a mim mesmo: 'Como é possível que algo que para a teoria econômica é ruim ao mesmo tempo tenha gerado um padrão de vida como nunca vimos antes na história da humanidade?'

NM: Quem você identifica como neoclássico?

JM: A definição de neoclássico é bastante específica. Mas, para marcar uma das diferenças com os clássicos e a teoria do valor do trabalho, eles aderem à teoria subjetiva do valor."

Digressão: Em contraste com a teoria marxista do valor, que sustentava que o preço de um bem ou serviço depende do número de horas gastas com ele, a teoria subjetiva do valor desenvolve a ideia de que o valor de um bem não é determinado por nenhuma propriedade inerente ao bem, nem pelo número de horas de trabalho necessárias para produzi-lo, mas pela importância que um indivíduo atribui a ele para atingir seus objetivos ou desejos. Um exemplo bastante citado refere-se ao trabalho artístico do famoso pintor holandês Vincent van Gogh (1853-1890), que durante sua vida vendeu um único quadro a um preço miserável; ele cometeu suicídio devido a uma tremenda depressão aos 37 anos de idade, vítima de extrema pobreza. Hoje, suas pinturas valem milhões: algum valor material foi agregado à sua obra ou as horas de trabalho subsequentes foram adicionadas a ela? Na verdade, não. Suas pinturas ainda estão intactas[134]. O que mudou foi simplesmente o valor subjetivo dos compradores e colecionadores de obras artísticas, que hoje em dia estão muito dispostos a pagar uma fortuna por essas imagens. De fato, tanto fanatismo gerou van Gogh nos seguidores de seu legado que até

---

134 Uma explicação breve e pedagógica da Teoria do Valor também pode ser encontrada no livro de Arenz Enrique (um livro de cabeceira na época do Ucedé), intitulado *Libertad: un sistema de fronteras móviles* (Liberdade: um sistema de fronteiras móveis) (Ensaio sobre a doutrina liberal). Ed. Zuccoli. 1986, pp. 128-130.

mesmo a arma com a qual ele cometeu suicídio foi leiloada: um acólito a comprou em 2016 por US$ 146.000[135].

Vamos continuar:

"JM: A Teoria Subjetiva do Valor foi desenvolvida paralelamente por Carl Menger, por Léon Walras e por William Stanley Jevons na França, no Reino Unido e também, obviamente, no Império Austro-Húngaro. Portanto, os neoclássicos são aqueles que aderem à Teoria do Valor. De Menger vem a Escola Austríaca. Há toda uma discussão sobre como a história do pensamento econômico está sendo moldada. Eu estava entrando nesse contexto, além de publicar um livro chamado Política Económica Contrarreloj (Política Econômica Contra o Relógio), que foi como me tornei famoso. E quando levantei esse problema com um membro da minha equipe, eu disse a ele: "Há algo errado aqui". Então, ele me passou um artigo de Murray Rothbard chamado Monopólio e Concorrência e, mais tarde, com o tempo, descobri que ele estava em um livro de Rothbard chamado O homem, a economia e o Estado. Eu lecionava microeconomia há cerca de 25 anos. Sempre me vangloriei de ter o melhor curso de microeconomia da Argentina, especialmente na parte relacionada às estruturas de mercado. E terminei de ler aquele artigo de 140 páginas, que li em 3 horas e, quando terminei de ler, disse: "Tudo o que eu estava ensinando sobre estruturas de mercado está errado". E, a partir daí, lembro que fui à livraria Distel[136]. E fui lá em um sábado. Então, quando fui procurar os livros, descobri que havia muitos outros títulos legais que me interessavam. Então fui no dia seguinte, fiz o cálculo entre o dinheiro que eu precisava para o táxi, alimentação etc., e com o dinheiro que sobrou comprei mais livros: foi quando comecei a ler a Escola Austríaca de Economia.

---

135 Clarín. 16/07/2023. Gustavo Londeix. Mistério sem fim: Vincent Van Gogh, ele se suicidou ou foi assassinado? Sua morte foi há 133 anos e a dúvida persiste até hoje: ele se suicidou ou protegeu um adolescente que atirou nele? https://www.clarin.com/viste/misterio-fin-vincent-van-gogh-suicido-asesinado-_0_YeZOyKJ9zL.html?pwclarin-g&gad_source=1&gclid=CjwKCAiAuYuvBhApEiwA-zq_YiaScN5OjfofADSEOEfgsMqrEZB-KNuChGFr1eh6-qsLKyMvh_qaSERoCTjQQAvD_BwE

136 É uma livraria especializada em publicações de cunho liberal-conservador, bem conhecida nesses círculos ideológicos e cuja sede fica em San Isidro, Buenos Aires.

NM: E você cuida dos livros que lê, ou sublinha, anota, marca?

JM: Eu tive diferentes estágios. Quando comecei a dar aulas de microeconomia, usei dois livros: Henderson e Quandt, e também o livro de Hal Varian sobre microeconomia intermediária. Eu os sublinhava quando estava preparando a aula. E percebi que, no terceiro ano, eu já tinha todos eles sublinhados. E a verdade é que ter tudo sublinhado é o mesmo que não ter nada sublinhado. É absolutamente ineficiente porque, além disso, no meio, você quebra o livro inteiro. Então, o que eu percebi é que, à medida que eu entendia, à medida que eu relia, eu entendia que aquelas coisas estavam lá porque o autor as havia colocado por um motivo e que, se eu não as havia sublinhado, era porque eu não estava entendendo o que o autor estava me dizendo. Então, depois que isso aconteceu comigo, parei de sublinhar os textos, não os sublinhei mais. Mas, como gosto de trabalhar com livros, voltei a sublinhar, a fazer comentários e todas essas coisas. Mas quando eu realmente gosto de um livro, o que eu faço é comprá-lo de volta. Por exemplo, Ação humana (de Ludwig von Mises): tenho o exemplar em casa todo sublinhado, e tenho um em condições impecáveis, com o celofane intacto. Achei esse livro fabuloso! Embora não tão chocante quanto O homem, a economia e o Estado".

CAPÍTULO 3

A TURNÊ DA LIBERDADE

Alguém que passa pelo mesmo que eles

"NM: Você se lembra de sua primeira aparição na televisão?

JM: Minha primeira grande aparição na TV, pelo que me lembro, foi no programa de Mariano Grondona, Hora Clave. Mariano já era velho. Ele não estava em seu auge. Foi lá que conheci Pablo Rossi, com quem mais tarde, com o tempo, criamos um grande vínculo. Isso foi há menos de dez anos.

NM: Se há uma característica que sempre notei em você, e que não costuma acontecer com quase ninguém que está sendo filmado, é o fato de que você age como se não houvesse câmeras, estúdio, edição, diretor, e não leva em conta que talvez milhões de pessoas o estejam observando. Em outras palavras, você se mostra com a mesma naturalidade como se estivesse conversando no corredor de sua casa...

JM: Não, não penso nisso; penso no que estou fazendo. Em outras palavras, meu compromisso é com a batalha cultural e com meu envolvimento ativo com o judaísmo e, acima de tudo, com minha infinita admiração por Moisés. Meu compromisso é mais com a divulgação e com a tentativa de levar uma mensagem de esperança, que é a de que, quando você faz as coisas certas, custa mais caro, mas, no fim das contas, o resultado é positivo".

Milei também acrescenta que, como parte de suas primeiras aparições na televisão, um dia foi convidado para o programa do jornalista Mauro Viale, que era "outro viciado em trabalho", diz ele, e conta o que fizeram antes de começar o programa: "Fomos para a sala de estar do estúdio onde o programa estava no ar e, ali mesmo, ele me deu a grande lição para estar na mídia: 'Você é um garoto que sabe muito, mas suas explicações são muito longas, você tem que pensar nisso como um round de boxe. Ah, sim, no primeiro minuto você tem que dar um soco de nocaute'". E Javier acrescentou: "Mais tarde, Alejandro Fantino me catapultou para a mídia quando me convidou para seu programa Animales Sueltos, o que me abriu a porta para ser convidado para o Intratables na época de Santiago del Moro"[137].

No programa diário de sucesso da TV Intratables, Milei se tornou uma espécie de convidado permanente, envolvendo-se em uma rivalidade acirrada com uma voz aguda e um jeito informal em seus confrontos apaixonados com os membros do painel. A partir de então, Javier começou a ser constantemente convocado para todos os programas políticos. Por quê? Porque sempre que Milei aparecia, a audiência da televisão aumentava. Ele era uma espécie de mistura entre economista, polemista com gatilhos verbais explosivos e showman. Pouco a pouco, sua agenda começou a ficar sobrecarregada e, em suas redes, Javier anunciava os programas e horários que visitaria a cada dia, descrevendo a programação sob o título: "Turnê da liberdade".

O furor que ele começou a despertar progressivamente chegou a tal ponto que também surgiram vários comediantes que o imitavam na TV. Mas talvez o mais bem-sucedido de seus imitadores tenha sido Claudio Rico, com quem Milei teve o prazer singular de estrelar uma peça em 2019 e fazer uma turnê com ela. Em um ciclo intitulado "O consultório de Milei"[138], cujas salas estavam lotadas. Era uma mistura de humor e aulas de economia popular que deslumbrava os jovens. Enquanto isso, os programas de TV disputavam a presença de Milei em seus estúdios, a ponto de ele às vezes ser convidado a cantar. Por exemplo: no lendário programa Tiene la Palabra, cantou com letra paródica uma peça lírica[139] e, em um ciclo apresentado por

137 Milei Javier. *El Camino del Libertario*. Ed. Planeta. Buenos Aires. 2022, pág. 43.

138 O consultório de Milei. Atores: Claudio Rico, Javier Milei, Diego Sucalesca, Karina Milei. https://www.lanacion.com.ar/cartelera-de-teatro/obra/el-consultorio-de-milei-ob26766

139 TN. Rolando Hanglin e Javier Milei em TIENE LA PALABRA. Programa transmitido em

Guido Kaczka, cantou (inclusive com figurino) em memória do vocalista Leonardo Favio[140]. Além disso, o apresentador Marcelo Tinelli o tentou a participar de seu programa de grande sucesso Bailando por un Sueño, proposta que foi rejeitada por Javier.

"NM: Em que momento você percebeu que não poderia mais andar na rua, tomar um café ou sair com um amigo para conversar? Em outras palavras, quando foi que "caiu a ficha" e você disse: "Agora sou um rockstar"?

JM: Foi quando entrei na política; já havia passado de 2020. Era a época, digamos, do meu aniversário de 50 anos, e eu o comemorei na Plaza Holanda com o Espert (José Luis). E aí as coisas entraram em uma dinâmica que saiu do controle. Isso nunca me incomodou. Da última vez, eu não conseguia nem andar na rua. Porque agora (como presidente), por razões de segurança, não posso fazer isso e, de fato, é disso que sinto mais falta. Não posso tirar selfies o tempo todo.

NM: Acho que você não pode fazer isso em nenhum lugar do Ocidente...

JM: Acho que não. Especialmente depois da entrevista com Tucker Carlson (a entrevista mais assistida da história da humanidade), além da minha intervenção no Fórum de Davos.

NM: Por que nem Alsogaray, na década de 1980, nem Cavallo, em 1999, nem López Murphy, em 2003, não conseguiram gerar nem de longe a rebelião popular que você forjou? E o mais notável, creio eu, é que você conseguiu penetrar fortemente nos setores populares,

---

14/07/2018. https://www.youtube.com/watch?v=C7bZOkXZqK4 E em outra ocasião cantou uma música em homenagem a Leonardo Favio.

140 Canal Trece. Transmitido em 07/10/2018 em "La tribuna de Guido". O economista Javier Milei imitou Leonardo Favio com grande paixão. https://www.youtube.com/watch?v=TbPUfyujZOE

onde o liberalismo sempre foi visto como algo que pertencia a círculos exclusivos. De fato, quando o Alsogaray lotou o estádio do River Plate, houve uma piada que dizia: "Há 50.000 pessoas dentro do estádio do River Plate e 50.000 motoristas esperando do lado de fora do River Plate". O que o liberalismo não conseguiu fazer em termos sociológicos durante todo esse tempo?

JM: O que posso dizer é que a esquerda, após a queda do Muro de Berlim, se reacomodou e travou a batalha cultural. Uma batalha da qual o liberalismo não participou e que foi vencida pela esquerda. Portanto, quando essa situação surge, os primeiros a se rebelar contra o status quo são os jovens. E, como o status quo agora era de esquerda, a rebelião naturalmente tinha de ser liberal. Além disso, os jovens foram expostos à lavagem cerebral por menos tempo. Eles têm maior probabilidade de absorver as coisas e são mais permeáveis ao que acontece nas redes. Todas essas coisas juntas tornaram a rebelião liberal e, bem, dentro de todo o espectro liberal, estávamos travando a batalha cultural. E isso foi influenciado pela minha própria personalidade de arqueiro, cantor de rock e economista com claros dons histriônicos. Mas, acima de tudo, sou um grande comunicador. Essa combinação me colocou em posição de destaque.

NM: Você se considera mais um divulgador do que um pensador?

JM: Sim, eu sou um divulgador. Minha grande virtude é pegar um problema muito difícil e transformá-lo em algo tremendamente fácil, para que todos possam entendê-lo.

NM: O que você acha que seus fãs veem em você?

JM: Alguém que passa pelo mesmo que eles. Alguém que está indignado com a decadência da Argentina, que não quer se conformar com essa decadência e que gosta do diagnóstico. Parece uma explicação razoável."

Sua imagem cresceu como uma bola de neve. Surgiram capas de celular, decalques, bandeiras, adesivos, influenciadores, panfletos, camisetas, mochilas, bonés e souvenirs dos mais insuspeitos tipos com o rosto de Milei ou alusões a ele. O merchandising espontâneo, em sua maioria feito à mão por seus fãs (que já eram uma legião), inundou os mais diversos ambientes: em maio de 2021, a Fundação de Estudos Econômicos o convidou para bater o recorde mundial de número de pessoas assistindo a uma aula virtual de economia na plataforma Zoom. Até então, o recorde mundial do Guinness na área era de 3.000 espectadores simultâneos durante vinte minutos: Milei conseguiu registrar 46.000[141], dos quais muitos não puderam assistir porque a capacidade da plataforma foi excedida em quase cinco vezes[142].

Erro do tipo II

O "erro do tipo II" é aquele que ocorre durante a análise de hipóteses estatísticas, mas com a particularidade de que a hipótese nula é incorretamente aceita. Em termos estritos, consiste em não detectar um efeito positivo quando, na realidade, o efeito ocorreu. Para tornar o conceito mais didático e esclarecedor, transcreveremos o significado da expressão sem tecnicismos e exatamente como Javier Milei a relatou em uma divertida intervenção sua na televisão estrangeira:

"Jornalista: A fama lhe fez bem?

JM: Ainda estou surpreso; Eu chamo isso de erro do Tipo II.

Jornalista: Erro do tipo II? Explique.

JM: O erro do tipo I é quando você faz tudo certo e dá errado. Suponha o seguinte: um magnata vem e lhe paga para fazer, sei lá,

141 El Cronista. 16/07/2021. Javier Milei no Livro Guinness dos Recordes? A classe histórica que quer bater todos os recordes. https://www.cronista.com/economia-politica/milei-dio-una-clase-de--economia-que-batio-records-de-inscriptos/

142 A plataforma Zoom admitia um máximo de dez mil participantes.

uma escultura. E você faz a escultura do século. E quando o cara vem ver a escultura e lhe pagar, um raio cai e quebra tudo. Você fez tudo certo! Mas como ficou a escultura? Um inferno! Bem, o "Erro Tipo I" é chamado assim. Ou seja, você fez tudo certo, mas o resultado foi errado.

O erro do tipo II é quando você faz tudo errado e o resultado é bom. Então, se eu pensar bem, os economistas, em geral, não são pessoas muito populares: em geral, eles são bastante azedos. Além disso, sou um economista matemático, o que torna o quadro geral muito menor. E também sou especialista em crescimento econômico (somos quatro especialistas em crescimento econômico na Argentina), e sou liberal em um país de esquerdistas. Em outras palavras, as pessoas, por definição, deveriam me odiar. E o contrário é o que acontece"[143].

"NM: E você ainda se define dessa forma?

JM: Sim, ainda me defino, mas a realidade é que você precisa apostar no esforço, em fazer as coisas bem feitas. O erro do tipo I existe, porque você pode fazer tudo certo e dar errado, mas 95% das vezes vai dar certo. Quando você faz as coisas de forma errada, você pode acertar, mas isso não é algo que você pode abusar de forma recorrente".

143 Javier Milei, Error Tipo II. Ver en: https://www.youtube.com/shorts/SNKu_VM-HVE

CAPÍTULO 4

UMA ORDEM IDEOLÓGICA

O paleolibertário

Javier Milei não é apreciado apenas nos círculos liberais ou libertários. Ele tem sido muito bem recebido pelos conservadores e pela direita em geral. No momento em que este texto foi escrito (24/02/24), ele estava nos Estados Unidos, participando pela terceira vez do principal conclave de direita do mundo: a Conservative Political Action Conference (CPAC)[144].

Digressão: A primeira participação de Milei na CPAC foi em São Paulo, Brasil, organizada por seu amigo Eduardo Bolsonaro (deputado federal e filho do presidente Jair Bolsonaro), onde conversou com seu anfitrião e também com o direitista chileno José Antonio Kast (2022[145]). Sua segunda participação em comícios desse tipo foi na Cidade do México (2022[146]), organizada pelo líder católico Eduardo Verástegui, onde, entre outros conservadores, participaram Steve Bannon, Kast, o espanhol Santiago Abascal e o icônico ex-presidente polonês Lech Walesa. E o terceiro, muito recente, foi nos Estados Unidos, em Washington DC, organizado pelo Partido Republicano, onde prevaleceram os falantes de inglês, embora líderes como o presidente de El Salvador, Nayib Bukele, e Donald Trump como figura central, tenham se juntado a eles.

---

144 Clarín, 24/02/24. Javier Milei já chegou a Washington para falar na Conferência Conservadora, onde Donald Trump estará presente. https://www.clarin.com/politica/javier-milei-llego-washington-hablar-conferencia-conservadora-donald-trump_0_m70dLn1KSa.html

145 Urgente24. 12/06/2022. CONSERVADORES. Javier Milei com Eduardo Bolsonaro e José Antonio Kast. Javier Milei participou no Brasil de um fórum internacional com Eduardo Bolsonaro e José Antonio Kast: Conferência de Ação Política Conservadora. https://urgente24.com/mundo/javier-milei-eduardo-bolsonaro-y-jose-antonio-kast-n539024

146 El Economista. 19/10/2022. A direita latino-americana se reúne no México: Javier Milei participa. Além de Javier Milei, participam Bannon, Kast, Bolsonaro, Abascal e Walesa. https://eleconomista.com.ar/internacional/la-derecha-latinoamericana-reune-mexico-participa-javier-milei-n57707

Da mesma forma, em 12 de outubro de 2022, Milei foi convidado com todas as honras para falar na Espanha em um grande evento do VOX, o partido de direita espanhol liderado por Abascal. A figura de Milei ainda não causava um furor mundial, mas seu nome estava ganhando cada vez mais ressonância. De fato, a recepção do público foi tão calorosa que, com um sorriso indisfarçável, ele disse: "Muito obrigado! Eu não sabia que era tão conhecido deste lado do Atlântico"[147], brincou. Lá, em seu discurso de 20 minutos, Javier acrescentou: "Como vocês devem saber, sou signatário da Carta de Madri[148], uma iniciativa a favor das liberdades e do Estado de Direito e contra o comunismo que nos assola, tanto aqui na Argentina quanto no resto dos países da Iberosfera". Ele acrescentou: "Eu os encorajo a continuar a travar essa batalha e a defender a liberdade nesta Espanha unida, com suas tradições e seu folclore"[149]. Após vários comentários que arrancaram aplausos, o discurso culminou em seu estilo inflamado: "Viva a liberdade, carajo! Viva a Espanha! Viva o VOX! Viva Santiago Abascal! Muito Obrigado!"[150].

Mais tarde, a primeira-ministra conservadora da Itália, Giorgia Meloni, disse que Milei tem "uma personalidade fascinante"[151]. E na ocasião em que Milei convidou o conservador mexicano Eduardo Verástegui para participar de sua posse presidencial em Buenos Aires, este último, em uma entrevista de rádio com o jornalista Eduardo Feinmann, referiu-se ao presidente argentino da seguinte forma: "Ele é um ponto de referência; é por isso que o convidamos para ir ao México para a CPAC no ano passado. Ele encerrou nossa conferência. E o fato de que ele é disruptivo, um outsider, autêntico, que ninguém é dono dele, que ele não pertence a essa máfia de corruptos, bandidos, pessoas sinistras que estupraram nossos países por décadas,

---

147 VOX Espanha. Discurso de Javier Milei no #VIVA22 "Viva la Libertad carajo!" https://www.youtube.com/watch?v=cqrlJlm7Tbg

148 CARTA DE MADRI: EM DEFESA DA LIBERDADE E DA DEMOCRACIA NA IBEROSFERA. O texto curto de uma página pode ser lido no seguinte link: https://fundaciondisenso.org/wp-content/uploads/2021/09/CARTA-DE-MADRID-1.pdf

149 Javier Milei participou de um evento do grupo de ultradireita espanhol VOX: "Eu os encorajo a continuar lutando essa batalha". O candidato do La Libertad Avanza foi convidado para um evento do grupo e o apoiou porque "eles defendem a liberdade contra ameaças como o comunismo". https://www.infobae.com/politica/2021/10/12/javier-milei-participo-en-un-acto-de-la-ultra-derecha-espanola-vox-los-animo-a-que-continuen-dando-esta-batalla/

150 VOX Espanha. Discurso de Javier Milei no #VIVA22 "Viva la Libertad carajo!" https://www.youtube.com/watch?v=cqrlJlm7Tbg

151 Ámbito Financiero. 23/01/2024. Giorgia Meloni elogiou Milei e disse que ele tem "uma personalidade fascinante". https://www.ambito.com/politica/giorgia-meloni-elogio-milei-y-dijo-que-tiene-una-personalidad-fascinante-n5928156

bem, é uma lufada de ar fresco. Isso motiva outras pessoas como eu, que também querem fazer o mesmo [...]. Isso o motiva e o inspira a dizer: 'Se isso foi possível na Argentina, por que não no México? É por isso que nos unimos e que essas alianças conservadoras e internacionais, onde trocamos conhecimentos e estratégias, são muito importantes, porque é isso que os outros fazem»[152]. Outro convidado de honra na posse presidencial (além de Abascal, Kast e a congressista do Partido Republicano dos EUA, Maria Elvira Salazar) foi o conservador Víctor Orbán (presidente da Hungria), que se reuniu com Milei e declarou que ele constitui "uma nova esperança para a América Latina". Ele acrescentou: "Parabenizei o presidente Milei por sua vitória esmagadora nas eleições presidenciais na Argentina. Obrigado pelo convite! Quanto à conversa entre os dois homens, ele disse que eles falaram sobre "tornar a luta contra a esquerda internacional mais eficaz"[153]. Como toque final, foi o próprio Donald Trump que, na última CPAC, disparou: "O presidente da Argentina, que tem muita publicidade! é um grande cavalheiro e, você sabe, ele é MAGA: Make Argentina Great Again. Ele disse: 'Eu sou MAGA', e eu percebi que ele é um dos poucos que consegue fazer isso bem"[154]. Dias depois, Trump voltou a se referir a Milei, dizendo que na Argentina "ele está fazendo um bom trabalho. Ele está cortando drasticamente; está se livrando de muitos resíduos e de muitas coisas. Espero que eles se saiam bem, porque é um lugar lindo. Um belo país. E acho que eles têm um bom líder no momento. Ele é um cara durão. Ele concluiu com a seguinte declaração: "Eu o amo porque ele me ama"[155].

"NM: Você se sente confortável com os setores conservadores e com a direita?

---

152 Rádio Mitre. 8/12/2023. Eduardo Verástegui: «Não sou um político de carreira, como Javier Milei». https://www.youtube.com/watch?v=fg11ao58lTc

153 Swissinfo. 10/12/2023 Orbán e Milei falam sobre cooperar "contra a esquerda internacional". https://www.swissinfo.ch/spa/orb%C3%A1n-y-milei-hablan-de-cooperar-contra-la-izquierda-internacional/49046446

154 Perfil. 03/03/2024. Trump apoiou Milei: "Ele é um dos poucos que podem tornar a Argentina grande novamente". O ex-presidente falou na Conferência de Ação Política Conservadora (CPAC) e mostrou seu apoio ao chefe de Estado argentino, que viajou neste sábado a Washington para falar no mesmo evento. https://www.perfil.com/noticias/politica/trump-apoyo-a-milei-es-uno-de-los-pocos-que-puede-hacer-a-la-argentina-grande-otra-vez.phtml

155 Âmbito Financiero. 03/03/2024. O romance político entre Donald Trump e Javier Milei: "Eu o amo porque ele me ama", confessou o ex-presidente dos EUA. https://www.ambito.com/mundo/el-romance-politico-donald-trump-y-javier-milei-lo-amo-porque-el-me-ama-confeso-el-expresidente-eeuu-n5958898

JM: Sim, sim, especialmente porque a batalha é contra os estatistas, contra os coletivistas, contra os socialistas. Então, talvez eu tenha diferenças de grau com outras linhas [...]. Não sei qual seria o rótulo. Parece-me que o que o rótulo faz é simplificar a questão. Certamente, eu devo estar em uma definição de paleolibertário. Tenho uma maneira de pensar e a justifico a partir de minha perspectiva. Tento ser coerente; é por isso que a definição de liberalismo de Alberto Benegas Lynch Filho é tão importante e tão ordenadora".

O paleolibertarianismo é uma corrente de opinião, cujo principal defensor é provavelmente Lew Rockwell (fundador e presidente do Mises Institute[156]), um acadêmico e amigo histórico de Rothbard, cuja concepção está resumida em sua obra Em defesa do paleolibertarianismo, em que ele clama por uma união entre libertários e conservadores, argumentando que "muitas questões separam os bons conservadores dos bons libertários, mas seus números estão diminuindo, e nenhuma delas é tão grande a ponto de impedir a troca e a cooperação inteligentes". Ele acrescentou que "os conservadores sempre argumentaram que a liberdade política é uma condição necessária, mas não suficiente, para uma boa sociedade, e eles estão certos. Tampouco é suficiente para a sociedade livre. Também precisamos de instituições e padrões sociais que incentivem a virtude pública e protejam o indivíduo do Estado" e detalha dez princípios paleolibertários, inspirados, segundo ele, na antiga direita: "1) o Leviatã do estado como a fonte institucional do mal ao longo da história; 2) o livre mercado imperturbável como um imperativo moral e prático; 3) a propriedade privada como uma necessidade econômica e moral para uma sociedade livre; 4) o estado militar como uma ameaça proeminente à liberdade e ao bem-estar social; 5) o estado de bem-estar social como um roubo organizado que vitimiza os produtores e, eventualmente, até mesmo seus clientes; 6) as liberdades civis baseadas nos direitos de propriedade como essenciais para uma sociedade justa; 7) a ética igualitária como moralmente repreensível e destrutiva da propriedade privada e da autoridade social; 8) a autoridade social (incorporada na família, na igreja, na comunidade e em outras instituições intermediárias)

156 https://mises.org/es

como ajuda para proteger o indivíduo do Estado e como necessária para uma sociedade livre e virtuosa; 9) a cultura ocidental como eminentemente digna de preservação e defesa; 10) os padrões objetivos de moralidade, especialmente aqueles encontrados na tradição judaico-cristã, como essenciais para uma ordem social livre e civilizada". Ele insiste que "não existe filosofia política em um vácuo cultural [...]. Portanto, é compreensível e desejável que o libertarianismo tenha um tom cultural, mas não que seja antirreligioso, modernista, moralmente relativista e igualitário", enfatizando que "a família, o livre mercado, a dignidade do indivíduo, os direitos de propriedade privada, o próprio conceito de liberdade: todos são produtos de nossa cultura religiosa. O cristianismo deu origem ao individualismo ao enfatizar a importância da alma individual". Mas, ao mesmo tempo, Rockwell ressalta que "os paleolibertários preferem as opiniões de dois outros não crentes: Rothbard, que diz que 'tudo o que há de bom na civilização ocidental, da liberdade individual às artes, deve-se ao cristianismo'", e F. A. Hayek, que acrescenta que "é à religião que devemos nossa moralidade e a tradição que ela proporcionou não apenas à nossa civilização, mas às nossas próprias vidas". Ele ainda resgata os princípios hierárquicos argumentando que "a autoridade sempre será necessária na sociedade. A autoridade natural deriva de estruturas sociais voluntárias". Ele também defende a ordem natural: "A família tradicional - que deriva da lei natural - é a unidade básica de uma sociedade livre e civilizada", uma vez que "as famílias incentivam o comportamento moral e proporcionam a educação adequada dos filhos", enfatizando a importância da tradição: "Seguir os costumes alivia as tensões da vida social e torna a sociedade mais confortável e harmoniosa", citando Rothbard. No texto, Rockwell também ataca as absurdas leis de cotas promovidas por lobbies de minorias, argumentando que "a segregação forçada pelo Estado, que também violava os direitos de propriedade, era ruim, mas a integração forçada pelo Estado também é". E, quanto ao ambientalismo, ele argumenta que "a descristianização da política pública gerou um movimento ambientalista que não é apenas anticapitalista, mas propagandista", uma vez que "o cristianismo e o judaísmo, por outro lado, ensinam que Deus criou o homem à sua imagem e lhe deu domínio sobre a terra, que foi criada para o uso do homem, não como uma entidade moralmente valiosa em seu próprio direito. A ordem natural existe para o homem, e não o contrário, e nenhuma outra forma de entendê-la é compatível com o livre mercado e a propriedade privada e, portanto, com o libertarianismo". O autor termina seu texto com um apelo à unidade para "reconstruir a grande coalizão contra o estado de bem-estar social e contra o intervencionismo"[157].

Em outras palavras, interpretamos que, dentro do amplo jargão libertário, o paleolibertarianismo seria a expressão mais à direita possível. De fato, em uma entrevista com Jorge Fontevecchia, Milei aceita que o libertarianismo que ele propõe é de direita[158].

Mas Milei há muito tempo defende uma ampla aliança para a Argentina que inclua grupos com ideias semelhantes, como ele disse repetidamente: "O que a política deve aos argentinos é uma ordem ideológica. Isso quer dizer que eles devem se unir para ter um mandato. Portanto, acredito que há uma solução coletivista e uma solução que abraça as ideias de liberdade. Dentro dos coletivistas, na minha opinião, há a Unión Cívica Radical, que é a Internacional Socialista, há o caso da Coalición Cívica, que é ainda mais de esquerda do que os radicais, há as 'pombas' do Juntos por el Cambio, e há, por exemplo, o Kirchnerismo e, obviamente, há a esquerda inviável"[159]. E, do outro lado, acrescenta, há os "liberais, libertários, a direita, a centro-direita, os conservadores, o peronismo republicano e os falcões do Juntos por el Cambio"160. Forjar essa fusão era seu objetivo, e isso refuta aqueles que o acusaram de utopismo, já que sua pretensão é uma pura expressão do senso de contexto. E mais: com suas ações, o próprio Milei involuntariamente reivindica o realismo político de seu venerado Juan Bautista Alberdi, quando, em sua disputa intelectual com Bartolomé Mitre no século XIX, ele se referiu não à "República ideal ou República verdadeira", mas à "República possível", uma posição brilhantemente explicada por Vicente Massot em sua obra La Excepcionalidad Argentina[161].

Tudo isso explica por que hoje, em seu governo, há partidários de Ricardo Bussi, Carlos Menem e Benegas Lynch Filho, para citar apenas alguns,

---

157 Llewellyn Rockwell. Em defesa do Paleolibertarismo. Publicado originalmente na revista Liberty (1990) e reproduzido pelo Mises Institute. https://www.mises.org.es/2016/03/defensa-del-paleolibertarismo/

158 Entrevista com Jorge Fontevecchia, Perfil. 18/09/2021. Citado em Milei Javier. *El Camino del Libertario*. Ed. Planeta. Buenos Aires. 2022, p. 315.

159 Disponível no canal La Política On Line. 2021. "Milei propõe uma aliança com Macri". https://www.youtube.com/watch?v=B-3LCopRku4&t=66s

160 Entrevista com Jorge Fontevecchia, Perfil. 18/09/2021. Citado em Milei Javier. *El Camino del Libertario*. Ed. Planeta. Buenos Aires. 2022, p. 307.

161 Massot Vicente. *La Excepciaonalidad Argentina. Del Apogeo al subdesarrollo sustentable*. Ed. Claridad. 2021. Págs. 41, 42.

que buscam minimizar a dissidência e aumentar a coincidência: mas é Milei quem lidera o caminho.

Além disso, este mesmo livro é uma amostra de dois autores semelhantes, mas não idênticos. O slogan, então, parece coincidir com aquele axioma atribuído a Santo Agostinho:

"No essencial, a unidade; no resto, a liberdade".

Travando a batalha cultural diariamente

Outro marco na história de Javier Milei ocorreu em 14 de setembro de 2023, quando ele declarou sua posição sobre questões não econômicas, mas cruciais, ao ser entrevistado pelo famoso jornalista americano Tucker Carlson. De acordo com os estatísticos, essa peça audiovisual se tornou a mais assistida na história da humanidade: 300 milhões de espectadores apenas nas primeiras 16 horas de sua publicação no X (antigo Twitter)[162]. Para obter mais dados, quando Carlson entrevistou Donald Trump, seu alcance foi de 265 milhões. Vale a pena acrescentar algo que, a esta altura, é mais do que redundante: Milei não é um fenômeno argentino, mas planetário. Trata-se de dados, não de opinião.

No diálogo, depois de ser questionado sobre a situação das mulheres na Argentina como resultado do ainda existente "Ministério da Mulher, Gênero e Diversidade" (que Milei revogou depois de ser eleito presidente), ele respondeu: "Pintar um banco de praça de vermelho ou fazer uma música não muda as condições ou os problemas que as mulheres possam estar sofrendo. De fato, provavelmente uma das maiores conquistas do liberalismo é a igualdade perante a lei [...]. A questão é por que não existe um Ministério dos Homens. Não só isso, mas se temos igualdade perante a lei, o que precisamos é que a lei seja aplicada, não que haja um Ministério das Mulheres. Além

162 Infobae. 15/09/2023. Por Juan Ríos. A entrevista de Carlson com Milei se torna uma das entrevistas mais assistidas no X. O vídeo alcançou em menos de 16 horas mais de 300 milhões de visualizações. https://www.infobae.com/tecno/2023/09/15/entrevista-de-carlson-a-milei-se-convierte-en-una-de-las-mas-vistas-de-x/#:~:text=The%20video%20achieved%20in%20less%20hours%20of%20300%20million%20views&text=After%20less%20than%202016%20hours,%20X%2C%20formerly%20known%20as%20Twitter

disso, eles partem de premissas que são absolutamente falsas. Por exemplo, eles dizem: "O teto de vidro é para as mulheres" e que "as mulheres ganham menos do que os homens". Ao mesmo tempo, afirmam que os empregadores são uns porcos malditos que só estão interessados em ganhar dinheiro. Se os empresários são porcos malditos que só se preocupam em ganhar dinheiro, a pergunta é por que, se eu entro em um escritório, ele não está cheio de mulheres. Quando você olha para a distribuição, ela é bastante uniforme e está de acordo com a população [...]. A realidade é que a única coisa que todas essas regulamentações e restrições que esses tipos de organizações, como o Ministério de Assuntos da Mulher, fazem é criar discriminação positiva, em outras palavras, ação afirmativa, que é discriminação e que, além disso, considero absolutamente ofensiva para as mulheres, porque implica tratá-las como seres inferiores, o que considero realmente abominável".

Em seguida, Milei se referiu ao que, na linguagem progressista dissimulada, é chamado de "Interrupção Voluntária da Gravidez", ou seja, aborto, em português estrito: homicídio pré-natal. Ele definiu sua posição «como liberal libertário», porque, «em inglês, ‹liberal›[163] tem outra conotação, então usarei 'libertário'", esclareceu. "Acreditamos que o libertarianismo é o respeito irrestrito ao projeto de vida dos outros, baseado no princípio da não agressão e na defesa do direito à vida, à liberdade e à propriedade [...]. Filosoficamente, sou a favor do respeito ao direito à vida. Depois, há uma justificativa do ponto de vista das ciências naturais, que é o fato de que a vida começa no momento da fertilização. Ele acrescentou que "é verdade que a mulher tem direito sobre seu corpo, mas a criança no útero não é seu corpo. A criança não é o corpo dela. Portanto, o aborto é um assassinato agravado pelo vínculo". Ele acrescentou que, "além disso, há uma questão de natureza matemática. A vida é um continuum com dois saltos diretos: nascimento e morte. Qualquer interrupção nesse intervalo é assassinato".

Javier continuou denunciando as expressões mais perigosas de conflito que hoje fazem parte da agenda da Nova Esquerda: "O pós-marxismo, o que ele tenta fazer, dado o fracasso na esfera econômica, que se tornou evidente com a queda do Muro de Berlim [...]. A rigor, diante dessa derrota, eles transferiram a luta de classes para outros aspectos da vida. Assim, por exemplo, a luta entre negros e brancos, o Black Lives Matter; todo o lobby LGBT; tudo

163 Nos Estados Unidos, os "liberais" são os acólitos do Partido Democrata, ou seja, a esquerda.

o que tem a ver com o feminismo radical [...]. Como parte dessa agenda, há também a agenda homem vs. natureza, em que o homem é quem prejudica a natureza quando, na verdade, o mundo já teve outros picos de temperatura. É um comportamento que independe da existência do homem.

Mas há mais. Na mesma nota, ele denunciou a infiltração cultural marxista de inspiração gramsciana[164] na mídia de massa e incentivou a combatê-la "incansavelmente": "Temos de estar preparados e temos de travar a batalha cultural dia após dia. É preciso ter cuidado porque eles não têm problema em entrar no Estado e aplicar as técnicas de Gramsci, seduzindo artistas, a mídia ou entrando no conteúdo da educação. É preciso ter muito cuidado; é preciso cortar o financiamento deles e fazê-los competir em igualdade de condições".

Ele acrescentou que é essencial persuadir os mecenas a financiar a luta: "Ao mesmo tempo, é preciso conscientizar os empresários. Milton Friedman disse que a função social do empresário era ganhar dinheiro. Só isso não é suficiente. É preciso investir nos defensores das ideias de liberdade para que os socialistas não consigam avançar. Porque, se não o fizerem, eles entrarão no Estado e imporão uma agenda que, a longo prazo, acabará destruindo tudo o que tocar. É necessário um forte compromisso de todos os criadores de riqueza para lutar contra o socialismo e o estatismo [...]. Essa batalha tem de ser travada permanentemente; não pode haver descanso. Porque, quando se descansa, o socialismo avança"[165], concluiu.

Essas expressões de Milei são perfeitamente complementadas não apenas pelo que ele expressou em seu livro O Caminho do Libertário, onde acusa ferozmente as pretensões de controle populacional de Thomas Malthus ou, mais tarde, as de Henry Kissinger (bem como a fraude indigenista[166]), mas, fundamentalmente, em sua participação cintilante no Fórum de Davos

164 Gramscismo é o nome dado à corrente pós-marxista idealizada pelo histórico líder do Partido Comunista Italiano Antonio Gramsci (1891-1937), cujo legado, materializado nos famosos Cadernos do Cárcere (escritos entre 1929 e 1935, enquanto Gramsci estava preso), consiste, em síntese extrema, na modificação da lógica da revolução: Enquanto este se propunha a romper com a Estrutura (as relações materiais de poder), Gramsci visa a romper com a Superestrutura (todos os usos, costumes e aspectos ligados à educação e à cultura) e, a partir daí, romper também com a estrutura.

165 Entrevista de Tucker Carlson com Javier Milei, 14/09/2023. Além do vídeo no site oficial de Carlson, no seguinte link: https://www.youtube.com/watch?v=RlJaFK_lXbg A entrevista foi transcrita ad literam pelo Centre for Economic and Policy Research (CEPR) e pode ser lida no seguinte link: https://cepr.net/167668-2/

166 Milei Javier. *El Camino del Libertario*. Ed. Planeta. Buenos Aires. 2022, pág. 49/50, 169.

(um antro repugnante de engenharia social no qual a elite pró-globalista se reúne periodicamente), onde, como presidente e antecipando à imprensa que iria atacar "a agenda 2030"[167], quando chegou sua vez de falar contra "a agenda 2030", quando chegou sua vez de fazê-lo, ele foi o primeiro a fazê-lo. Quando chegou sua vez de falar, ele foi o primeiro a fazê-lo. Quando chegou sua vez de falar, ele criticou toda a corporação hipócrita de "filantropos" de esquerda ali presentes: "O Ocidente está em perigo". Foi assim que ele começou seu discurso histórico. E, depois de recarregar seu ataque ao "feminismo radical", ela voltou a denunciar o ambientalismo e sua falsa ideia de "luta do homem contra a natureza", fazendo objeção ao "controle populacional" por meio da "agenda sangrenta do aborto"[168].

O auditório inimigo não podia acreditar no que estava ouvindo: "Assim que Javier Milei começou a falar, os rostos rapidamente começaram a mudar. Houve apenas aplausos tímidos no final, muitos deles perplexos"[169], descreveu o diário espanhol de esquerda El País. Além disso, entre o público pouco confiável estava até mesmo o filho do magnata George Soros (Alexander), cujo pai doou 17 milhões de dólares[170] somente para a organização assassina Planned Parenthood. E, para concluir seu lapidar discurso de 23 minutos, o impetuoso orador voltou a fazer suas advertências sobre a infiltração neomarxista que "conseguiu cooptar o senso comum do Ocidente" (a modificação do "senso comum" é um objetivo explícito propagado por Gramsci). Ao mesmo tempo, ele detalhou que "eles conseguiram isso por meio da apropriação da mídia, da cultura, das universidades e das organizações internacionais"[171].

O discurso retumbante de Milei foi o mais assistido do mundo. A tal ponto que sua opinião sozinha excedeu o número total de visualizações de

---

167 Infobae. 16/01/2024. Román Lejtman. Javier Milei chegou a Davos para participar do Fórum Econômico Mundial: "Vim para plantar as ideias da liberdade".

168 CNN em Espanhol. 17/01/ 2024. Este foi o discurso do Presidente Milei em Davos: "O Ocidente está em perigo". https://www.youtube.com/watch?v=hnZDVGCZxWE

169 El País. Espanha. 17/01/2024. Carlos E. Cué e José Pablo Criales. Milei repreende líderes em Davos: " O mundo está em perigo, as portas para o socialismo estão abertas". https://elpais.com/argentina/2024-01-17/milei-abronca-a-los-lideres-en-davos-el-mundo-esta-en-peligro-abren-las-puertas-al-socialismo.html

170 Forbes. 24/05/2022. POR RACHEL SANDLER. A lista dos bilionários que mais doam para ONGs em prol do direito ao aborto. https://forbes.es/listas/162703/la-lista-de-los-multimillonarios-que-mas-donan-a-ong-proderecho-al-aborto/

171 CNN en Español. 19/01/2024. Este foi o discurso do Presidente Milei em Davos: "O Ocidente está em perigo". https://www.youtube.com/watch?v=hnZDVGCZxWEhttps://www.youtube.com/watch?v=hnZDVGCZxWE

todos os outros palestrantes juntos. Até mesmo o presidente socialista da Espanha, o inconsequente Pedro Sánchez, que também estava lá como palestrante, buscou a oportunidade de aproveitar o furor global de seu colega argentino, tentando improvisar uma réplica à sua apresentação: mas Milei obteve 40 vezes mais visualizações do que o humilhado esquerdista espanhol, que, ainda por cima, estava jogando ideologicamente em casa[172].

O fato de Milei abordar a batalha cultural não apenas no plano econômico (que é sua grande especialidade), mas também em questões complementares, não o distancia da influência e da admiração que sente por Murray Rothbard, muito pelo contrário. Na última fase de sua vida, o pensador americano, já maduro e alertando para os tempos que virão, enfatizou a importância dessa luta: "A verdadeira ameaça intervencionista não se baseia diretamente em argumentos econômicos: hoje ela vem principalmente dos esquerdistas 'sociais', que invocam a 'moralidade' em vez da economia, embora as medidas econômicas que defendem tenham consequências desastrosas. É lamentável que, diante deles, os economistas 'liberais'[173] [...] só possam responder - como quase todos os economistas desde Ricardo - com argumentos produtivistas e utilitaristas"[174]. E, em sua obra O igualitarismo como rebelião contra a natureza, ele não apenas alertou sobre a existência de uma forte ameaça à família, mas, depois de negar a existência do espectro do "patriarcado", também atacou o feminismo sem sutileza: "Qual é, de fato, a razão para essa súbita ascensão do movimento de liberação das mulheres? Até mesmo a mais fanática harpia do movimento feminista reconhece que esse novo movimento não surgiu em resposta a nenhuma pressão repentina da bota masculina sobre a sensibilidade coletiva das mulheres americanas. Pelo contrário, esse novo levante é uma manifestação da Nova Esquerda". Ele acrescenta que "no núcleo duro do Movimento de Libertação das Mulheres, há um lesbianismo androfóbico, amargurado, extremamente neurótico, se não psicótico. Seria injusto rotular todo o movimento como lesbianismo desenfreado? Receio que não", reflete Rothbard,

---

172 Libremercado.com. Milei humilha Sánchez: seu discurso é 40 vezes mais visto. O discurso do presidente argentino já tem mais visualizações do que os principais oradores de Davos juntos. https://www.libremercado.com/2024-01-18/milei-humilla-a-sanchez-su-discurso-es-visto-40-veces-mas-7088146/

173 Esquerdistas no jargão americano.

174 Rothbard Murray, *La ética de la libertad*, Madri. Unión Editorial, 2011. p. 356. Corresponde ao posfácio da edição de 1990. Citado em Laje Agustín, *La Batalla Cultural*, Ed. Hojas del Sur, 2022, p. 478.

detalhando que o discurso das mulheres como "objetos sexuais" constitui "um ataque ao sexo, ponto final, ou melhor, ao sexo heterossexual"[175], diz o pai do libertarianismo.

Declarações como as transcritas no parágrafo anterior mostram que os amigos desprezados de Milei o acusam falsamente de ter "traído" seus ideais originais. Mas, como podemos ver, seus princípios estão intactos tanto em sua concepção econômica (analisada em detalhes por Marcelo na segunda parte deste livro) quanto nas outras disputas da Batalha Cultural.

---

175 Rothbard Murray. *El Igualitarismo contra la naturaleza*. Barbarroja Ediciones e Unión Editorial Argentina. Buenos Aires. Novembro de 2023. Pp. 214, 227.

CAPÍTULO 5

O DESPERTAR DOS LEÕES

Quando as pessoas vão votar, seu nome não está lá

O ano era 2021. A Argentina era governada por um regime incompetente e corrupto, cujo presidente era Alberto Fernández, mas cujo poder era quase paródico, pois ele estava sujeito aos caprichos políticos imorais de sua chefe, a criminosa Cristina Kirchner. O cansaço do povo com a classe política era enorme. Karina Milei lembra que, enquanto acompanhava e ajudava seu irmão em viagens, conferências ou simpósios, "tínhamos reuniões com empresários e amigos, pessoas que conhecíamos quando Javier visitava os canais de TV; jantares em que todos falavam sobre seu excelente trabalho como economista e divulgador das ideias de liberdade. Até que um dia, em uma dessas soirées, o anfitrião disse a Javier: 'Você está bem na batalha cultural, mas quando as pessoas vão votar, seu nome não está lá'"[176]. Tudo indica que o impacto desse comentário teria atingido Milei tão profundamente que parece ter sido o impulso inicial para o que mais tarde se tornou um épico.

Foi assim que o homem que fez sua estreia cívica votando em Álvaro Alsogaray para presidente em 1989, Carlos Menem em 1995, Domingo Cavallo em 1999, Ricardo López Murphy em 2003, nenhum em 2007 e, mais tarde, Mauricio Macri em 2015 e José Luis Espert em 2019, agora ia pedir para ser votado no Congresso.

De fato, Milei considerou que, depois de ter travado a batalha cultural por tantos anos, no que lhe dizia respeito, "esse processo estava saturado", considerando que seu papel a partir de agora consistiria no seguinte: "Para mudar, era necessário entrar no sistema e varrer o status quo"[177].

---

176 Rothbard Murray. *El Igualitarismo contra la naturaleza.* Barbarroja Ediciones e Unión Editorial Argentina. Buenos Aires. Novembro de 2023. Pp. 214, 227.

177 Entrevista com Jorge Fontevecchia, Perfil. 18/09/2021. Milei Javier. *El Camino del Libertario.*

As eleições legislativas de meio de mandato estavam se aproximando (marcadas para 14 de novembro), e Javier tentava concorrer a deputado nacional com um partido puramente local, circunscrito apenas à Cidade de Buenos Aires, o grande reduto eleitoral do Juntos por el Cambio (liderado pelo Macrismo), o espaço político que governa a cidade desde 2007.

Milei precisava de uma colega para colocá-lo em segundo lugar na lista (de acordo com a absurda "lei de cotas" em vigor). Foi então que ele entrou em contato com Victoria Villarruel, uma advogada abertamente de direita. De família militar (avô almirante e pai oficial do exército - este último veterano da guerra das Malvinas na década de 1980 e da guerra contra o terrorismo marxista na década de 1970), ela é presidente de uma ONG[178] dedicada a elevar o perfil das vítimas do terrorismo e autora de dois livros sobre o assunto. Quanto a mim, eu já conhecia Victoria há vinte anos e estudamos juntos nos Estados Unidos em 2008. Mas para o público em geral, naquela época, sua notoriedade era modesta (principalmente em círculos ideologicamente simpáticos), e suas aparições na televisão eram esporádicas. Embora ela sempre tenha demonstrado solvência e segurança nos assuntos de seu métier. O que é certo é que uma espécie de aliança liberal-conservadora foi selada com Milei, cuja natureza e experiência Villarruel descreve desta forma:

"O libertário e a conservadora, o anarcocapitalista e a direitista enfrentaram os preconceitos de alguns meios de comunicação e de uma parte minoritária da sociedade, que não aceitaram que a transformação da Argentina requer dissidência, debate, inclusão verdadeira e aceitação do imenso dano que as ideias progressistas causaram ao nosso país". Referindo-se à campanha eleitoral, ele o fez nestes termos: "Conseguimos uma dupla que cresceu semana a semana e que deixou de ser o espaço dos 'fachos' ou dos 'liberais' para se tornar uma ameaça real à casta política, que teve de voltar seu discurso para questões que nunca havia abordado, como a redução ou eliminação de impostos, a redução do Estado elefantino, a correlação entre a riqueza dos funcionários públicos e o que eles recebem como salário do Estado. Essas são questões que são discutidas abertamente; outros candi-

Ed. Planeta. Buenos Aires. 2022, p. 308.

178 El Centro de Estudios Legales sobre el Terrorismo y sus Víctimas (CELTYV) é uma ONG fundada em 2006 com o objetivo de tornar visíveis as mortes causadas pelas ações de organizações guerrilheiras durante a década da Guerra Civil nos anos 1970.

datos tiveram que incorporá-las ao seu discurso e debatê-las juntamente com as políticas de segurança, os 30.000 (desaparecidos)[179], os mapuches, a ideologia de gênero e outras vacas sagradas da esquerda estagnada em nosso país"[180], ressaltou.

A incursão de Milei na política fez soar o alarme no Juntos por el Cambio, por medo de que ele pudesse tirar votos "da direita". Posteriormente, houve várias operações para impedi-lo de concorrer e, em uma conversa com o jornalista Alejandro Fantino, o próprio Javier contou como tentaram incentivá-lo por meio de uma mala com 300 mil dólares que lhe trouxeram pessoalmente em troca da retirada de sua candidatura: "Leve-a com você"[181], foi sua resposta categórica. O filme Javier Milei, la revolución liberal, dirigido por Santiago Oría, embora sem deixar isso explícito, deixa bem claro quem foi a pessoa que enviou o dinheiro: Horacio Rodríguez Larreta, na época chefe de governo da cidade de Buenos Aires.

A frente eleitoral recebeu o nome de "La Libertad Avanza" e seu primeiro ato político (com uma estética e estrutura ainda precárias) ocorreu em 7 de agosto de 2021, na Plaza Holanda, diante de uma multidão de cerca de dez mil pessoas[182] (a maioria com menos de 30 anos), repleta de bandeiras argentinas e também de uma curiosidade que veio dos grupos libertários: a bandeira de Gadsden.

Digressão: esse símbolo é de origem americana. Sua cor de fundo é amarela e no centro há uma cascavel enrolada em uma posição defensiva. Abaixo da cobra está a frase "Don't tread on me", que pode ser traduzida como "Não pise em mim". O pavilhão recebeu esse nome em homenagem ao General Christopher Gadsden (1724-1805), que o projetou durante a Revolução das Treze Colônias. O emblema é bem conhecido nos Estados Unidos, mas também nos círculos libertários de vários países. Ele representa os impulsos de rebelião contra a prepotência do Estado.

Vamos continuar.

---

179 El Centro de Estudios Legales sobre el Terrorismo y sus Víctimas (CELTYV) é uma ONG fundada em 2006 com o objetivo de tornar visíveis as mortes causadas pelas ações de organizações guerrilheiras durante a década da Guerra Civil nos anos 1970.

180 Milei Javier. *El Camino del Libertario*. Ed. Planeta. Buenos Aires. 2022, pág. 90.

181 Oría Santiago. FILME DE MILEI: JAVIER MILEI, LA REVOLUCIÓN LIBERAL. https://www.youtube.com/watch?v=7VJE05otwo8

182 Eldiarioar. 15/08/2021. O fenômeno Milei: ele preocupa Larreta e pesca nas águas radicalizadas deixadas por Bullrich. https://www.eldiarioar.com/politica/elecciones-2021/fenomeno-milei-inquieta-larreta-pesca-radicalizadas-aguas-dejo-bullrich_1_8219390.html

Em meio à euforia da grande multidão e à ansiedade geral, Javier Milei chegou ao evento. Sua chegada teve um cenário cinematográfico: ele saiu de um carro preto com um formato estético dos anos 60, uma jaqueta de couro escura no estilo de um roqueiro e uma bandeira argentina como capa, pendurada nas costas. O público ficou em êxtase.

"Olá a todos", foram suas primeiras palavras. E ele acrescentou:

"Vamos lá, porra!

Obrigado por nos acompanhar nesta jornada, na qual a reconstrução da Argentina começa hoje". E, depois de incentivar a lustrar os sapatos para tirar os políticos 'a pontapés no traseiro', ele atacou a esquerda, acusando-a de ser "um desastre em termos econômicos; foi um desastre em termos sociais, foi um desastre em termos culturais e, como se tudo isso não bastasse, esses filhos da puta assassinos mataram 150 milhões de seres humanos". Em seguida, ele acrescentou que, com relação à esquerda, "o capitalismo e o liberalismo não são superiores apenas em termos de produção: há uma superioridade moral por abraçar os melhores valores da sociedade ocidental". Somado a isso, havia o fato de que o mundo estava em uma pandemia. E a Argentina havia acabado de sair de uma quarentena interminável imposta pelo Estado. Isso levou Milei a criticar o conceito de "Estado presente": "No ano passado, houve 40.000 mortes quando, se tivéssemos feito as coisas como um país normal, teríamos tido 10.000 mortes". Esse número lhe deu respaldo para descrever o governo como "genocida", já que "no ano passado ele matou 30.000 argentinos".

Naquela época, havia duas oposições legislativas ao kirchnerismo: o Macrismo e o espaço estreante de Milei (este último circunscrito apenas à cidade de Buenos Aires, como mencionado acima). E, além das diferenças ideológicas entre as duas forças alternativas, o fato mais visível era a atitude. A pusilanimidade do primeiro contrastava com a agressividade do mileísmo: "Não venho apenas para pedir que se juntem a nós na revolução da liberdade; peço que se juntem a nós em uma revolução moral", disse ele. E, após várias considerações (em que a faceta econômica não estava ausente), ele terminou dizendo: "Esta não é uma tarefa para os mornos; esta não é uma tarefa para os covardes; esta não é uma tarefa para os politicamente corretos. Não entrei aqui para guiar cordeiros; entrei aqui para acordar leões. E quero ouvi-los rugir.

Viva a liberdade, porra!”[183].

A atmosfera política era rarefeita. Nem um único meio de comunicação cobriu o evento. Esse fenômeno teve de ser tornado invisível. Na verdade, para atrair um número tão grande de pessoas, tanto a coalizão liderada por Macrismo quanto o próprio kirchnerismo precisaram de uma enorme parafernália de ônibus e ativistas pagos: Milei encheu o campo sem pagar um centavo, por meio de um convite transmitido apenas nas redes sociais, cujo foco de atração era a magia do candidato. A rebeldia se tornou de direita?”[184] o historiador de ultraesquerda Pablo Stefanoni se perguntou com grande preocupação, em um livro seu que, precisamente, tem essa pergunta como título (publicado, precisamente, naquele mesmo ano), no qual ele procurou fornecer explicações para um fenômeno que ninguém entendia com precisão. Ao ler o livro, parece que Stefanoni também não o entendeu.

Depois de várias caminhadas nos bairros mais diferentes da cidade (que atraíram multidões), o encerramento da campanha PASO foi no Parque Lezama, em um ambiente lotado, em 6 de setembro de 2021.

A primeira a falar foi Victoria Villarruel, e seu discurso enérgico, mas cerimonioso (em contraste com o perfil ardente de Milei) durou cerca de 10 minutos:

“Representamos aqueles de nós que estamos fartos da ditadura das minorias, onde alguns progressistas culpados nos dizem como devemos viver e pensar”[185] foi uma de suas expressões mais aplaudidas.

Quando Javier Milei, o rockstar perturbador da política, tomou a palavra, ele começou cantando sua versão do clássico Show do Pânico, com uma letra atualizada: “Olá a todos; eu sou o leão, rugiu a fera no meio da avenida. A casta correu sem entender; Show de Pânico em plena luz do dia. Por favor, não fujam de mim; eu sou o rei de um mundo perdido. Eu sou o rei e vou acabar com vocês; toda a casta é do meu apetite. Viva a liberdade, porra!”.

A maioria dos dardos foi lançada contra o “Juntos por el Cargo”, e não contra o kirchnerismo, que, afinal de contas, era o espaço com o qual ele

---

183 Milei Javier. *El Camino del Libertario*. Ed. Planeta. Buenos Aires. 2022, págs. 273, 274, 276, 277, 278, 279.

184 Stefanoni Pablo. *¿La Rebeldía se volvió de derecha? Cómo el antiprogresismo y la anticorrección política están construyendo un nuevo sentido común (y por qué la izquierda debería tomarlos en serio)*. Grupo Editorial Siglo XXI. Buenos Aires. 2021.

185 Encerramento da campanha de Victoria Villarruel. https://www.youtube.com/watch?v=Io_6zKuApDc

deveria ter as melhores chances de competir por votos. "Alguém me explique: se são eles que estão segurando o kirchnerismo, por que diabos não derrubaram a Lei do Aluguel? Por que não pararam a Lei das Gôndolas? Por que não pararam a Lei do Teletrabalho? Por que não acabaram com essa quarentena cavernosa?" E, para completar, ele os acusou de nos impor "por lei e à força para falar sobre 30.000 desaparecidos". Diante de uma multidão cada vez mais eufórica, ele terminou seu discurso com um lema bíblico, que mais tarde foi usado como uma jaculatória permanente: "A vitória na guerra não depende do número de soldados; depende das forças que vêm do céu". E, é claro, sua despedida foi um triplo "Viva a liberdade, porra!"[186].

Finalmente, quando chegou a hora da verdade na cidade de Buenos Aires, o Juntos por el Cambio obteve 47% dos votos, seguido pelo Kirchnerismo, com 25%. A grande novidade foi La Libertad Avanza, com 17%[187]: Milei e Villarruel foram consagrados como deputados nacionais ao obterem 310.000 votos, em sua maioria de bairros modestos, uma novidade sociológica e uma notória mudança geracional para uma expressão representativa de uma frente liberal de direita.

Uma grande estreia!

Dois milhões de registrados

A realidade é que o papel de Milei como deputado não merece maiores comentários, uma vez que um bloco tão pequeno não tinha a capacidade de aprovar leis, embora fosse capaz de iniciar debates. Nesse sentido, as discussões iniciadas por Milei alcançaram milhões de pessoas por meio da televisão e das redes sociais, transcendendo exponencialmente as paredes da Câmara dos Deputados. E, com a notável engenhosidade para gerar eventos de alto impacto que o caracteriza, o que Javier fez nesses dois anos (em um gesto que deixou a maior parte da casta legislativa desconfortável e desconcertada), foi não receber seu salário de deputado, pois determinou que

186 Milei Javier. *El Camino del Libertario*. Ed. Planeta. Buenos Aires. 2022, pág. 281, 285, 286, 287.
187 Infobae, Resultados das eleições da CABA em 2021: quem ganhou na Cidade de Buenos Aires. Resultados das Eleições CABA 2021: quem ganhou na Cidade de Buenos Aires. https://www.infobae.com/politica/2021/11/15/resultados-elecciones-2021-en-caba-quien-gano-en-la-ciudad-de-buenos-aires/

seu subsídio fosse sorteado publicamente, mês a mês, com o aval de um tabelião presente, cujo sorteio foi assistido por vários canais de televisão enquanto as redes sociais eram incendiadas:

"NM: Você se lembra do momento exato em que tomou conhecimento de que poderia se tornar presidente?

JM: Minha irmã e eu começamos a pensar seriamente nisso quando o sorteio da primeira dieta foi realizado em Mar del Plata e nos colocou na primeira página dos jornais de trinta países do mundo. Com uma participação realmente impressionante: dois milhões de pessoas se inscreveram. Foi então que percebemos que havia potencial para fazer outras coisas. E começamos a viajar por todo o país".

O Pellegrini do século XXI

Milei não se importa com pesquisas. Ele despreza os focus group. Ele odeia aqueles que se omitem de tomar decisões justas, mas desagradáveis, para não pagar "custos". Ele detesta discursos agradáveis, mas enganosos. Tudo indicaria que Javier vê no político profissional (pelo menos no político da casta) um inimigo da comunidade, que extrai coercitivamente recursos dos "argentinos do bem" para viver como um xeque ou para subir nos negócios partidários. Pelo contrário, ele carrega uma autenticidade verbal e corporal visceral, bastante rara em um país onde o treinamento, os roteiros pré-fabricados e o palavreado ensaiado são a norma. Essa é uma característica importante, altamente distinta de seus colegas.

Mesmo de uma posição de esquerda, o jornalista Gabriel Levinas reflete e reconhece esse atributo, tentando explicar por que muitas pessoas de recursos limitados acreditam em Javier e não mais na casta tradicional e em suas promessas habituais de "inclusão", "justiça social", "distribuição de renda" e "regozijo" em todos os conceitos: "A situação chegou a tal extremo, que mais da metade das pessoas está na pobreza, onde as crianças da quarta série do conurbano não sabem ler nem escrever uma única palavra; quando vão às eleições, essas pessoas têm de decidir pelo que veem na TV e nas redes. Uma coisa é não ter instrução, ser pobre, ser humilde, ser indigente, e outra coisa é perder sua intuição. Quando você está permanentemente lutando por sua vida, sua intuição cresce, não diminui, porque você depende de seus sentidos. Você não tem outra ferramenta. Você vê seis ou sete personagens: tem o Rodríguez Larreta, que você percebe que, quando ele fala, está dizendo o que lhe mandaram dizer, ou o que ele acha que é melhor para ele dizer. Você vê Massa, a mesma coisa. Para Patricia Bullrich, o mesmo. Para Myriam Bregman, o mesmo. E, de repente, aparece um cara como Milei - embora eu não concorde com a maior parte do que ele diz, ou como ele diz -; o que ele diz e o que ele pensa são muito semelhantes. E a pessoa intuitiva diz: 'Esse cara não quer mentir para mim'. Isso é tudo. Ele não se importa com nada; não está pensando no futuro. Não há futuro para um cara que não tem o suficiente para comer hoje". E acrescenta: "São jovens que estão vivendo a mesma realidade, que veem que tudo o que essas pessoas prometem nunca é cumprido; veem que a situação está piorando a cada dia; veem as pessoas nas ruas, veem a violência e veem aqueles que estão no poder há muito tempo fazendo a mesma coisa. O que Milei chama de "a casta", nisso ele não está errado. É uma casta política que se protege mutuamente"[188]. Além disso, enquanto Javier Milei já era presidente, o próprio deputado Máximo Kirchner (filho da dupla de criminosos mencionada anteriormente e que também enfrenta graves problemas com a justiça[189]), disse à imprensa com surpresa que "Há um governo que, para dizer a verdade, até agora, em algumas coisas, mostrou pouca distância entre o que diz e o que faz. Mesmo que eu não concorde com nada [...] Este governo, com suas maneiras, seus modos, com os quais eu não concordo, bem, ele está levando isso adiante"[190], concluiu. Entendemos o espanto do orador, especialmente quando ele é membro de um partido em que a mentira e a trapaça são a regra fundamental de sua "doutrina", se é que podemos chamar de tal

188 Infobae. 20/08/2023. Gabriel Levinas: "Javier Milei é a prova de que a crise é enorme e que estamos enfrentando uma mudança de época e do sistema político". https://www.infobae.com/reportajes/2023/08/20/gabriel-levinas-javier-milei-es-la-prueba-de-que-la-crisis-es-enorme-y-que-estamos-ante-un-cambio-de-epoca-y-del-sistema-politico/

189 Clarín. 09/10/2018. Máximo Kirchner já foi indiciado em dois outros casos e foi condenado a um processo oral. https://www.clarin.com/politica/maximo-kirchner-procesado-expedientes-elevacion-juicio-oral_0_JvJSdc7uy.html

190 Infobae, 27 de março de 2024. O impensável elogio de Máximo Kirchner ao governo de Javier Milei para criticar Alberto Fernández: "Ele cumpre o que diz". https://www.infobae.com/politica/2024/03/27/el-impensado-elogio-de-maximo-kirchner-al-gobierno-de-javier-milei-para-criticar-a-alberto-fernandez-lleva-adelante-lo-que-dice/

coisa esse conjunto de besteiras vagas e intercambiáveis repetidas em coro por seus porta-vozes e líderes monotemáticos.

"Quem é você?", perguntou Luis Novaresio a Milei em uma entrevista um ano antes das eleições presidenciais:

"JM: Uma pessoa honesta. Uma pessoa que sempre lhe dirá a verdade, mesmo que seja absolutamente desconfortável. Prefiro uma verdade incômoda a uma mentira confortável. Em outras palavras, um cara que vai direto ao ponto. Você pode gostar ou não gostar, mas eu sempre direi a verdade. Isso pode gerar mais simpatia ou menos simpatia. Mas é assim que eu sou. Eu não poderia mudar. Mas essa é exatamente a grande diferença que tenho em relação à casta: eu vou direto ao ponto, não minto para você. Isso não significa que eu não possa cometer erros. Não sou infalível [...]. O fato de eu agir de forma consistente com meus valores me permite viver em paz. Você vive em paz. Quando vou dormir, eu durmo. Não tenho nada pelo que me recriminar. Porque eu faço o que acho certo. Posso cometer erros. Pode dar errado, o que for, mas faço com consciência"[191].

Em seguida, ele acrescentou algumas observações históricas que mostram sua determinação inabalável:

"O que eu me proponho a fazer, se eu me tornar presidente, é fazer todos os ajustes que vocês tiverem que fazer, e se tiverem que suportar a recessão, vocês o farão! E se você tiver que aguentar ser xingado o dia inteiro, você aguenta! O melhor exemplo na história da Argentina é Carlos Pellegrini[192]. Ele assumiu o cargo em meio a uma crise violenta e o que fez? Ele faz todos os ajustes e paga todos os custos políticos. Quando sua presidência terminou, ele foi ao Congresso (ele morava a dois quarteirões do Congresso) e lhe disseram: 'Não, vá por aqui porque há pessoas furiosas'. E ele diz: 'Não,

191 Entrevista de Javier Milei com Luis Novaresio, no La Nación+. https://www.youtube.com/watch?v=BssEhFk7dQY

192 Carlos Pellegrini (1846-1906) foi presidente da Argentina entre 1890 e 1892. Ele teve que enfrentar uma profunda crise econômica em meio a um caos de proporções, resultado de várias explosões revolucionárias. Durante seu mandato de dois anos, ele tirou o país de uma grave crise ao sanear as finanças. Essas medidas levaram a uma economia muito próspera nos anos imediatamente posteriores. Ele é muito bem lembrado como "o piloto da tempestade".

eu fiz o que tinha de fazer'. E o que ele faz? Ele aperta o fraque. Coloca o chapéu alto. Pega a bengala e desce a escadaria. Ele caminha por dois quarteirões e o chamam de tudo, tudo! Como a história se lembra dele? Como "o piloto da tempestade". É isso que estou aqui para propor. Estou aqui para fazer o que precisa ser feito. E ele conclui: "Estou aqui para fazer o trabalho de Pellegrini no século XXI"[193].

193 Entrevista de Javier Milei com Luis Novaresio, no La Nación+. https://www.youtube.com/watch?v=BssEhFk7dQY

CAPÍTULO 6

A LONGA CORRIDA PRESIDENCIAL

Milei está arrasando o país...

O primeiro desafio eleitoral na corrida presidencial para as eleições de 2023 foram as PASO (Primárias Abertas Simultâneas e Obrigatórias), um sistema pelo qual cada força política participa de eleições internas e, por meio de voto popular, escolhe o candidato entre os que estão concorrendo, cujo vencedor finalmente representará o partido de sua filiação nas eleições gerais subsequentes.

O kirchnerismo estava em apuros. Cristina Kirchner (na época vice-presidente de Alberto Fernández e dona do espaço político), com exceção de sua seita de fanáticos, era amplamente desprezada pela opinião pública e, além disso, foi condenada pelos tribunais por atos de corrupção[194]. Por outro lado, a simpatia por Alberto Fernández estava em baixa devido às suas imoralidades e à sua administração desastrosa, o que significava que ele não tinha nenhuma chance de ser reeleito. E, dos demais candidatos, Cristina só tinha confiança no líder Wado de Pedro, cujo único mérito político era o fato de ter pais criminosos: ambos pertenciam à organização terrorista Montoneros, que é regularmente justificada pelo kirchnerismo e sua narrativa fraudulenta sobre direitos humanos.

Digressão. Naquela organização, os pais de Wado de Pedro bombardearam e assassinaram a garota Paula Lambruschini. No mesmo ataque, Margarita Obarrio de Villa (82 anos) e Ricardo Álvarez também foram mortos. Dez outros moradores do prédio ficaram gravemente feridos. Os pais de Wado também atacaram o Escritório de Planejamento e participaram

194 Clarín, versão digital. 06/12/2022. Cristina Kirchner condenada: como a mídia internacional cobriu a sentença contra a vice-presidente https://www.clarin.com/internacional/cristina-kirchner-condenada-cubrieron-medios-internacionales-sentencia-vicepresidenta_0_9vVbr2pWoZ.html

do emblemático sequestro dos irmãos Born. Em seguida, colocaram uma bomba no escritório de Ricardo Yofre e, além disso, seu pai matou a tiros o empresário Alberto Bosh[195]. Obviamente, não podemos transferir qualquer culpa a Wado de Pedro pela entidade sinistra de seus progenitores, mas, como ambos morreram mais tarde na guerra que os Montoneros e o ERP desencadearam no país, o ressentimento pessoal do rapaz foi deixado à tona.

Vamos seguir em frente.

Para chegar ao ponto de sua candidatura, vale a pena acrescentar um fato não menos importante. O sem brilho de Pedro sofre de uma grande deficiência de comunicação: ele é gago. E essa dificuldade tem sido vista com maus olhos pela maior parte da liderança peronista. Eles argumentam que, durante a campanha, o candidato deve falar em eventos de grande porte, fazer inúmeras reportagens de rádio e televisão por dia e, o mais estressante de tudo, participar de debates, nos quais é preciso ter uma loquacidade precisa e perspicácia para respostas rápidas. Nesse sentido, quando Cristina ousou indicá-lo como seu candidato, a rebelião dentro de seu partido não demorou a chegar e a líder foi forçada a recuar diante do descontentamento. Foi assim que Sergio Massa (na época Ministro da Economia do governo), que, embora tivesse um desempenho terrível em nível ministerial, ainda era um verdadeiro «animal político», um grande mentiroso profissional e um alpinista que não é tolo, foi deixado, por exclusão, como o candidato do partido governista.

Mas o problema de Massa não era apenas a sua participação em um péssimo governo e seu papel econômico catastrófico, mas também o fato de ser visto por grande parte da sociedade como um sujeito extremamente obscuro, suspeito dos piores truques. A tal ponto que, em escutas telefônicas de conhecimento público, a própria Cristina Kirchner, em diálogo com seu confidente Oscar Parrilli, afirmou que Massa tinha ligações com o narcotráfico[196], especulação que parece ter muitos aspectos reais, se acompanharmos a detalhada investigação realizada pelo jornalista Christian Sanz,

195 Isso foi confirmado por Juan Bautista Yofre, um jornalista especializado na década de 1970, que também foi o principal chefe do SIDE (Serviço de Inteligência do Estado). Tata Yofre e o que Wado de Pedro não conta sobre sua mãe. Consulte https://www.youtube.com/watch?v=FbCSbMtZN7c e https://www.youtube.com/watch?v=ROLE7_O9oRo.

196 O comentário escandaloso pode ser ouvido neste link: Reapareceram áudios de Cristina contra Sergio Massa: "Ele tem relações com o narcotráfico". https://www.youtube.com/watch?v=FfoP-yzPXwY

em seu documentado livro Massa Confidencial[197], no qual, entre outros delitos, o autor expõe as sórdidas ligações do candidato kirchnerista com narcotraficantes colombianos.

Vale a pena observar que Massa não é apenas um multimilionário, mas que não se sabe se ele tem outro emprego além de parasita do serviço público, o que, na melhor das hipóteses e sendo honesto, permite uma renda decente, mas sem grandes luxos. E embora o candidato em questão ostente orgulhosamente seu diploma de direito em suas redes sociais, também é verdade que ele nunca exerceu a advocacia e, para piorar, levou quase um quarto de século para se formar (um diploma de direito, em média, leva 5 ou 6 anos, dependendo do programa de cada universidade[198]): a preguiça acadêmica parece ser o passatempo favorito do candidato oficial.

Por fim, o crônico estudante se formou na Universidade particular de Belgrano e o mais impressionante, como já foi dito, é que naquela época o candidato à presidência era também Ministro da Economia de Alberto Fernández, sem ter a menor experiência no assunto: quando Massa assumiu a pasta, o dólar valia US$ 270 e, durante sua administração, que durou apenas um ano, atingiu o pico de US$ 1.200. Da mesma forma, a inflação da Argentina durante a administração econômica do "advogado" Massa ultrapassou 200% ao ano e estava caminhando para uma hiperinflação incontrolável. Seus números desanimadores eram comparáveis, em termos de registro inflacionário, apenas aos da narcoditadura de Nicolás Maduro. Mas, além de todos esses obstáculos, pelo menos para as eleições internas do partido no poder, esperava-se que Massa vencesse confortavelmente seu oponente, o agente de esquerda Juan Grabois, um traficante de pobreza intelectualmente astuto, mas altamente questionado e ligado a escândalos de corrupção[199], fato comum na militância kirchnerista.

Na verdade, a dúvida mais importante no "círculo vermelho" da Argentina (assim são chamados os analistas, jornalistas, pesquisadores,

---

197 Christian Sanz, *Massa Confidencial*. Editorial Hojas del Sur, capa mole em espanhol, 2023. Págs. 27, 29.

198 Massa levou 22 anos para se formar como advogado em uma universidade privada de médio porte, onde são necessários cinco anos para concluir um curso de direito com todas as disciplinas em dia.

199 Clarín. 21/02/2024. Escândalo sobre o fundo fiduciário de Juan Grabois: um documento registra despesas de 1,244 milhão de dólares. https://www.clarin.com/politica/escandalo-fondo-fiduciario-juan-grabois-documento-registra-gastos-1244-millones-dolares_0_fmv4ZNM9sx.html

formadores de opinião e, em suma, todo o ambiente informado e politizado) era o partido interno Juntos por el Cambio (do qual se supunha que sairia o próximo presidente). Naquela época, a incerteza se baseava no fato de que a centrista Patricia Bullrich venceria ou não o ameaçador rufião progressista Horacio Rodríguez Larreta (na época prefeito da cidade de Buenos Aires).

Quanto a Milei (embora ele não tivesse concorrente em seu partido e, portanto, não tivesse o incentivo de um processo eleitoral interno, pela Lei Eleitoral ele tinha que participar de qualquer maneira), já se presumia que ele ficaria em terceiro lugar, mas sem certeza de quais seriam seus resultados finais. Sua candidatura repetiu a fórmula de 2021: sua parceira e candidata a vice-presidente foi Victoria Villarruel.

Grande parte da campanha austera de Javier baseou-se em seus passeios regulares pelas ruas, nos quais o libertário aparecia lotado de acólitos com uma motosserra ligada nas mãos, simbolizando os enormes cortes que prometeu implementar no aparato estatal: "Estamos fazendo caminhadas espontâneas. Ou seja, estamos entrando em um lugar de forma surpresa. Você não sabe como é, é espetacular! Porque antes, durante a campanha de 2021, costumávamos dizer: 'Vamos estar em tal e tal lugar' e muitas pessoas vinham. Mas agora, o que acontece é que a casta está um pouco mais irritada comigo, por assim dizer, e corro o risco de ter problemas. Então, o que fazemos? Não anunciamos nada"[200].

Vamos voltar às eleições da PASO.

O que estava em jogo naquela ocasião? Como dissemos, Milei não tinha adversário no partido e foi sozinho para a "interna". E, embora não houvesse dúvidas de que ele ultrapassaria a porcentagem mínima exigida nas primárias para acessar a próxima etapa eleitoral (ele tinha que superar pelo menos 1,5% dos votos válidos), a grande incógnita era o quão alto seria seu desempenho, já que ele só tinha um precedente municipal: o das eleições para deputados da Cidade de Buenos Aires, em 2021, nas quais ele obteve 17% dos votos.

Além das candidaturas já mencionadas dos partidos tradicionais, o restante das forças emergentes (principalmente o extremismo de inspiração

200 Entrevista de Javier Milei com Luis Novaresio, no La Nación+. https://www.youtube.com/watch?v=BssEhFk7dQY

trotskista) eram reconhecidamente testemunhais e não receberam nenhuma importância na observação política.

O que aconteceu no final? Na noite de domingo, 13 de agosto de 2023, do lado do Juntos por el Cambio, a fórmula centrista de Bullrich-Petri esmagou a expressão progressista do mesmo espaço representada pela dupla Rodríguez Larreta-Morales (17% a 11%)[201], cuja campanha muito cara não serviu para nada além de ridicularizar a si mesma. Quanto ao kirchnerismo, ele competiu com a chapa Massa-Rossi, que venceu por vinte pontos contra os cinco pontos percentuais da dupla Grabois-Abal Medina (representando a ala esquerda dura da esquerda peronista).

Muito atrás ficaram as extremas esquerdas, onde a trotskista Myriam Bregman venceu seus oponentes dessa seita marginal, com um total de 2,57% dos votos (somando o total dos concorrentes[202]). Esses números mostraram, pela milésima vez, que A Revolução Permanente, escrita por Leon Trotsky[203] (uma espécie de "bíblia" desses grupos esotéricos), não tem o menor quórum no vernáculo "proletariado"[204] para materializar seus apetites agitadores e desordenados.

O que aconteceu com a solitária "interna" de Milei em seu partido?

Naquele domingo perturbador, bem cedo, eu trocava mensagens de WhatsApp com quatro amigos em quem mais confio nesses assuntos: meu irmão de vida, Agustín Laje; o jurista cordobês, Emilio Viramonte; meu professor, Vicente Massot e meu colega de trabalho nessa obra, Marcelo Duclos (que, além disso, havia assumido seu compromisso cívico habitual como procurador-geral nas seções eleitorais de Buenos Aires). Com eles, troquei dados, rumores, "bocas de urna", gráficos, especulações e tudo o

---

201 Infobae. 14/08/2023. Patricia Bullrich venceu a eleição interna contra Horacio Rodríguez Larreta. Com mais de 95% dos votos apurados, a ex-ministra da Segurança acumulou 16,76% dos votos, enquanto o chefe do governo de Buenos Aires alcançou 11,11%. Eles apareceram juntos no bunker do Parque Norte. https://www.infobae.com/politica/2023/08/14/en-juntos-por-el-cambio-aseguran-que-bullrich-le-gano-la-primaria-a-rodriguez-larreta/

202 Diario Clarín, versão digital (13/08/2023) Eleições PASO 2023: Bregman e Del Caño ganharam a interna nacional e Solano a de Buenos Aires. https://www.clarin.com/politica/elecciones-paso-2023-bregman-cano-ganaron-interna-nacional-solano-portena_0_Eg3vlb807C.html

203 Leon Trotsky foi um dos principais organizadores da revolução comunista na Rússia em outubro de 1917. Durante a guerra civil que se seguiu, ele atuou como comissário para assuntos militares. Ele era um dos homens de confiança do criminoso tirano Lênin, mas, mais tarde, quando o poder passou para Stalin, ele o confrontou política e ideologicamente, liderando a oposição de esquerda, o que o levou ao exílio no México e ao subsequente assassinato (em agosto de 1940) pelo assassino Ramon Mercader, um agente espanhol que operava sob as ordens do próprio Stalin.

204 No jargão marxista, "pertencente ou relacionado à classe trabalhadora". Primeiro significado da Real Academia Espanhola. Consulte: https://dle.rae.es/proletario

que pudesse nos dar um "termômetro" do que estava acontecendo. E o que estava sendo "dito" em todos os momentos era o seguinte:

"Milei está arrasando o país".

Isso é real ou é uma expressão de desejo? era a pergunta que me deixava impaciente.

As urnas só fechariam às 18 horas, mas o Ministério do Interior daria seus primeiros números oficiais às 20 horas/21 horas. O dia seria tão longo quanto psicológica e emocionalmente exaustivo.

E então chegou o momento da verdade: contra todas as probabilidades e refutando todas as pesquisas publicadas, Javier Milei venceu todo o arco partidário, com mais de 30% dos votos. O espanto foi geral. A surpresa teve um impacto intenso tanto na euforia de seus apoiadores quanto no desânimo de seus detratores:

"NM: Na véspera das PASO, as pesquisas não o mostravam com números favoráveis. De qualquer forma, você poderia ser 'um bom terceiro'. Você previu uma possível vitória?

JM: Não. Achávamos que, se tivéssemos 22%, já seria um milagre.

NM: E o que vocês sentiram?

JM: Ficamos muito chocados com o número.

NM: Você estava meio pendurando a faixa presidencial?

JM: Não. Isso nos deu a chance de que era muito provável que conseguíssemos entrar no segundo turno", reflete Milei com cautela bilardista.

Digressão: Reconheço que Marcelo, não por causa de informações qualificadas (nenhuma medição chegou perto desse resultado), mas por causa de seu próprio "instinto político", previu dias antes que Milei teria 28% dos votos, um número que eu considerava um exagero. Acontecia que Marcelo ia tomar café da manhã ou chá em diferentes cafés de Buenos Aires e se dava ao trabalho de perguntar a todos os funcionários da área gastronômica (inclusive os que trabalhavam na cozinha): "Em quem você vai votar?" E todos respondiam: "Milei". Então, ele insistia: "Milei ganha!", o que me parecia mais um triunfalismo do que uma análise serena: mas "a rua" deu o polegar para cima em sua previsão.

Vamos em frente.

Reinava o caos analítico. Os observadores mais perspicazes estavam desorientados: "Javier Milei venceu as PASO e causou um terremoto na política argentina"; o jornal La Nación publicou uma manchete sem nenhum exagero, na análise jornalística do colunista Martín Yebra, nas primeiras horas da manhã: "Mais do que uma eleição, foi um terremoto. A surpresa que uma sociedade cansada estava incubando foi personificada em Javier Milei, o impensável vencedor das PASO presidencial. Patricia Bullrich derrotou Horacio Rodríguez Larreta por quase seis pontos na batalha de Juntos por el Cambio, e o peronismo afundou em um faminto terceiro lugar, o que deixou o Ministro da Economia, Sergio Massa, gravemente ferido para enfrentar a digestão dos mercados dessa jornada rumo ao desconhecido.

Ninguém esperava por isso. La Libertad Avanza venceu em 16 das 24 províncias e prevaleceu tanto nos bairros populares quanto nas prósperas cidades da Argentina produtiva"[205]. As primeiras linhas de um analista que, tenho certeza, estava tão perplexo quanto todo mundo.

A força partidária de Milei não só não tinha dinheiro, como também não tinha estrutura territorial. Não tinha experiência em uma eleição nacional. Não administrava nenhuma província ou município. Sua supervisão incompleta estava longe de ser profissional. Era a única expressão política que não gastava um único peso em publicidade na Internet[206]. Em suma, a candidatura de Milei não contava nem com um mísero vereador de cidadezinha que lhe desse algum impulso. Havia apenas dois deputados, sua

205 La Nación. 14/08/23. Yebra Martín. Javier Milei venceu as PASO e provocou um terremoto na política argentina https://www.lanacion.com.ar/politica/javier-milei-gano-las-paso-y-provoco-un--terremoto-en-la-politica-argentina-nid14082023/

206 EldiarioAr. 19/10/2023. Com poucos contribuintes privados, a campanha de Milei foi a mais dependente de fundos estatais. Nas PASO, La Libertad Avanza usou mais de $131 milhões de fundos estatais. Seus contribuintes privados declarados não teriam sido suficientes nem mesmo para imprimir todas as cédulas. Emilia Delfino. https://www.eldiarioar.com/politica/elecciones-2023/aportantes-privados-campana-milei-dependiente-fondos_1_10610213.htm

irmã, o carinho incondicional de seus cães, uma importante adesão de militantes semi-adolescentes, além de alguns amigos e parentes que faziam "campanha cibernética" o dia inteiro a seu favor. Além da contribuição que pudemos fazer com os sucessivos vídeos que gravamos com Agustín Laje ou com as notas de Marcelo no Panam Post, também vale a pena mencionar o trabalho árduo de influenciadores qualificados, a maioria na faixa dos vinte anos, que, sem receber um centavo do partido, desempenharam um papel fundamental no surpreendente triunfo: Iñaki Gutiérrez, Eugenia Rolón, Eric Harris ("Se acabó la joda") el "Gordo Dan", Espartano Libertario, "Mate con Mote", Erick Kammerath, ou os sucessos de bilheteria "Agarrá la pala" (Franco Fijap), "Tipito Enojado", Mariano Pérez (Break Point) ou "La Derecha Diario", para citar os mais proeminentes dessa guerrilha digital inorgânica, mas incansável. Paralelamente, personalidades como o glamouroso Emanuel Danann, cujo estilo e loquacidade em seu poderoso canal cibernético abalavam constantemente os apotegmas progressistas recorrentes, principalmente aqueles relacionados à soberba de gênero e extravagâncias semelhantes.

Ao contrário, o kirchnerismo e o Juntos por el Cambio "jogaram a casa pela janela". Ou seja, gastaram fortunas imensuráveis, tanto do erário público quanto de empresários privados, para sustentar um aparato publicitário pornográfico composto, além disso, por consultorias caras do que hoje chamamos de grupos focais, além de um enorme exército de militantes pagos em nível territorial, somado às respectivas estruturas estatais (províncias e municípios), além da indecorosa, mas habitual prática clientelista (especialmente no kirchnerismo) de extorquir votos dos setores mais necessitados em troca de dinheiro ou bens.

Por que uma grande parte dos eleitores de origens desfavorecidas e indigentes votou em um candidato que falava sobre Rothbard, Hayek, a eliminação do Banco Central, o voucher de Friedman e, ao mesmo tempo, alertava sobre os perigos da infiltração gramsciana, do marxismo cultural e da agenda 2030, quando, provavelmente, muitos não saberiam ao certo do que se tratava tal bobagem? A "insatisfação" estava vencendo o "aparato"? E, se a "insatisfação" estava vencendo o "aparato", por que essa insatisfação foi canalizada para Milei e não para algum outro dos mais de 40 milhões de argentinos?

Okay...?

Naquela noite (a noite da vitória das PASO), depois que os resultados foram conhecidos, no bunker localizado no Hotel Libertador em Buenos Aires, ao som do canto eufórico da multidão que gritava: "A casta tem medo! ", um sorridente e sereno Javier Milei subiu ao palco, junto com muitos de seus candidatos e associados (Ramiro Marra, Karina Milei, Marcela Pagano, Francisco Oneto, Agustín Romo e, é claro, Victoria Villarruel estavam entre os mais conhecidos). E foi então que a estrela da noite fez um discurso mais tranquilo e calmo do que o habitual (se levarmos em conta seu tradicional estilo enfático), cheio de gratidão, embora não tenha hesitado em prever que seu espaço político acabaria com o kirchnerismo e, sem poupar adjetivos, atacou a "casta política parasita, chorra[207] e inútil que está afundando este país". Ele atacou novamente o conceito de "justiça social", o "déficit fiscal", "impostos", "amigos do poder", o "Banco Central" e disparou igualmente contra políticos "de boa e má educação" (referindo-se ao Juntos por el Cambio e ao Kirchnerismo, respectivamente). Provavelmente o momento mais memorável foi sua frase seguinte, em tom de zombaria: "Não apenas fomos a força mais eleita, mas, até quinze dias atrás, eles vinham nos operando, dizendo que íamos ficar em terceiro lugar". Ele então deu um irônico e aplaudido "Okay?", enquanto tirava os óculos com um gesto de alegria indisfarçável, e, depois de reiterar sua definição de liberalismo, citando Alberto Benegas Lynch Filho, ele esboçou uma série de conceitos efusivos contra a casta, na qual incluiu políticos, jornalistas envelopados, empresários beneficiados e reivindicou "argentinos do bem". Previsivelmente, sua mensagem terminou com seu axioma catártico, reiterado três vezes: "Viva a liberdade, porra!"[208].

Naquela mesma noite, atordoados pelo resultado impensável e tentando refletir sobre o que havia acontecido, o canal massivo de Agustín Laje no YouTube promoveu um bate-papo virtual entre o autor desse texto, Vicente Massot e, obviamente, Agustín. A conversa, que durou mais de uma hora e meia, foi realizada diante de um público de meio milhão de

---

207 "Chorro" ou "chorra", dependendo se se refere a uma entidade masculina ou feminina, é um argentinismo, um conceito na linguagem coloquial que funciona como sinônimo de "ladrão".
208 CNN en Español. Discurso de Milei após as PASO na Argentina: "Queremos uma mudança real". https://www.youtube.com/watch?v=eGdifxqTnLE

espectadores, que ficaram ligados até o final. A reflexão final da conversa foi feita por Massot, que previu: "Acredito que o fato de que os inimigos de Milei, a casta, os interesses adquiridos, o fato de que eles percebem que algo que parecia impossível para eles está agora ao virar da esquina e que, além disso, ele pode ser presidente, Milei, diante das próximas eleições, sofrerá uma enorme campanha de demonização"[209]. Ele não errou nem em uma vírgula.

Wikipedia

Conforme previsto acima, a campanha eleitoral geral foi acompanhada por uma catarata quilométrica de descrédito da mídia em relação a Milei, algo nunca visto antes na história da democracia vernácula. O número de acusações e operações lançadas contra o candidato Stone foi enorme. Mas o próprio Milei já havia alertado sobre o que estava por vir: "Certa vez, um consultor político me disse: 'Olha, tenho duas notícias para você: uma boa e outra ruim. A boa notícia é que não encontraram nada contra você'. Eu disse: 'Ah, isso é bom!' E ele disse: 'Não, essa também é a má notícia, porque eles vão inventar coisas'[210].

Dito e feito.

Apenas para revisar as acusações mais hilárias e ressonantes, vale a pena começar com a invenção desagradável de atribuir uma relação incestuosa com Karina (a Chefe): "Javier Milei está apaixonado por sua irmã, o momento constrangedor de incorreção em um programa de TV kirchnerista"[211], relatou o Clarín. Vale dizer que a orquestração televisiva foi feita pelo canal C5N (viciado no kirchnerismo), para depois ser levantada pelo Clarín (que operava para o Juntos por el Cambio). Os projéteis vieram de todos

209 Eleições na Argentina: ARRASA Javier Milei. https://www.youtube.com/watch?v=5GsUQyJQSEo

210 Entrevista de Javier Milei com Luis Novaresio, no La Nación+. https://www.youtube.com/watch?v=BssEhFk7dQY

211 Clarín. 05/05/2023. Daniel Seifert. "'Javier Milei está apaixonado por sua irmã', o incômodo momento de incorreção em um programa de TV kirchnerista". A comentarista Julia Mengolini lançou a acusação incestuosa contra o candidato presidencial e um debate sinuoso se tornou viral na tela da C5N, de propriedade de Cristóbal López. https://www.clarin.com/politica/-javier-milei-enamorado-hermana-incomodo-momento-incorreccion-programa-teve-kirchnerista_0_a248YVaRQS.html

os lados. Continuamos. A ideia de que Milei estava vendendo candidaturas em troca de dinheiro ganhou força: "Um escândalo envolvendo a venda de candidaturas afunda o ultradireitista Javier Milei na Argentina", foi a manchete do diário espanhol El País[212]. Imagine toda a mídia operando 24 horas por dia na Argentina com o mesmo tema. Foi até "detalhado" que as candidaturas valiam entre dez e cem mil dólares, dependendo do tamanho ou da expectativa de cada uma. Para piorar a situação, um processo judicial foi aberto na velocidade da luz para aumentar o descrédito, que, é claro, teve de ser arquivado devido à absoluta falta de qualquer evidência[213]. Outra acusação foi a de que Milei e seu partido escolhiam candidatas para cargos legislativos com base em uma espécie de casting sexual: " Militantes jovens acusam o partido de Milei de vender candidaturas por sexo e dinheiro", noticiou com grande alarde a agência estatal Télam[214] (o dia todo a serviço da campanha de Massa), notícia que foi reproduzida pela maior parte da mídia do sistema. Nada disso foi comprovado, é claro. Outra notícia foi que Milei queria legalizar a compra e venda de crianças. "Mercado livre para bebês: a proposta de Milei que foi apresentada na campanha e recebeu milhares de críticas"[215], a manchete foi do Página 12, o jornal kirchnerista por excelência (uma espécie de Granma[216] local[217]). Vamos continuar. Que Milei conversava de igual para igual com seus cães: "Javier Milei contou a verdade por trás de suas conversas com Conan, seu cachorro morto. O economista se referiu aos rumores que surgiram sobre seu relacionamento com seus

212 El País. 08/07/2023. Mar Centenera. Um escândalo de venda de candidaturas afunda o candidato de extrema direita Javier Milei na Argentina. https://elpais.com/argentina/2023-07-08/un-escandalo-de-venta-de-candidaturas-hunde-al-ultraderechista-javier-milei-en-argentina.html

213 Clarín. 28/09/202. A justiça planeja encerrar a investigação sobre Javier Milei por venda de candidaturas. O promotor eleitoral Ramiro Gonzalez não encontrou provas para abrir um processo judicial. https://www.clarin.com/politica/justicia-planea-cerrar-investigacion-javier-milei-venta--candidaturas_0_SQsUap1JPI.html

214 Télam: 14/02/2023. Jovens ativistas acusam o partido de Milei de vender candidaturas por «sexo e dinheiro». https://www.telam.com.ar/notas/202302/620046-acusacion-milei-venta-candidaturas-sexo-dinero.html

215 Página 12. 17/03/2023. «Mercado livre para bebês»: A proposta de Milei que ressurgiu na campanha e recebeu milhares de críticas. https://www.pagina12.com.ar/599276-mercado-libre-de--bebes-la-propuesta-de-milei-que-refloto-en-

216 O 'Granma' é o jornal estatal de Cuba. Uma espécie de boletim oficial cuja função é enaltecer a eterna ditadura castro-comunista.

217 No programa de televisão apresentado pelo jornalista Luis Majul, Milei condenou energicamente a venda de crianças. Mas sua exposição contrastava completamente com o bombardeio midiático multilateral. La Nación+. 28/06/2022. Javier Milei: "Eu condeno a venda de crianças". https://www.youtube.com/watch?v=ZmvRLFDPVQM

mastins ingleses"[218], o portal Todo Noticias (Grupo Clarín), o principal veículo político multimídia da Argentina, noticiou. Mas a acusação mais usada foi a de que Milei estava tentando impor a venda legal de órgãos humanos: "Órgãos: venda, mercado ou doação? O debate incomum que Javier Milei renovou"[219], a CNN, em sintonia com todo o circo da mídia, disparou. Vale a pena dizer que se, por exemplo, uma pessoa doente precisasse de um doador de rim, ela poderia comprá-lo de um fornecedor no mercado sem quaisquer outras formalidades, a fim de poder fazer um transplante[220]. Na verdade, esse ponto foi retirado do contexto de uma discussão filosófica no rádio, na qual Javier estava tentando desenvolver o pensamento de Murray Rothbard, levando-o ao extremo, de uma perspectiva puramente teórica. Mas nunca foi uma proposta política propriamente dita. Tampouco constava de sua plataforma eleitoral, e lembremos que Milei foi deputado nacional por dois anos e nunca propôs nada que se aproximasse disso como projeto de lei. No entanto, 90% do jornalismo e da casta política gritaram incessantemente que essa era uma das "principais propostas do plano econômico" do protagonista deste livro. Também vale a pena acrescentar a hipocrisia indiscutível da maioria de seus operadores nessa questão, já que eles se escandalizaram com a menção de um rim em um debate acadêmico, mas apoiaram a aprovação do genocídio do aborto (sancionado durante o governo de Alberto Fernández): Milei foi o único candidato pró-vida de todos os que estavam na disputa.

Tanto os aparatos de mídia do Juntos por el Cambio quanto os do governo estavam determinados a remover Milei a qualquer custo. Algumas das acusações mencionadas anteriormente já haviam sido feitas antes,

---

218 TN.com.ar 07/10/2023. Javier Milei contou a verdade por trás de suas conversas com Conan, seu cachorro morto. O economista se referiu aos rumores que surgiram sobre seu relacionamento com seus mastins ingleses. https://tn.com.ar/show/television/2023/10/07/javier-milei-conto-la-verdad-detras-de-sus-charlas-con-conan-su-perro-muerto/?gad_source=1&gclid=CjwKCAiAuYuvBhApEiwAzq_YiQ7wcUsWtzMJcc7GIcnXub2OBPzcEB4FSxpGjfvnUQFQta_KGxVRiBoCa_cQAvD_BwE

219 CNN en Español 03/10/2023. Órgãos: venda, mercado ou doação? O inusitado debate renovado por Javier Milei. https://cnnespanol.cnn.com/2023/11/03/venta-mercado-donacion-insolito-debate-javier-milei/

220 Infobae, 02/06/2022. "É apenas mais um mercado. Por que não posso me desfazer do meu corpo?": Milei e Lanata debateram a venda de órgãos. Quando perguntado pelo jornalista, que passou por um transplante de rim em 2015, o deputado nacional do La Libertad Avanza apoiou a comercialização de órgãos. Seus argumentos. https://www.infobae.com/politica/2022/06/02/es-un-mercado-mas-por-que-no-puedo-disponer-de-mi-cuerpo-milei-y-lanata-debatieron-sobre-la-venta-de-organos/

mas voltaram a ser lançadas com um crescimento exponencial assim que se soube que Javier poderia se tornar presidente da Argentina.

O que a maior parte das calúnias tinha em comum? Eles estavam ansiosamente tentando convencer a população de que Milei não estava em seu juízo perfeito: "Milei tem que me provar que não tem um problema de estabilidade emocional"[221], gritou o jornalista do La Nación, Carlos Pagni. "Javier Milei: é assim que funciona a cabeça de um líder instável"[222], a capa da Noticias (a principal revista da Argentina, de propriedade do Grupo Perfil) era a manchete, ilustrada com o rosto de um Milei fora de si. Quem está no comando da revista? O habitual defensor da casta, Jorge Fontevecchia, que, há quatro anos e da mesma mídia, publicou uma capa vergonhosamente elogiosa para o imoral e incompetente Alberto Fernández, cujo gráfico o retratava vigoroso e vestido de Super-Homem: "Superalberto", encabeçava a capa apologética da Noticias. "O presidente enfrenta a crise e está jogando um jogo de tudo ou nada. Sua popularidade cresce e ofusca Cristina Kirchner"[223], acrescentou. Visto em perspectiva, o Noticias, às vezes, parece ter se tornado uma revista de humor político.

O objetivo de toda essa orquestração era muito claro: assustar a opinião pública com a seguinte afirmação: "Milei é totalmente louco".

Dito e feito. Desde julho, e com o apoio militante da inefável Fontevecchia, um panfleto em forma de livro de nível incomum (quase uma compilação de fofocas sem fontes visíveis ou designadas), escrito por um desconhecido Juan González, intitulado "El Loco"[224], foi publicado com enorme apoio da mídia pela Editorial Planeta, com o qual o hábil contador de histórias percorreu os programas de televisão e rádio mais populares do sistema, fazendo diagnósticos sobre a saúde mental de Milei (apesar de não ter nenhum conhecimento de psicologia, psiquiatria ou qualquer outra especialidade médica, como mostra seu curriculum vitae, na capa do livro, onde se supõe que o escriba tenha concluído o ensino médio).

---

221 El Economista. 21/08/2023. Pagni: "Milei precisa demonstrar que não tem problemas de estabilidade emocional". https://www.youtube.com/watch?v=ov1tiibQZKQ

222 Notícias. 03/11/2023. Javier Milei: como funciona a cabeça de um líder instável. https://noticias.perfil.com/noticias/tapas/javier-milei-asi-funciona-la-cabeza-de-un-lider-inestable.phtml

223 Notícias. 27/03/20. https://noticias.perfil.com/noticias/tapas/superalberto-la-intimidad-de--la-operacion-antivirus.phtml

224 González, Juan Luis. *El Loco, La vida desconocida de Javier Milei y su irrupción en la política Argentina*. Ed. Planeta, Buenos Aires, julho de 2023.

No entanto, pelo teor das cumplicidades anotadas nesse texto, vozes autorizadas afirmam que esse "trabalho de pesquisa" seria o compilado de acusações descorçoadas de um par de mileístas desiludidos. Será que a inveja e o ciúme do economista e ex-amigo de Javier, Diego Giacomini, influenciaram o livro? A pergunta é interessante porque, enquanto o presidente Milei exerce uma hierarquia mundial, apreciada por Donald Trump e pelos maiores líderes internacionais, o pobre Giacomini é um triste e chato palestrante marginal, em aparições esporádicas na TV a cabo. Outro fato marcante é o destaque dado a Carlos Maslatón no texto: uma entrevista de vinte páginas é transcrita para ele como conclusão do livro, quase 10% do total de uma obra dedicada a outra pessoa! Maslatón é um advogado e empresário financeiro extravagante e carismático, muito mais divertido, pessoal e influente do que Giacomini, mas na política ele tem sérios problemas de coerência ideológica. Por exemplo, durante muito tempo ele foi um apoiador ativo de Milei (até mesmo militando em seu espaço político com notória energia vociferante), até que percebeu que sua influência nas decisões do La Libertad Avanza[225] estava diminuindo. Isso precipitou uma ruptura pessoal e um grande ressentimento em relação a Milei, o que o levou a se alinhar ipso facto, como um soldado em tempo integral, com uma presença permanente na televisão, a serviço da candidatura indefensável de Sergio Massa. Por fim, não se descarta que um pequeno cibernauta chamado José Benegas (caracterizado por suas postagens regulares de propaganda LGBT na plataforma de Elon Musk) possa ter inspirado González por meio de seus tweets delirantes, apesar de o twitteiro em questão nunca ter conhecido Milei pessoalmente e nem mesmo morar na Argentina. Embora não saibamos que relação pode haver entre os dois (além do retweet mútuo permanente), há algo que é evidente: a repetição do mesmo conteúdo, sempre carente de fontes e fundamentos.

Para piorar a situação, muitas das fábulas que aparecem nesse livro como resultado de um suposto "trabalho de campo" haviam sido previamente entregues ao meu colega Marcelo Duclos, para que ele se prestasse a divulgá-las: "Enquanto eu lia vários trechos do livro, ouvia em minha cabeça as vozes dos personagens que haviam me dado todo esse material, com a motivação de que eu o assinasse e publicasse, o que, logicamente,

225 Nome do setor político de Milei.

não fiz. Eles provavelmente tentaram tentar outras pessoas", confidenciou. Ele também me disse que as poucas fontes anônimas, mas previsíveis, do texto estavam ansiosas para que essa anedota grosseira de consórcio viesse à tona, de modo que seria apenas uma questão de tempo até que encontrassem a pessoa que assinaria acriticamente as infâmias compiladas de bandeja. A prova está no pudim: o "ensaio" é tão precário e amador que a única fonte formalmente citada (e isso não é brincadeira) é a Wikipédia[226]: um site pouco mais academicamente apresentável do que El Rincón del Vago[227].

E quem defendeu Milei contra essa artilharia pesada? Amigos, jovens influenciadores e, obviamente, ele mesmo:

"Meus amigos me dizem 'Milei está louco'. Ajude-me a explicar para eles. Javier está louco ou não?", perguntou o jornalista Esteban Trebucq a Milei em uma entrevista na TV, e Milei respondeu: "Sabe qual é a diferença entre um gênio e um louco? O sucesso"[228].

A resiliência psíquica e emocional de Milei durante os vários meses de campanha suja foi digna de nota:

"NM: De todas as operações de imprensa a que você foi submetido durante a campanha, qual foi a que mais o prejudicou?

JM: Nenhuma, porque você sabe do que se trata".

Mas a crueldade foi tanta que os operadores que atuavam como "jornalistas" começaram a perder a credibilidade e o público em geral começou a desconfiar deles. Enquanto isso, Milei resistia estoicamente aos golpes de cada difamação, ao passo que os falastrões que atuavam como "analistas políticos" começaram a perder prestígio. A pessoa mais afetada de todas foi provavelmente a apresentadora Viviana Canosa (na época, ela trabalhava para o La Nación), uma mulher do mundo do show business, sem a menor preparação para o jornalismo político. Em outras palavras, ela não foi treinada intelectualmente em círculos de pensamento, mas na escola

226 Como já dito, a única fonte citada em todo o livro de González (Op. Cit.) é a Wikipedia, e a mesma está na página 53 do mencionado compêndio de fofocas e besteiras.
227 https://www.rincondelvago.com/
228 A24. 03/01/2023. "A diferença entre um gênio e um louco é o sucesso", disse Javier Milei em La Cruel Verdad. https://www.youtube.com/watch?v=4MHusZK3fyo

de fofocas vulgares do pornocômico Jorge Rial: e isso ficou evidente. Ela queria jogar em uma liga mais alta e acabou sucumbindo em um retumbante constrangimento, depois de suas desajeitadas e repentinas "denúncias" televisivas contra Milei[229], que, além disso, aconteceram da noite para o dia, depois de tê-lo elogiado ferozmente durante anos.

Na década de 1970, houve uma guerra

Quando chegou a hora dos debates televisionados (20 de setembro de 2023), o primeiro foi entre os candidatos a vice-presidente. O evento foi realizado no canal clássico TN. Havia grande expectativa porque Villarruel, com apenas dois anos de experiência como membro do parlamento e a única mulher, teve de enfrentar quatro profissionais da política que estavam no campo há décadas. Grande parte do país estava observando e Victoria sabia que seria o flanco da maior parte dos ataques. No entanto, ela manteve um papel firme, sendo enérgica, rápida e incisiva em suas respostas. Ela partiu para a ofensiva várias vezes (principalmente contra Rossi, o candidato a vice-presidente de Massa) e saiu por cima de todos os ataques. A pesquisa da TN, na qual centenas de milhares de telespectadores votaram, foi categórica: 50% deram-na como vencedora, seguida por Luis Petri (Juntos por el Cambio) com 26% e, em terceiro lugar, Agustín Rossi, com apenas 17%. Muito atrás ficaram Florencio Randazzo e o agitador suburbano Nicolás del Caño[230], um militante de extrema esquerda que, pelo menos na aparência, é um lutador consistente e vitorioso contra a higiene pessoal.

Quanto ao debate presidencial, ele foi realizado em 1º de outubro de 2023 em Santiago del Estero. O país ficou paralisado para assisti-lo. Milei estava muito acostumado a vencer confortavelmente controvérsias informais na televisão, sem regras ou temas pré-fixados e sem horários rígidos.

---

229 Lapoliticaonline 06/07/2023. Canosa o acusou de "casta" e Milei respondeu com a boca cheia: "Não vou entrar em operetas". "Viviana Canosa ficou decepcionada com Javier Milei e retirou seu apoio ao líder do La Libertad Avanza. Por mais de um ano, a jornalista havia sido uma das principais apoiadoras do economista". https://www.lapoliticaonline.com/politica/canosa-le-saco-su-apoyo-y-mieli-le-respondio-con-la-boca-llena-no-me-voy-a-subir-a-las-operetas/

230 Minuto final do debate dos vice-presidentes em A Dos Voces. 20/09/2023. https://tn.com.ar/politica/2023/09/20/elecciones-2023-el-debate-de-los-candidatos-a-vicepresidente-en-vivo-en-a-dos-voces/

Mas, como nesse tipo de disputas os formatos são muito estruturados, supunha-se que não estaria tão confortável.

Naquela ocasião, dos cinco candidatos a presidente, três estavam jogando por tudo: Bullrich, Massa e o próprio Milei. Os outros dois (a trotskista Myriam Bregman e Juan Schiaretti - um peronista não alinhado ao kirchnerismo) não tinham nenhuma chance.

Durante o debate, Milei se mostrou muito firme e confiante. Os resultados auspiciosos da última eleição teriam lhe dado um estímulo adicional. O ponto mais impactante, sem dúvida, foi o relacionado ao bloco dos Direitos Humanos. Lá, seus oponentes presumiram que Javier seria incomodado pelo perfil militarista de sua colega Victoria Villarruel. No entanto, quando chegou a sua vez, ele saiu com artilharia pesada, independentemente das consequências, e disparou: "Valorizamos a visão de Memória, Verdade e Justiça. Vamos começar com a verdade: não houve 30.000 pessoas desaparecidas", disparou sem ambiguidade. E continuou: "Por outro lado, somos absolutamente contra uma visão unilateral da história. Para nós, houve uma guerra durante a década de 1970. E, nessa guerra, as forças do Estado cometeram excessos e, por terem o monopólio da violência, têm todo o peso da Lei a seu favor. Mas os terroristas do Montoneros, os terroristas do ERP também mataram pessoas, assassinaram pessoas, sequestraram pessoas, torturaram pessoas, colocaram bombas, fizeram uma bagunça e também cometeram crimes contra a humanidade. Além disso, também não concordamos com o "curro"[231] dos direitos humanos, aqueles que usaram a ideologia para ganhar dinheiro, para fazer negócios escusos, ou vocês não se lembram de algo como Sueños Compartidos, ou a Universidade das Mães da Plaza de Mayo?"[232].

Não faz muito tempo, essas verdades teriam sido motivo de escândalo e repúdio maciço por parte de toda a hipocrisia midiática, política, jornalística e artística. Entretanto, embora desconcertados com o que ouviram,[233] todos os participantes permaneceram em silêncio e não ousaram reprovar uma única vírgula das verdades contadas por Javier. O jornalismo, portanto,

231 Argentinismo equivalente a 'fraude' ou 'roubo'.

232 LN+ LIVE. 01/10/2023. Milei: "Não há 30.000 pessoas desaparecidas, há 8753". https://www.youtube.com/watch?v=rLvNQY99yXU

233 Com exceção da inconsequente trotskista Myriam Bregman, que ensaiou uma réplica escrita à mão.

também não reprovou nada. Uma mudança de época: o dogma dos Direitos Humanos escrito por terroristas ou aliados, e propagado por décadas com o apoio do Estado, foi quebrado diante do mutismo geral.

Quanto a Massa, um habilidoso conjurador e um experiente falsário, ele conseguiu se safar, dado o desastre econômico que ele mesmo estava liderando. Ele poderia ter se saído pior, mas conseguiu fazer isso de forma inteligente. E Patricia Bullrich, que já estava caindo nas pesquisas, em vez de aproveitar a ocasião para recuperar terreno, foi a clara perdedora. Ela então se desculpou com a imprensa, alegando que estava doente: "Eu estava muito doente, muito debilitada fisicamente e ainda estou, então tive um debate muito difícil porque meus ouvidos estavam entupidos. Tomei antibióticos a semana toda"[234], disse ela.

De acordo com a clássica pesquisa da TN, o debate foi vencido de forma esmagadora por Milei, com 48% dos votos. Bullrich obteve 20% (não vamos nos esquecer de que o canal propagandeou a favor desta última); Massa, 15%; Schiaretti, impressionantes 15%; e Bregman, seus 2 pontos[235].

O segundo debate presidencial (6 de outubro de 2023) foi menos atraente e mais equilibrado. Bullrich foi muito mais lúcida e, em uma dura troca de palavras com Milei, este a repreendeu por seu passado de guerrilheira. A rigor, Bullrich e Milei, apesar de suas diferenças políticas, nunca se deram mal. No entanto, a vertigem da campanha e as acusações brutais feitas a Javier o levaram a expor seu oponente (que havia desistido de suas ideias violentas dos anos 70 décadas antes) de maneira muito efusiva.

Após o término do debate, a pesquisa da TN mostrou o seguinte: Milei, 41%; Schiaretti, notáveis 37%; Massa, 14%; Bullrich (apesar de ter feito uma apresentação melhor), apenas 7%. E a insuportável Bregman, um pontinho[236].

Então, em 18 de outubro, Javier Milei encerrou sua campanha na imensa Movistar Arena, em Buenos Aires, com os assentos e a arena lotados com milhares de paroquianos (cerca de vinte mil, mais outros vinte mil que não puderam entrar porque a capacidade estava cheia), com um mega

234 Perfil. 03/10/2023. Patricia Bullrich: "Tive um debate muito difícil porque estava com os ouvidos entupidos". https://www.perfil.com/noticias/politica/patricia-bullrich-tuve-un-debate-muy-dificil-porque-tenia-los-oidos-tapados.phtml

235 tn.com.ar. 03/10/2023. Quem ganhou o debate presidencial, de acordo com a pesquisa da TN. https://tn.com.ar/politica/2023/10/01/quien-gana-el-debate-presidencial-segun-la-encuesta-de-tn/

236 Quem venceu o segundo debate presidencial, de acordo com a pesquisa TN. 09/10/2023. https://tn.com.ar/politica/2023/10/08/quien-gana-el-debate-presidencial-segrun-la-encuesta-de-tn/

telão repleto de imagens cuidadosamente escolhidas e um cenário de rock de características espetaculares[237].

As primeiras palavras foram proferidas por Alberto Benegas Lynch Filho, que foi saudado por um grande grito de "Liberdade!" E, dos muitos aplausos que sua apresentação provocou, incrivelmente, o mais enfático foi quando ele pediu (a título pessoal) para "suspender as relações diplomáticas com o Vaticano"[238].

Digressão: Em outras ocasiões, Milei também havia feito expressões pouco simpáticas em relação a Francisco[239], o que, para um país católico e, além disso, com um papa argentino, parece ser uma atitude que poderia afugentar muitos eleitores. No entanto, Milei não perdeu um único voto por causa de suas observações: acontece que os argentinos conhecem bem Bergoglio. De qualquer forma, a controvérsia foi resolvida com um posterior abraço mútuo no Vaticano[240].

Vamos seguir em frente.

O estádio desmoronou com a aparição do Stone, do goleiro, do economista, do libertário, do popularizador, do bilardista, do líder político, do incontinente verbal, do terror da casta, do showman e do candidato a presidente. Em suma, o homem que, sem querer, identifica todas essas coisas em si mesmo.

Milei apareceu do lado oposto do palco, exatamente na frente, na outra extremidade do estádio, e se dirigiu à plataforma da melhor maneira possível, em uma jornada complicada, enquanto os guardas que o acompanhavam faziam esforços inúteis para evitar a multidão, que lutava para tocá-lo ou tirar fotos dele. O imponente conjunto de luzes estava ligado a todo vapor. Ele não tinha nada a invejar a uma banda de rock internacional.

---

237 Veja o vídeo completo do evento no link a seguir. MILEI NO MOVISTAR ARENA - ENCERRAMENTO DA CAMPANHA. https://www.youtube.com/watch?v=PM8g5KX744E

238 Infobae. 19/10/2023. Uma referência a Milei propôs o corte de relações com o Vaticano e gerou uma resposta dura da Igreja. https://www.infobae.com/politica/2023/10/19/un-referente-de-milei-propuso-cortar-relaciones-con-el-vaticano-y-genero-una-dura-respuesta-de-la-iglesia/

239 New York Times. 16/10/2023. Os insultos polêmicos de Javier Milei contra o Papa Francisco podem afetar sua candidatura. O candidato favorito para ser o próximo presidente da Argentina tem um longo histórico de ataques contra um de seus compatriotas mais famosos. https://www.nytimes.com/es/2023/10/16/espanol/javier-milei-papa-francisco-argentina.html

240 Âmbito Financiero. 11/02/2024. O abraço de Javier Milei com o Papa Francisco em seu primeiro encontro no Vaticano. https://www.ambito.com/politica/javier-milei-y-su-primer-encuentro-el-papa-francisco-el-vaticano-un-abrazo-bajar-tensiones-n5943050

Finalmente, a estrela subiu ao palco enquanto a multidão entoava um estrondoso: "A casta tem medo". Milei pegou o microfone e cantou os versos de sua versão habitual de Panic Show.

As instalações do auditório estavam tremendo: havia um clima triunfalista exaltado no ar.

O bunker

No dia da eleição, domingo, 22 de outubro de 2023, tive o prazer de estar no seleto bunker de campanha no Hotel Libertador, em Buenos Aires, acompanhado de meu irmão Aníbal e de meu amigo e colega Cristian Rodrigo Iturralde. Lá, reencontrei companheiros históricos (alguns dos quais eu não via há anos) e vi uma grande variedade de rostos: de nacionalistas católicos a judeus ortodoxos, incluindo conservadores, liberais antigos e uma importante presença libertária, a maioria na faixa dos vinte anos.

Mas a noite não foi tão eufórica quanto o esperado. Os dados preliminares que estavam chegando não pareciam ser tão otimistas. A campanha do pânico, por mais grotesca que tenha sido, teve seu eco. Sergio Massa, de seu terceiro lugar nas PASO, deu um notório salto eleitoral, depois de ter feito, como ministro, constantes anúncios tão demagógicos quanto insustentáveis no tempo, e de fazer uso de uma vergonhosa dispersão de dinheiro falso do Banco Central. A isso se soma o excelente grupo focal de vinte brasileiros[241] enviado pelo Foro de São Paulo, chefiado por Lula da Silva. Como resultado, o candidato pró-governo ficou em primeiro lugar, com inesperados 36,8% dos votos. Javier ficou em segundo lugar, com 30% dos votos[242] (portanto, ele havia passado para o segundo turno, tendo ficado entre os dois candidatos mais votados). Em terceiro lugar ficou a rebaixada Patricia Bullrich, com 24%. Mas o revés do Juntos por el Cambio era uma conclusão inevitável devido à sua falta de iniciativa. Além disso, esse setor já havia governado (e mal), e nunca soube como despertar maior

241 Lapoliticaonline. 19/10/2023. Como funcionaram os 20 brasileiros que deram a volta por cima na campanha de Massa. A pedido de Lula, eles foram coordenados por Edinho Silva e sua missão era disputar o segmento jovem que havia sido capturado por Milei. https://www.lapoliticaonline.com/politica/los-20-brasilenos-que-le-cambiaron-la-campana-a-massa/

242 Na realidade, Milei obteve cerca de 800.000 votos em relação à eleição anterior, mas, como muitas pessoas votaram mais, em termos percentuais ele manteve o mesmo número.

entusiasmo. Juan Schiaretti, de Córdoba, ficou em quarto lugar, com 6,7%, mantendo, assim, uma notável recuperação, provavelmente devido ao seu belo papel nos debates televisivos. Por fim, os trotskistas de Myriam Bregman obtiveram seus simbólicos 2,5%.

De qualquer forma, quando Milei subiu ao palco, ele parecia extremamente satisfeito e calmo. Ele ofereceu uma "tabula rasa para acabar com o kirchnerismo" e repetiu várias vezes que, de agora em diante, era necessário trabalhar "todos juntos" (buscando o voto do eleitorado do Juntos por el Cambio), descreveu o regime de Alberto Fernández como um "governo de bandidos" e acrescentou com precisão que "estamos enfrentando uma organização criminosa"[243].

Agora tudo seria uma questão de sorte e verdade.

Dois modelos diametralmente opostos estavam competindo na reta final pelo futuro de uma Argentina exausta.

E Javier Milei teve que começar a luta final, com quase sete pontos de desvantagem.

Quando a pátria está em perigo, tudo é legal, exceto não defendê-la

Poucas horas depois das eleições gerais e um mês antes do pleito, a fórmula da força política que ficou em terceiro lugar com 24% dos votos (Patricia Bullrich-Luis Petri), depois de conhecer os resultados com a inesperada recuperação da máfia kirchnerista e a possível chance de esses bandidos manterem o poder, a mesma Bullrich e seu companheiro de chapa, Petri (com apoio incondicional de Macri), convocaram uma coletiva de imprensa surpresa para fazer um discurso no qual Patricia começou citando uma frase atribuída ao General San Martín: "Quando a pátria está em perigo, tudo é lícito, exceto não defendê-la"[244].

Qual foi o espírito do discurso? Em um gesto patriótico incomum, Bullrich e Petri deram total e completo apoio à candidatura de Javier Milei no

243 Perfil. 23/10/2023. Discurso completo de Javier Milei no bunker, após as Eleições Gerais de 2023. https://www.youtube.com/watch?v=HMpt3OIHH5E

244 Em uma coletiva de imprensa, Bullrich anunciou seu apoio a Javier Milei: "Nós nos perdoamos" https://www.youtube.com/watch?v=Ydf7ldSQ3sY

período que antecedeu a votação, esquecendo toda a pirotecnia verbal da campanha e assumindo que a Argentina corria o sério risco de prolongar o jugo sob o domínio criminoso, nesse caso, na cabeça de um personagem tão perigoso como Massa.

Lá, a ex-candidata pediu a seus quase sete milhões de eleitores que votassem em La Libertad Avanza. Tal endosso desencadeou imediatamente o repúdio de parte da ala progressista do JxC (que Milei sempre chamou de "as pombas"), e vários dos ressentidos que haviam perdido a disputa interna daquele espaço vieram à tona, rejeitando o que Bullrich disse e pedindo para "votar em branco" ou "abster-se": ou seja, votar em Massa ou ser funcional, já que o sombrio candidato oficialista só precisava manter o primeiro lugar. Entre os sem-vergonhas mais visíveis estavam personagens desacreditados como Martín Lousteau, Martín Tetaz, Gerardo Morales ou os cadáveres políticos de Elisa Carrió e do próprio Rodríguez Larreta, que chegou a dar uma entrevista coletiva, acreditando que sua opinião poderia ser levada em conta por alguém. Esses e outros elementos de pequeno porte agiram como um gesto de notável imoralidade política (algo conatural às suas respectivas carreiras), uma vez que apostaram abertamente que a quadrilha de ladrões continuaria no poder, em detrimento da Argentina e de seu povo castigado. No entanto, os "pesos pesados" do espaço, como Mauricio Macri (de quem, nestas linhas, fui muito crítico de seu governo, mas ao mesmo tempo, valoro muito este grande gesto), apoiaram o que Bullrich disse:

Será que seus eleitores também concordariam com isso?

Nós não a vimos

Agora que Bullrich não estava mais na disputa e com seu apoio manifesto a Milei, a mídia pró-Bullrich parou de demonizar Javier e começou a tratá-lo com gentileza: não foi o caso da mídia pró-Kirchner, que redobrou sua fúria com uma presença incessante, tanto em sua mídia habitual quanto por meio de bombardeios nas redes.

A interminável campanha (agora em sua terceira instância) continuou com o desfalque monetário de Massa, mas a frágil estrutura política de Milei ganhou força, pois ele recebeu diferentes apoios dos setores mais conservadores do Juntos por el Cambio: a ala dura do PRO e os radicais moderados ou a chamada “linha nacional”. Isso também melhorou o profissionalismo e o número de promotores quando se tratava de proteger os votos. O mês vertiginoso foi uma divisão social marcada por um nervosismo exasperante.

No momento dos debates, os primeiros a terem um ‘um contra um’ foram os candidatos a vice-presidente: Victoria Villarruel e Agustín Rossi. Este último é um verdadeiro político profissional (estreou na política como conselheiro em Rosário em 1987). Ele é uma raposa velha cheia de truques e muito acostumado com as câmeras. Na época do debate, ele era nada menos que o chefe de gabinete de Alberto Fernández. Villarruel, como mencionado, tinha apenas dois anos de experiência legislativa discreta, além de ser 16 anos mais jovem.

Mas a realidade é que raramente na política nacional houve um debate tão desigual. Villarruel (que já havia se saído muito bem na edição anterior, da qual participaram todos os pré-candidatos) mostrou suas habilidades de debate e deu uma surra sem precedentes em seu oponente. Desfilou com ele como se fosse uma pipa. Rossi mal estava tentando se recuperar de um míssil lançado por seu oponente quando Victoria, sem lhe dar descanso, lançou outro. Foi provavelmente a noite política mais sombria do candidato kirchnerista. Ele estava desconfortável o tempo todo e sua longa experiência não o ajudou a evitar um escárnio de proporções.

Ao final da intensa flagelação, que durou quase duas horas, o voto de centenas de milhares de argentinos na pesquisa TN mostrou o seguinte resultado: 85% a favor de Villarruel e 15% para Rossi[245]. Humilhante.

Enquanto isso, o bombardeio da mídia contra Milei era avassalador e onipresente. Estava em todos os espaços remotos de comunicação tradicional ou digital. Você não podia nem mesmo ouvir música no YouTube, que automaticamente acionava anúncios afirmando que Milei era “louco” ou “perigoso”. E, embora nas primeiras semanas do último mês da campanha definitiva, as pesquisas posicionassem Massa como favorito (como resultado de sua vitória nas eleições gerais), com o passar dos dias, os números se igualaram.

---

245 tn.com.ar 09/10/2023. Quem você acha que venceu o debate vice-presidencial na pesquisa da TN. https://tn.com.ar/politica/2023/11/08/quien-crees-que-gano-el-debate-de-vicepresidentes-segun-la-encuesta-de-tn/

E um dia, no domingo, 12 de novembro de 2023, às 21 horas[246] (uma semana antes da votação), o país inteiro se preparou para assistir ao capítulo mais esperado e decisivo da exaustiva e eterna campanha eleitoral: o debate presidencial, realizado na Universidade de Buenos Aires. Filmado e transmitido ao vivo por vários canais de televisão[247], teve picos de audiência entre 40 e 50 pontos, algo semelhante ao que aconteceu com a final da Copa do Mundo de futebol no Catar, entre Argentina e França (sem contar os milhões de telespectadores que assistiram pelas redes)[248].

Foi uma rodada praticamente decisiva. Era sabido que Massa tinha um ponto fraco importante: seus resultados desastrosos como ministro da Economia (e ele não é economista, uma área em que Milei se destaca). Mas, ao mesmo tempo, Massa é um perigoso especialista em enganação, um obstrucionista que conhece os piores segredos da noite, um sofista experiente com uma oratória tão rápida quanto fraudulenta e, em suma, um sujeito altamente treinado nos truques verbais mais enganosos da casta, que ele sempre representou como um arquétipo imbatível.

Às 21 horas, a luta começou.

Desde o primeiro momento, Massa foi absolutamente articulado, treinado, ensaiado, roteirizado, extremamente agressivo, abusivo, intimidador e com uma oratória impecável. Ao contrário, Milei, que nos acostumou com aparições na televisão em que era bombástico, estava na defensiva, com palavras concisas, e quase não repreendeu Massa pela catástrofe econômica que estava causando. A sensação de quem estava assistindo ao jogo, com o nariz colado na tela, era de derrota total.

Era uma hora da manhã. Fui para a cama em um estado de espírito devastado. Com meu celular ligado e tendo sérias dificuldades para dormir. Agustín Laje, por sua vez, lembra: "Eu estava transmitindo o debate no meu canal do YouTube e, depois de 15 minutos, eles fecharam todos nós que estávamos fazendo isso, acusando-nos de violar os direitos autorais (censura que eles não fizeram com a mídia kirchnerista na Internet). No momento,

---

246 La Nación. 12/11/2023. Debate presidencial entre Sergio Massa e Javier Milei. Segundo turno 2023: debate completo no LA NACION. https://www.youtube.com/watch?v=DbSRAo6lWn8

247 Foi televisionado pela Televisión Pública, mas também pôde ser visto nos canais abertos América, Telefé, NetTV e ElTrece, e nos sinais a cabo TN, A24, C5N, Crónica, Canal 26, LN+ e IP.

248 Infobae. 12/11/2023. Minuto a minuto: como foi a avaliação do debate presidencial entre Sergio Massa e Javier Milei no caminho para as urnas. https://www.infobae.com/teleshow/2023/11/13/minuto-a-minuto-el-rating-del-debate-presidencial-entre-sergio-massa-y-javier-milei-rumbo-al-balotaje/

eu pensei, e acredito que todos pensamos o mesmo, 'ainda bem que nos viraram, porque nossos rostos refletiam que Milei estava levando a pior parte'"[249]. Marcelo Duclos relembra o que aconteceu nestes termos: "Eu tinha afetado minha vida para apoiar Milei. Eu tinha grandes expectativas com relação ao debate. Queria vê-lo com os braços para o alto. Queria ver o Massa ser espancado, não apenas pela corrupção do kirchnerismo, mas também pelo desastre econômico que ele provocou, como o chanta[250] que é. E, enquanto eu esmurrava meus punhos contra a parede em impotência, não parava de repetir: "Milei jogou tudo fora!". Amigos mileístas me disseram que tinham desligado a televisão. Fui para a cama com a perspectiva de que tudo estava perdido. Mas enquanto trocávamos mensagens uns com os outros, pessoas que não estavam envolvidas com política me escreveram e disseram que seus parentes, também não muito politizados, que não estavam pensando em votar nele ou que não tinham idade suficiente para votar nele, tinham mudado de ideia depois de assistir ao debate. Onde estou errando, foi minha pergunta"[251].

No dia seguinte, os jornais argentinos de todas as convicções ideológicas publicaram manchetes como as seguintes: "Debate presidencial: Sergio Massa levou vantagem sobre um Javier Milei que não aproveitou a enorme crise deixada pelo governo"[252], concluiu o Clarín. Ou "Sergio Massa derrotou Javier Milei, mas a vitória no debate não garante seu triunfo no segundo turno"[253], observou o Infobae. "Debate: Massa colocou Milei nas cordas na última rodada antes do segundo turno", foi a manchete do Página 12[254]. "Os papéis mudaram: Massa na ofensiva e Milei se defendendo", noticiou o Perfil[255]. "Em um debate crucial, Massa impôs sua agenda e Milei não conseguiu

249 Arquivo em poder do autor.
250 "Chanta" é uma expressão bem argentina, na linguagem popular, que serve como sinônimo de "sem vergonha" ou "sem seriedade".
251 Arquivo em poder do autor.
252 Clarín. 12/11/2023. Debate presidencial: Sergio Massa levou vantagem contra Javier Milei, que não aproveitou a enorme crise deixada pelo governo. https://www.clarin.com/politica/debate-presidencial-sergio-massa-saco-ventaja-javier-milei-aprovecho-enorme-crisis-deja-gobierno_0_ob2fAOgXe5.html
253 Sergio Massa derrotou Javier Milei, mas sua vitória no debate não garante sua vitória no segundo turno. https://www.infobae.com/opinion/2023/11/13/sergio-massa-derroto-a-javier-milei-pero-la-victoria-en-el-debate-no-garantiza-su-triunfo-en-la-segunda-vuelta/
254 Página 12. 13/11/2023. Debate: Massa colocou Milei nas cordas na última rodada antes da votação. https://www.pagina12.com.ar/615985-debate-massa-puso-contra-las-cuerdas-a-milei-en-el-ultimo-ro
255 https://www.perfil.com/noticias/columnistas/roles-cambiados-massa-a-la-ofensiva-y-milei-defendiendose-por-gustavo-gonzalez.phtml

incomodá-lo antes da votação. O ministro da Economia apontou as contradições do seu rival e houve trocas tensas; o libertário não aproveitou a situação do governo para expor o candidato oficial"[256], O La Nación informou. " Massa dominou o debate presidencial diante de um Milei perdido"[257], informou El Destape Web. "Massa encurralou Milei, pelo sim, pelo não"[258], informou o influente jornal La Voz de Córdoba.

E a imprensa internacional, que não ficou para trás, concordou com as manchetes locais. El País, do Uruguai, deu a seguinte manchete: "Debate final na Argentina: Massa levou vantagem em um encontro onde predominou o ataque"[259]. El Observador, do Uruguai: "Massa conseguiu estabelecer sua agenda durante todo o debate, enquanto Milei não conseguiu capitalizar os pontos fracos do atual ministro da Economia". O'Globo, do Brasil: "Campanha negativa sobre Milei dominou o último debate presidencial na Argentina". El Mundo, da Espanha: "Massa domina psicologicamente Milei em um debate presidencial com grande audiência na Argentina". El País, Espanha: "Massa encurrala um Milei apagado no último debate presidencial na Argentina. O ministro peronista expõe as contradições ideológicas do ultradireitista, que mal aproveita a crise econômica que pesa sobre seu rival"[260]. El Mercurio, do Chile: "Acusações e trocas de palavras duras marcaram o último debate entre Milei e Massa antes da votação na Argentina. O ministro da Economia foi mais sólido do que o candidato de La Libertad Avanza e em várias partes do encontro ele o colocou nas cordas". El Comercio, do Peru: "Se o sucesso do debate for medido pela capacidade de oratória, de levar a discussão adiante e listar propostas, mas, acima de tudo, de evitar lugares desconfortáveis, Sergio Massa foi um vencedor claro". Finalmente, aqui está a opinião da CNN en español: "Quem ganhou e quem

---

256 La Nación. 13/11/2023. Em um debate crucial, Massa impôs sua agenda e Milei não conseguiu incomodá-lo antes da votação. https://www.lanacion.com.ar/politica/elecciones-2023-en-un-debate-crucial-massa-impuso-su-agenda-y-milei-no-logro-incomodarlo-antes-del-nid12112023/

257 www.eldestapeweb.com 13/11/2023. Fernando Cibeira. Massa dominou o debate presidencial diante de um Milei perdido. https://www.eldestapeweb.com/politica/elecciones-2023/massa-se-adueno-del-debate-presidencial-ante-un-milei-perdido-2023111303055

258 La Voz. 12/11/2023. https://www.youtube.com/watch?v=f6zOhq78yNM

259 Debate presidencial: foi assim que a mídia internacional refletiu a discussão entre Sergio Massa e Javier Milei. https://www.lanacion.com.ar/politica/debate-presidencial-asi-reflejaron-los-medios-internacionales-el-intercambio-entre-sergio-massa-y-nid13112023/

260 El País. Espanha. Federico Rivas Molina. 13/11/2023. Massa encurrala um Milei apagado no último debate presidencial na Argentina. https://elpais.com/argentina/2023-11-13/massa-arrincona-a-un-milei-apagado-en-el-ultimo-debate-presidencial-en-argentina.html

perdeu no encontro prévio ao segundo turno? Mais ou menos, os analistas são unânimes em sua conclusão: Massa, que faz parte de um governo que deixará uma herança difícil para quem assumir o cargo em 10 de dezembro, fez o melhor uso da oportunidade"[261].

O candidato pró-governo sabia que era o vencedor: "Conquistamos os três pontos"[262], ele se gabou, exultante, no jargão do futebol. Entusiasmo que levou sua esposa, Malena Galmarini, a cometer o erro de comprar rapidamente os móveis para a Quinta de Olivos, dando como certo que seu marido já era o próximo presidente da Argentina. Bem, as opiniões publicadas foram unânimes na mesma direção.

No entanto, também no dia seguinte e em uníssono com as manchetes mencionadas acima, todas as pesquisas e medições espontâneas dos inúmeros canais e portais que transmitiram o debate, apoiaram dados diametralmente opostos. Houve um tremendo contraste entre a opinião pública e a opinião publicada. Ou, se preferir, entre o público comum e o círculo vermelho. Esse antagonismo foi analisado, com os dados em mãos, por Vicente Massot em seu boletim informativo: "Se nos dermos ao trabalho de revisar, com algum detalhe, as opiniões expressas após o debate do último domingo pelos mais ilustres analistas políticos, jornalistas especializados e renomados pesquisadores de opinião, o que vem à tona é que - além de suas preferências ideológicas - todos concordaram que Massa levou a melhor. Ousado em suas afirmações, disposto a mentir tanto quanto necessário, versado ao argumentar, o candidato do partido governista encurralou um Milei que não sabia como fazer valer o peso de seus argumentos". E acrescentou: "Mas se - ao mesmo tempo - analisarmos as opiniões das pessoas comuns, que testemunharam esse duelo verbal, o julgamento é diametralmente diferente. Os espectadores do Todo Noticias foram 89% a 11% a favor do libertário, e o mesmo aconteceu no LN+, 86% a 13%; no Crónica, 63% a 36%; no Canal 26, 72% a 28%; no MDZ Online, 69% a 31%; e no La Voz, 74% a 26%", entre muitos outros números semelhantes. Massot acrescentou que "não faz sentido, portanto, fazer uma análise com o objetivo de determinar

261 InfoSky. 13/11/2023. Toda a imprensa internacional viu Sergio Massa triunfar no debate. https://infocielo.com/politica-y-economia/toda-la-prensa-internacional-vio-triunfar-sergio-massa-el-debate-n775354

262 La Nación.12/11/2023. Mantivemos os três pontos. A equipe de Massa ficou satisfeita e sente que expôs os pontos fracos de Milei https://www.lanacion.com.ar/politica/elecciones-2023-en-un-debate-crucial-massa-impuso-su-agenda-y-milei-no-logro-incomodarlo-antes-del-nid12112023/

quem está certo, se os especialistas na área ou aqueles que se sentaram para assistir à queda de braço ideológica. Porque - por mais estranho que possa parecer - é provável que nenhum dos dois esteja errado. Acontece que os ângulos de abordagem dos primeiros não têm nada a ver com os dos segundos. Eles analisam o programa de acordo com critérios de avaliação desiguais.

Estamos diante de maneiras de recompensar e adiar que se chutam mutuamente. Enquanto alguns valorizam as habilidades de oratória, a experiência argumentativa e a capacidade de não responder ao que não lhes convém, outros levam em conta a honestidade ao dizer o que pretendem fazer e a ausência de conversa fiada"[263].

"NM: Quando você debateu contra Massa, antes da votação, os círculos mais politizados acharam que você perdeu. No entanto, a grande maioria da população viu que você venceu. Todas as pesquisas o deram como vencedor de forma esmagadora, depois disso. Você acha que o círculo vermelho o subestimou?

JM: Eles não viram isso.

NM: Você ficou feliz depois do debate ou saiu com um gosto agridoce?

JM: Não, saí feliz do debate. Eu sabia muito bem o que tinha que fazer. Eu também tinha muita clareza sobre o que o Massa iria fazer e, de fato, antes do debate, o Massa estava alguns pontos à frente nas pesquisas. Depois do debate, eu o matei (...) O círculo vermelho olhou para o debate com a lógica do círculo vermelho, mais preocupado com a forma, com a estética, não tanto com o conteúdo, mas com a chicana[264]. Então, se você colocar a questão nesses termos, o debate foi vencido por Massa. Agora, se você analisar em termos estratégicos,

263 PrensaRepublicana.com. A hora das urnas. Por Vicente Massot. https://prensarepublicana.com/la-hora-de-las-urnas-por-vicente-massot/

264 Um argentinismo que pode ser traduzido como provocação, zombaria ou acusação irônica.

Massa perdeu o debate. Há diferentes questões a serem analisadas. A chave era se eu conseguiria pescar no aquário do Juntos por el Cambio. Ficou claro que ele não poderia pescar naquele aquário. E ficou claro que eu podia. Agora, para que eu pudesse fazer isso, tive que levar em conta que o eleitor do Juntos por el Cambio rejeitava e repudiava principalmente as minhas maneiras. Portanto, a estratégia do Massa no debate era me tirar, me fazer explodir e fazer com que esse eleitor me rejeitasse tanto que não votasse. Essa era a chave para que ele ganhasse a eleição.

NM: Mas ele saiu convencido de que havia vencido...

JM: É por isso. Há vários problemas. O primeiro é que ele nunca conseguiu me tirar de lá em nenhum momento. Consequentemente, posso ir pescar no aquário do Juntos por el Cambio sem nenhum problema. O segundo ponto é que o círculo vermelho pensa no debate em um gênero ou formato de televisão, o que não é o que as pessoas pensam. Porque, em média, 85% das pessoas acharam que eu ganhei. Na pesquisa da TN, na qual havia um milhão de pessoas votando, eu ganhei. Lá eu ganhei por 87% a 13%. Uma das coisas que também tive que desmontar foi toda a campanha negativa. Por exemplo, muitos diziam: "Milei tem que atacar porque Massa está defendendo o governo". O que acontece é que na conta não incluíram a quantidade de milhões de dólares que Massa investiu para armar a minha campanha negativa e, sendo eu o opositor, tive que explicar o meu programa de governo. Então, usei certos momentos para desmontar todas essas mentiras, o que também foi um sucesso. Se você observar, o Massa nunca contribuiu com nenhum conceito. Por outro lado, eu contribuí com conceitos o tempo todo. É claro que você tinha um Massa que era supertreinado, superarticulado e tudo o que você quiser, mas as pessoas não ficaram com a forma, ficaram com o conteúdo, e é por isso que o resultado (...) em outras palavras, eles nunca souberam ler o debate de forma estratégica. Em geral, os debates não são vencidos nem perdidos, eles tendem a ser muito influenciados por quem os está assistindo. Mas, nesse caso, o

Massa perdeu o debate, porque ele tinha que me tirar do eixo, fazer com que eu ficasse nervoso e incomodado e trazer à tona o que há de pior em mim. De fato, ele recorreu a muitos golpes baixos para fazer isso. No entanto, ele não teve sucesso".

Naquela época, recebi um breve relatório pessoal de uma agência de inteligência que resumia as consequências do debate nos seguintes termos: "O sentimento das pessoas, em sua maioria, é que elas viam Massa como um ator tentando fingir ou esconder mentiras. Massa é visto como um grande vendedor. Um farsante. Milei é visto como mais sincero e uma boa pessoa"[265].

Concluindo, o que foi um tropeço de Javier Milei no nível do aparente, acabou sendo uma notável jogada de xadrez, cuja finta foi engolida pela imprensa local e internacional, pelo círculo vermelho, pelo próprio Sergio Massa e pelos acólitos de Milei: Nós não a vimos!

265 Arquivo em poder do autor.

EPÍLOGO

JAVIER MILEI PRESIDENTE DOS ARGENTINOS DO BEM

Três dias antes da votação, em 16 de novembro de 2023, em Córdoba Capital (um tremendo bastião anti-Kirchner), Javier Milei encerrou a campanha diante de uma multidão tão grande que algumas estimativas apontam para meio milhão de pessoas. No palco, além dos representantes habituais do La Libertad Avanza (entre eles, a deputada eleita por Córdoba, María Celeste Ponce, Ramiro Marra e Victoria Villarruel), também estava Agustín Laje como convidado especial, oferecendo seu apoio intelectual e, como um enorme apoio político, a própria Patricia Bullrich subiu ao palco antes, sendo recebida com uma ovação retumbante: "Temos que apoiar a mudança", afirmou ela e, após breves expressões de incentivo, concluiu: "Javier, chegou a sua vez; você venceu e nós o acompanhamos com patriotismo".

Quando chegou o tão esperado momento de Milei, depois de criticar duramente a máfia no poder, ele pediu que se combatesse "a campanha do medo" e incitou seus seguidores a vencerem em 19 de novembro, pedindo que cuidassem das urnas porque, segundo ele, "os votos estavam lá". E exclamou: "Viva a liberdade, porra".

A verdade é que no dia da eleição, em meio a tanta expectativa, fui votar em minha cidade (Mar del Plata), acompanhado de meu irmão Aníbal e de minha mãe, Mercedes (conhecida como "Mecha"). Nós três votamos a favor da liberdade. Mas, naquela mesma noite, se a vitória fosse conquistada, eu não poderia comemorar como gostaria (no bunker da campanha com todos os apoiadores), porque tinha que viajar de Mar del Plata (depois de me transferir para Buenos Aires) para o Paraguai para dar uma conferência. Não me arrependi nem um pouco da viagem; foi apenas o fato de ela ter coincidido com um dia como esse.

Já na cafeteria do aeroporto, aguardando o embarque e farejando o triunfo histórico que eu pressentia estar chegando, sem um único anúncio oficial, pouco depois das 20 horas, em meio a uma atmosfera de velório, vi pelo meu celular a imagem ao vivo de um Sergio Massa resignado e cabisbaixo, que subiu ao palco para falar com os militantes pagos da banca de seu partido e reconhecer publicamente a derrota. Nem Cristina Kirchner nem Alberto Fernández estavam presentes para acompanhar seu candidato: sabemos quem são os primeiros a abandonar o barco quando há más notícias.

"NM: Em que momento da votação você descobriu que já era presidente?

JM: Quando o Massa me ligou.

NM: O diálogo foi amigável e ele o parabenizou?

JM: Não, ele me ligou para dizer que iria admitir a derrota, mas não me parabenizou nem nada".

Imediatamente fui inundado com mensagens de WhatsApp e ligações de todos os lugares. Eu não conseguia acompanhar minhas respostas eufóricas, e minha fala estava arrastada pela emoção. Eu estava à beira das lágrimas, um provável mecanismo involuntário para aliviar a tensão psíquica após tantos meses de intensidade emocional.

Pouco tempo depois, os dados confirmaram que Javier Milei e os argentinos do bem haviam demolido Massa e sua multidão demoníaca com 56% dos votos contra 44% do segundo: uma goleada histórica com quase 15 milhões de votos.

Minha viagem foi feita pela Aerolíneas Argentinas, uma empresa cujas operações são típicas de empresas estatais: o horário atrasou mais de uma hora, minha mala foi extraviada porque, por engano, foi colocada no voo errado (recuperei-a dias depois), e o atraso me impediu de fazer uma conexão adequada em Buenos Aires para chegar ao meu destino a tempo e da maneira correta.

Tive que cancelar o voo e, do aeroporto, liguei para meu irmão:

"AM: O que está fazendo, rapaz, não deveria estar viajando?

NM: Perdi meu voo; conto para você mais tarde. Quer que eu vá buscá-lo em alguns minutos? Vamos tomar umas boas cervejas, estamos comemorando hoje: Javier Milei é o novo presidente dos argentinos do bem".

Fim

SEGUNDA PARTE

Marcelo Duclos

ÍNDICE DA SEGUNDA PARTE

Prefácio da segunda parte

Na maior parte do mundo, os líderes que aspiram ao poder tendem a abordar as disputas eleitorais com slogans gerais, muitas vezes vagos. Independentemente de sua posição no espectro ideológico ou partidário, os candidatos se referem aos objetivos de sua administração (que quase nunca alcançam) sem dar muita ênfase ao método ou aos meios para alcançá-los. Portanto, as campanhas às quais estamos acostumados giram em torno de promessas de reduzir a pobreza, melhorar os salários, aumentar os níveis de emprego e outras metas desejáveis, sem entrar em detalhes sobre o "como".

O caso de Javier Milei é diferente. Desde suas primeiras aparições públicas, o economista, além do estilo que contribuiu para sua popularidade, deixou explícito em seu discurso quais eram os meios necessários para tirar a Argentina do poço da decadência.

No que podemos chamar de tempo recorde sem medo de sermos tachados de exagerados, seu crescimento exponencial o tornou o líder incontestável das ideias libertárias liberais. Foi assim que ele ficou famoso, foi assim que ele chegou ao Congresso e foi assim que ele se tornou o Presidente da República Argentina. Seu único roteiro é a implementação de um plano liberal ortodoxo.

Ninguém que o conheça pode dizer que Milei é capaz de se tentar com um caminho alternativo. Qualquer desvio da plataforma proposta, além disso, o desacreditaria irremediavelmente.

Essa realidade é tanto uma vantagem quanto uma desvantagem. O que ele tem a seu favor é que o plano simplesmente funciona. É o plano certo. Toda a história recente da humanidade confirma que a economia de mercado, o estado de direito, o respeito à propriedade privada e a igualdade perante a lei são uma garantia de prosperidade. Mas o caminho oposto também está comprovado: os caminhos alternativos do planejamento centralizado levam ao fracasso e ao autoritarismo, como alertou o economista Friedrich Hayek, ganhador do Prêmio Nobel. Não existe dirigismo econômico sem perda das liberdades individuais.

É claro que a discussão sobre as inevitáveis medidas de transição necessárias para tirar a Argentina de seu estado atual e levá-la ao desenvolvimento é válida. Há muitos dilemas do tipo «ovo e galinha» no processo; o mais óbvio é o de um Estado quebrado que, em seu processo de redução de tamanho, precisa reduzir drasticamente os impostos.

Embora essas discussões sobre o tamanho do Estado ou a questão dos mercados de câmbio e de trabalho dominem a agenda, o fato é que todas as áreas que foram atingidas e afetadas pelo estatismo paralisante precisam de reforma, desregulamentação e liberdade. Embora o presidente saiba que o gradualismo é sinônimo de fracasso e que o choque aumenta as chances de sucesso, o governo terá de enfrentar essas transições necessárias o mais rápido possível. Pelo menos a direção e os objetivos são claros.

Muitos livros foram escritos sobre políticos e suas administrações. Em vários deles, jornalistas e analistas enterraram grande parte de sua credibilidade e tiveram de lidar com um arquivo incômodo, que muitas vezes vemos nas mesas de vendas de livros, com os rostos de presidentes ou governadores que fracassaram na busca de seus objetivos, ilustrando suas capas, que cobrem páginas amareladas. Estou ciente dessa situação e não estou nem um pouco preocupado com o futuro que essas palavras que estou assinando hoje podem ter. Estou dizendo que o sucesso do governo de Milei está garantido? Não. Sei muito bem que ele pode fracassar. Mas também sei que, se isso acontecer, não será por causa do programa implementado. Se isso acontecer - espero que não - o fenômeno terá a ver exclusivamente com o eventual triunfo das corporações que não querem perder seus privilégios ilegítimos e imorais. Se, por outro lado, o programa liberal for bem-sucedido, não tenho dúvidas de que a história continuará com uma Argentina poderosa.

A semente foi plantada. Javier Milei trouxe para a agenda pública os debates filosóficos e técnicos que nós, liberais, discutimos por muito tempo em círculos pequenos e fechados. Paradoxalmente, pensávamos em como divulgar as ideias de, digamos, um Hayek, sem saber que nós mesmos é que havíamos caído no pecado da "arrogância". Por quê? Porque começamos a interpretar - provavelmente por arrogância - o que a opinião pública era capaz de digerir e o que não era. Atribuímos a nós mesmos o poder de definir um sentimento popular que era impossível de ser pesquisado sem fazê-lo por meio do processo de mercado que fez de Milei o referente de um espaço que, até sua chegada, era minoritário.

- É possível falar em anarcocapitalismo?

- Não!

- Vamos nos referir à Escola Austríaca?

-Mas... Vão pensar que estamos falando sobre a economia da Áustria!

- Dizemos "vouchers" ou "vales" para evitar sermos rotulados de antipatrióticos?

- Apelamos para o sentimento nacional limitando-nos à figura de um Juan Bautista Alberdi ou damos visibilidade ao trabalho esclarecedor de Henry Hazlitt, mesmo que as pessoas não tenham a menor ideia de quem ele seja?

- Como podemos dizer que a ideia de "justiça social" é aberrante sem que as pessoas pensem que somos pessoas ruins?

Com esses cálculos conservadores, muito especulativos e de origem falha, tentamos influenciar o debate político com mais fracassos do que sucessos. Embora o liberalismo tenha tido algumas grandes figuras de referência, nenhuma delas gerou os picos de audiência necessários para que os canais e programas ligassem insistentemente pedindo para repetir a participação.

Não é segredo que, entre os liberais que estávamos lá «desde antes», alguns não gostaram muito do estrelato do novo porta-voz. Os ciúmes e a inveja deixaram alguns em situação delicada e expuseram aqueles que afirmavam que as ideias eram o mais importante, embora parecesse que isso se aplicava apenas enquanto eles eram considerados os principais referentes, mesmo que fossem apenas em um liberalismo pequeno e pouco influente.

Pessoalmente, nada disso me afetou. Lembro-me de quando o ouvi na mesa do "Polémica en el Bar" fazendo referência à Escola Austríaca. Senti que era exatamente a mesma coisa que fosse ele ou eu sentados naquela cadeira. E, acredite, para mim, isso é mais incomum do que um liberal ganhar uma eleição.

Talvez o melhor que o presidente argentino tenha feito seja ter se apresentado à sociedade totalmente despojado da especulação conservadora sobre como seu discurso seria recebido. Embora seja impossível determinar se o fenômeno foi desencadeado pelas características do orador ou pelo que ele estava dizendo, o que não se pode negar é que, em algum momento dessas primeiras instâncias, o discurso tocou uma corda em uma sociedade que foi capaz de ver a conexão entre os problemas do país e as causas que o economista disruptivo estava gritando no horário nobre da televisão.

A situação argentina estava madura para o surgimento de um "louquinho" que se tornaria popular ao gritar contra "a casta", seja de uma perspectiva marxista ou nacionalista. É claro que esse fenômeno poderia, se tivesse sorte, conseguir uma cadeira no parlamento e permanecer lá. Para vencer uma eleição presidencial, era necessário algo mais. No final, descobriu-se que o louco não era tão louco assim (o que eu já sabia) e que a opinião pública estava pronta para um discurso honesto e duro (o que me pegou de surpresa).

É por isso que o eleitorado deu uma chance à implementação de suas propostas nas urnas. É por isso que há mais libertários do que nunca, quando há dez anos, sem exagero, todos nós nos conhecíamos. Literalmente.

O desejo de publicar as ideias gerais das páginas a seguir em um livro tem passado pela minha cabeça há cerca de duas décadas. Não o fiz porque, ao contrário de muitos liberais que têm um senso de grandeza e não percebem totalmente o nível de demanda que têm, eu tinha muita clareza sobre uma coisa: que o trabalho teria um escopo limitado. Não por causa da qualidade do conteúdo (que os leitores julgarão de acordo com sua própria opinião), mas pela pouca visibilidade e relevância do autor, até então pouco conhecido pelo público em geral. Caso alguém esteja interessado, gostaria de esclarecer que a especulação econômica não teve nada a ver com a decisão. Eu teria financiado pessoalmente a aventura sem nenhuma intenção de ganho monetário se o material pudesse ter encontrado uma maneira de transcender. No meu cálculo praxeológico (quem não souber o que isso significa, nas próximas páginas poderá entender de forma simples), a cena constrangedora que eu queria evitar era a de caixas de livros empilhadas no banheiro acumulando umidade, como aconteceu com muitos conhecidos com boas ideias escritas, mas com uma superestimação do que um livro de sua autoria poderia gerar.

É claro que posso ter me enganado, assim como nos enganamos quando se tratou de encontrar as ferramentas necessárias para disseminar o liberalismo. Se perdi um best-seller ou se consegui evitar acender o fogo da churrasqueira com as páginas caras do meu primeiro livro, nunca saberei. O que é certo é que isso agora é completamente irrelevante.

O que é importante aqui é outra coisa: o fato de o surgimento de Javier Milei ter proporcionado a plataforma necessária para que eu me expressasse sobre essas questões que considero tão relevantes para o debate público. Entendo perfeitamente que este livro chegou às suas mãos por causa da figura do libertário mais famoso do mundo, e não por causa do meu nome entre os autores. Esse não é o caso do meu colega, que já tem uma carreira importante e livros de sucesso publicados, e a quem agradeço pela generosidade de compartilhar esse projeto comigo.

Com Nicolás, decidimos dividir e separar os dois principais temas do livro: a história do protagonista até sua chegada à presidência e o escopo conceitual por trás do homem e das ideias que ele representa. Dado que trabalhamos com total autonomia, peço desculpas ao leitor caso algum assunto específico seja repetido, pois aqui temos dois espaços independentes, porém com interseções inevitáveis. Tampouco qualquer discrepância entre as duas perspectivas deve chamar a atenção, já que as temos. Isso, que nunca foi problemático no contexto de uma amizade repleta de discussões acaloradas, construtivas e respeitosas (sempre dentro da estrutura de acordos gerais maiores), se tornará nestas páginas uma questão que acabará enriquecendo o texto, de modo que todos possam sempre tirar suas próprias conclusões.

Felizmente, pelo que venho percebendo há anos, a interpretação profunda do atual presidente argentino sobre as questões ligadas ao pensamento liberal é muito semelhante à minha. Discuti várias delas com ele ao longo dos anos, e as concordâncias sempre foram muito maiores do que as discordâncias. Vale a pena observar que, embora sejam minoria, existem algumas, mas o leitor pode encontrá-las em artigos publicados anteriormente, já que aqui não é o lugar apropriado para debatê-las.

Milei foi quem encontrou uma maneira de um país e o mundo ouvirem atentamente a mensagem - algo que o resto de nós, liberais, não conseguimos -, e acredito que tenho as ferramentas para aprofundar e explicar em detalhes muitas questões que os tempos de televisão (e algumas entrevistas mal-intencionadas) não lhe permitiram, embora ele sempre tenha encontrado espaço para deixar muitas das principais ideias que pretendo desenvolver aqui.

Logicamente, ao analisar suas premissas a partir de meu ponto de vista particular, não posso deixar de me desculpar antecipadamente por qualquer ponto que a pessoa mencionada considere impreciso. Não posso responsabilizar Javier Milei por nenhuma de minhas interpretações, mas espero que os capítulos seguintes sirvam não apenas como uma introdução ao pensamento liberal, mas também às ideias que o presidente argentino tem em sua cabeça.

Reflexões sobre o liberalismo

Em termos de definições terminológicas, as ciências sociais não têm a rigidez das ciências naturais, onde os parâmetros são exatos e a composição atômica da água ou seu ponto de ebulição são sempre os mesmos em qualquer parte do mundo, assim como a lei da gravidade é, em todo o tempo e espaço, 9,8 mts/seg2. No entanto, para que a discussão política seja significativa e intelectualmente honesta, é necessário que haja um mínimo de concordância e coincidência sobre os conceitos centrais.

Essa última questão não é de menor importância, pois é comum no debate atual que os conceitos sejam misturados deliberadamente, com o objetivo de denegrir uma determinada ideia. Especialmente quando se trata de ideias liberais, que são a ameaça mais concreta ao sistema arraigado de privilégios e regalias que estamos tentando superar.

Alberto Benegas Lynch Filho, que se distancia do termo "ideologia" para se referir ao liberalismo, mais do que um economista, é o principal ideólogo dessa tradição na Argentina. Ele nos oferece um bom ponto de partida que nos permite nos situar e nos colocar em perspectiva:

"Liberalismo é o respeito irrestrito ao projeto de vida alheio, baseado no princípio da não agressão, em defesa do direito à vida, à liberdade e à propriedade, cujas instituições fundamentais são a propriedade privada, mercados livres de intervenção estatal, livre concorrência, divisão do trabalho e cooperação social".

A partir desse breve parágrafo, podemos ter um "filtro" adequado para separar o joio do trigo e observar, de imediato, que muitas das acusações feitas pelos porta-vozes do estatismo contra as ideias liberais e seus apoiadores são completamente contraditas por essas premissas que, em termos simples, estabelecem uma base adequada para começar a entender o que é - e o que não é - o liberalismo.

É claro que, quando falamos dessa ideologia, estamos nos referindo à liberdade. Não em um sentido abstrato ou difuso, mas concretamente à necessidade de ausência de coerção do indivíduo. A ideia central é que uma pessoa tem o direito de fazer com sua vida o que quiser, desde que isso não afete a liberdade ou a propriedade de outros. Essa questão, que pode ser aceita pela grande maioria, logicamente levanta a questão de que não há direito de viver às custas dos outros. Isso nos leva a pensar em mecanismos «redistributivos», gerenciados por funcionários que estão sempre ansiosos para receber salários como «intermediários» entre o dinheiro dos contribuintes e os beneficiários dessa caridade com o dinheiro de outras pessoas. Vale a pena esclarecer, neste ponto, que a solidariedade, entendida corretamente, é sempre privada, pois é determinada pela voluntariedade e não pela coerção dos impostos. Apontar essas questões é tão relevante quanto necessário, pois, embora possa parecer óbvio, coisas como a existência de um partido chamado «Solidario» dentro da coalizão kirchnerista, uma força política que sempre impôs a «solidariedade» por meio do monopólio da força, o que é uma contradição em termos. Também não é surpreendente que eles tenham até mesmo batizado um imposto de «imposto de solidariedade», entre tantas outras bastardizações constantes do conceito.

Qualquer pessoa que questione como insuficientes as possíveis contribuições do voluntarismo da sociedade civil, em nome da mínima e indispensável honestidade intelectual, deveria pelo menos ler um livro chamado Em defesa dos mais necessitados[1]. Ele oferece uma grande oportunidade de conhecer casos reais da história argentina, anteriores à nacionalização do que hoje é conhecido como "ajuda social". Seria também um ato de justiça, já que perdemos tempo - um recurso tão precioso quanto finito - lendo bodoques pretensiosos, enfadonhos e mal argumentados que vão de Marx a Laclau, passando por Keynes, para entrar no debate com bases mínimas. Ao nos referirmos à pessoa livre em particular, deixamos de fora entelequias coletivas como a "liberdade do povo" ou outras construções demagógicas e mentirosas como a "justiça social". Se no "povo" as pessoas são livres, a liberdade do povo é uma redundância. Ocorre que essas coletivizações são usadas para gerar a opressão de uns sobre outros, sempre com base no aparato governamental e blindadas por artifícios discursivos que nada mais são do que palavreado sem sentido.

A liberdade individual, levando em conta a realidade que nos mostra que somos indivíduos diferentes com preocupações diferentes, é uma condição sine qua non para a paz social. A justiça não é nada além de dar a cada um o que lhe corresponde, como acontece em um julgamento onde se busca aplicá-la. Referir-se a uma suposta "justiça social" que subjuga as liberdades individuais por meio de mecanismos coercitivos é uma ideia contraditória que nada tem a ver com o significado de justiça. Como se isso não bastasse, essas políticas públicas podem ser facilmente descritas como "antissociais", pois, além da violência necessária para sua implementação, o resultado sempre acaba sendo o aumento da pobreza e da dependência dos cidadãos e da riqueza ilícita da burocracia.

Para o liberalismo, essa liberdade dos indivíduos é a pedra angular da convivência civilizada. Não estou me referindo ao famoso "contrato social", pois

1 Benegas Lynch Filho, A. y Krause, M. (1998). *En defensa de los más necesitados*. Buenos Aires. Atlántida.

essa é uma construção teórica que muitos liberais e libertários questionam, argumentando que ninguém assinou nenhum acordo no momento em que veio a este mundo ou adquiriu uma nacionalidade por nascimento. Embora na política nos refiramos à liberdade do indivíduo e seus direitos em relação ao Estado, para o liberalismo isso não se limita ao vínculo com o monopólio da força, mas também com outras pessoas ou grupos de indivíduos, aos quais sempre se pode apelar para o direito legítimo de defesa em caso de agressão. O fato de que hoje as constituições dos países avançados defendem os direitos individuais, protegendo as pessoas contra roubo, coerção e violência, nada mais é do que um triunfo do liberalismo político, ou melhor, do liberalismo aplicado à esfera política. O liberalismo é uno e indivisível.

Não é possível ser "politicamente liberal", como apontam os intervencionistas da social-democracia, nem "economicamente liberal", como argumentam muitos conservadores, que querem as vantagens da economia de mercado, mas desejam usar o Estado para disseminar seus valores pessoais, incluindo-os até mesmo na legislação geral. Pode-se professar qualquer ideologia que se deseje, mas, como diz o ditado, "o liberalismo não se divide em cunhas"[2].

Para a concepção liberal, as instituições são geradas espontaneamente, com base na cooperação social e na correção e reajuste permanentes. Consequências da ação humana que não podem ser impostas de forma construtiva de cima para baixo. Por exemplo, a economia de mercado não é um modelo a ser imposto. Em todo caso, a única coisa que pode ser imposta é sua repressão. É um processo espontâneo, dinâmico e descentralizado, conduzido por indivíduos que agem em seu próprio benefício. Não como indica o modelo teórico neoclássico, crematístico e maximizador, mas como Ludwig von Mises entende a ideia superadora da praxeologia. As pessoas inevitavelmente agem (mesmo quando decidem não fazer nada) com base na especulação de que essa ação lhes trará um cenário de maior satisfação. Dentro dessa concepção do pensador austríaco, pode haver a decisão de trabalhar mais horas por dia para aumentar o lucro econômico, mas também a de uma pessoa que decide deixar um de seus dois empregos para ganhar tempo livre de lazer.

2 Benegas Lynch Filho, A. Universidad del CEMA. 10/05/2018. Disponível em: https://www.youtube.com/watch?v=ez5LgaYlWoU 14/03/2024.

Esse ponto de partida da análise da Escola Austríaca faz duas observações importantes: primeiro, como as pessoas são diferentes, o liberalismo é a única filosofia política moralmente aceitável, pois permite que cada um escolha seu próprio caminho; segundo, que os teóricos intervencionistas ainda se apegam a modelos que não correspondem à realidade. Como Javier Milei sugeriu em seu discurso na CPAC nos Estados Unidos, o que faria o tradicional maximizador de lucros dos modelos de lousa, a quem é oferecida uma fortuna por um trabalho 24 horas por dia, 7 dias por semana? A resposta é clara.

Até recentemente, em grande parte do mundo, as garantias do que geralmente é chamado de "liberalismo político" não eram uma realidade para muitas pessoas, seja por causa de seu status social, gênero, religião ou raça. Hoje, há muitos exemplos de regimes para os quais existem cidadãos de "segunda classe", sem voz nem voto. A igualdade "perante" a lei foi uma conquista liberal que quase ninguém contesta atualmente. No entanto, ela ainda não foi estendida a todo o mundo e ainda corre o risco da ameaça de uma corrente que busca eliminá-la, substituindo-a pela igualdade "por meio" da lei.

Hoje, embora as garantias de liberdades políticas, como a liberdade de imprensa e a liberdade de expressão, sejam aceitas por muitas correntes ideológicas, a necessária discussão sobre a liberdade, a integridade e a privacidade dos indivíduos em relação ao aparato governamental ainda está em andamento. Essas questões estão entre as mais importantes batalhas contemporâneas das ideias liberais. Se a pandemia e a quarentena da Covid-19 deixaram uma coisa clara, é que as questões econômicas podem não ser as lutas mais importantes do liberalismo, especialmente quando o Estado entra em modo autoritário. É claro que, se estivermos preocupados com questões como pobreza e desemprego, não há outra saída a não ser apelar para a receita liberal em questões econômicas. Mas essa não é a única frente: a título de exemplo, é chocante lembrar que um senador nacional (que deveria ter sido imediatamente destituído, mas que, hoje, inexplicavelmente, permanece em seu assento) declarou que "nas pandemias não há direitos"[3].

A situação particular de muitos países, como a Argentina, fez com que o liberalismo acabasse sendo associado à economia, apesar de ser algo muito mais amplo do que isso. Mas não se trata apenas de uma doutrina econômica,

3 https://www.infobae.com/politica/2021/01/26/el-senador-jose-mayans-defendio-a-gildo-insfran-en-pandemia-no-hay-derechos/

mas de uma filosofia que, por se basear na liberdade individual, tem necessariamente consequências econômicas. É quando as pessoas têm o direito à propriedade privada, a produzir e a alocar seus recursos livremente, que surge o fenômeno da economia de mercado. Quando se entende essa questão, compreende-se que aqueles que negam o "mercado" estão divididos em apenas dois grupos: aqueles que são totalmente ignorantes, que não têm ideia do que estão falando, e aqueles que se beneficiam de um sistema corrupto que impede as pessoas de trocar bens e serviços livremente.

Dizer "economia de livre mercado" é até redundante, pois dificilmente é possível rotular como "mercado" as interações limitadas por uma autoridade central. O mesmo ocorre quando nos referimos a preços. Não existe algo como um "preço regulado" ou "cuidado"[4], como o kirchnerismo gosta de dizer. Se for digerido coercitivamente pela autoridade política, não é um preço, pois esse é o fenômeno que ocorre exclusivamente quando a oferta e a demanda coincidem em algum ponto da liberdade, revelando informações sobre as preferências das pessoas ao alocar seus próprios recursos. É interessante notar que, quando há uma moeda saudável para medi-los, os preços livres tendem a ser os mais estáveis. Eles podem até mesmo ser reduzidos por fatores como o aumento da eficiência da produção impulsionado pela concorrência, tecnologia e produtividade da capitalização. Todos aqueles que tiveram a oportunidade de viajar durante os anos de estatismo econômico que a Argentina está começando a deixar para trás terão corroborado que, nos países de destino, os preços livres (ou seja, os preços verdadeiros) permaneceram estáveis, enquanto os "cuidados" no território nacional oscilaram entre prateleiras vazias e aumentos irremediáveis. Isso também é sentido com produtos de qualidade inferior ou em embalagens menores, pois a oferta tem limites de elasticidade e nem sempre tudo pode ser transferido para o preço, especialmente quando a inflação causa estragos nos salários e nas rendas fixas.

Como já dissemos, o liberalismo é geralmente associado à economia na discussão política, e isso, na realidade, nada mais é do que o triunfo das ideias de liberdade em muitos outros aspectos. Embora seja impossível determinar quando o liberalismo político começou como uma doutrina

---

4 https://tn.com.ar/politica/se-oficializaron-los-precios-cuidados-en-la-ciudad-y-en-gran-buenos-aires_438150/ Acessado em 14/03/2024.

política em termos concretos, se começarmos com John Locke no século XVII, veremos que a discussão girava em torno de aspectos que seriam básicos para nós hoje. Por exemplo, questões como a limitação do poder absoluto, as garantias do cidadão ou a tolerância em relação a diferentes religiões[5]. Além das contribuições de Adam Smith no século XVIII, esses debates contribuíram para as revoluções políticas, econômicas e tecnológicas que, como o próprio Karl Marx reconheceu, geraram avanços sem precedentes na história da humanidade. Até muito recentemente, no século XIX, John Stuart Mill pregava as virtudes da liberdade de expressão em seu clássico On Liberty (1859) ou argumentava que as mulheres não eram inferiores aos homens em The Subjection of Woman (1869). Embora possa parecer difícil de acreditar, essa não era a posição majoritária na época, e até mesmo o próprio autor teve de discutir com os cientistas oficiais da época, que baseavam suas posições em argumentos "científicos".

> *"Eles não juraram que a dominação do homem branco sobre o negro é natural, que a raça negra é incapaz de liberdade e nasceu para a escravidão? Alguns não chegaram ao ponto de dizer que a liberdade do homem que trabalha com as mãos é contrária à ordem harmoniosa das coisas? Os teóricos da monarquia absoluta não afirmaram sempre que ela era a única forma natural de governo, que era derivada da forma patriarcal, o tipo primitivo e espontâneo de sociedade, que tinha como modelo a autoridade paterna, um tipo de autoridade anterior à própria sociedade e, segundo eles, a mais natural de todas?"*[6]

Se esse primeiro estágio do liberalismo nos ensinou alguma coisa, foi que, como disse Thomas Jefferson, o terceiro presidente de um Estados Unidos fundado nesses princípios básicos, o preço da liberdade é sua eterna vigilância. A história provou que ele estava certo, pois na primeira metade do século XX, o mundo sofreu um terrível revés para as liberdades individuais nas mãos do fascismo europeu, que se gabava de ter superado as ideias liberais como antiquadas e "decadentes".

---

5 Locke, J. (2005). *Cartas sobre la tolerancia.* Buenos Aires. Gradifico.
6 Stuart Mill, J. (2022). *La esclavitud femenina.* Penguin. Espanha

Com a vitória dos Aliados sobre a tragédia nacional-socialista e após o colapso do bloco soviético, grande parte do mundo decidiu adotar os princípios políticos liberais (liberdade individual, democracia liberal, divisão de poderes etc.) e usar a economia de mercado como mecanismo de alocação de recursos e criação de riqueza. Entretanto, os Estados cresceram consideravelmente, afetando o desenvolvimento das economias dos países e várias liberdades individuais.

De acordo com a Organização para a Cooperação e Desenvolvimento Econômico (OCDE), até 2023, a carga tributária nos Estados Unidos, em comparação com o Produto Interno Bruto, chegou a 26,5%[7]. Sim, esse é o mesmo país que fez sua revolução fundadora devido à insatisfação com um imposto mínimo que a coroa britânica havia aplicado sobre o chá de exportação. Isso sem falar em países como o nosso, que também nasceram no alvorecer de uma revolução liberal, mas acabaram se transformando em prisões fiscais para cidadãos escravizados por um tesouro voraz.

O liberalismo no mundo atual, apesar de ser uma concepção filosófica em permanente debate e fermentação intelectual, tem as mesmas premissas de sempre: a liberdade individual, que gera a necessidade inescapável de respeito à propriedade privada, o governo limitado como forma de organização política e a economia de mercado que, como dissemos, nada mais é do que o resultado da troca de bens e serviços entre indivíduos, que fazem uso de sua liberdade e de seus bens como bem entendem. Embora seja comum, como dissemos, ouvir políticos questionarem o livre mercado, a verdade é que fazer isso é absolutamente análogo a dizer que eles são contra as preferências das pessoas. Entender que o último é o mesmo que o primeiro é uma de nossas tarefas mais importantes.

Poucas coisas tornam a indivisibilidade do liberalismo tão clara quanto os ensinamentos de Friedrich Hayek, ganhador do Prêmio Nobel de Economia. Como o discípulo de Mises apontou, as intervenções do Estado na esfera econômica necessariamente acabarão gerando restrições às liberdades individuais. Por exemplo, a aberração latente desde meados da década de 1990 que é a “Lei Penal Cambial” na Argentina[8],

7 Dados disponíveis em: https://stats.oecd.org/Index.aspx?DataSetCode=RS_GBL
8 Lei 19359. Regime Penal Cambial. Disponível em: https://servicios.infoleg.gob.ar/infolegInternet/anexos/25000-29999/27436/norma.htm

que despertou de sua letargia para se tornar uma ferramenta repressiva no âmbito do controle cambial nos últimos anos.

Tanto Hayek quanto von Mises explicaram detalhadamente, ao longo de suas obras, muitas das quais já têm um século de relevância e atualidade, que a intervenção, em vez de resolver um problema existente, gera novos desequilíbrios e intervenções que, no final, levam a restrições e violações da liberdade individual e da propriedade de pessoas pacíficas e inocentes. Tudo isso, além disso, aumenta a descoordenação e a distorção do sistema de preços, prejudicando a economia como um todo, que acaba se descapitalizando. Em outras palavras, reduzindo os salários e empobrecendo a população.

O presidente anarcocapitalista

Javier Milei tornou-se o primeiro presidente do mundo a se reconhecer como um "anarcocapitalista". Foi assim que ele se definiu em seus dias de mero intelectual, como entrou na competição eleitoral e como assumiu o poder executivo da nação argentina. Muitos políticos que alcançaram cargos importantes em seus países aderiram a alguma concepção ideológica, principalmente da família socialista, durante sua ascensão ao poder. Entretanto, uma vez no poder, eles simplesmente pararam de falar sobre questões conceituais. Esse não é o caso de Milei, que continuou a se referir a ideias e a assumir diante das câmeras que se considera um anarquista de mercado.

Quando alguém pensa em anarquismo, além do clássico grafite com o A no meio de um círculo, a primeira coisa que vem à mente é o caos e o vandalismo. O anarcosocialismo, que é absolutamente impraticável por razões que serão desenvolvidas a seguir, tem objetivos difusos e contraditórios: emancipação da influência de D'us e da religião sobre as pessoas, a eliminação do Estado e o fim da propriedade privada. Para o anarcocapitalismo, por outro lado, as questões de crença religiosa (ou falta dela) pertencem ao domínio individual e sagrado das pessoas, onde nem o Estado nem outros indivíduos podem intervir para exercer qualquer tipo de coerção ou censura. Ao contrário do anarquismo de esquerda, o anarcocapitalismo considera a propriedade privada fundamental para a paz e a civilização. Nessa concepção, são necessários contratos livres e instâncias privadas de resolução de conflitos. Em vez dos tradicionais tribunais governamentais, operariam agências concorrentes, que buscariam fornecer um serviço melhor a ser contratado por indivíduos, associações e empresas que eventualmente precisassem resolver um problema. O único ponto em comum entre as duas concepções (anarcocapitalismo e anarcosocialismo) é a supressão do Estado.

Enquanto o anarquismo de esquerda questiona o monopólio da força, como se fosse uma figura paterna da qual se busca a independência na adolescência (desde a ingenuidade, onde ainda não se tem nem teto nem ferramentas para a subsistência), o anarcocapitalismo, embora por enquanto no âmbito intelectual, propõe soluções concretas para problemas reais. Como o setor privado pode oferecer segurança de forma mais eficiente do que o setor público? O que o capitalismo poderia oferecer em termos de melhoria da limpeza das ruas? A eficiência do sistema penitenciário poderia ser melhorada se fosse administrado por uma empresa privada? A concorrência entre as moedas de emissores privados não geraria melhores incentivos para preservar seu valor do que o papel colorido dos monopólios monetários estatais? Uma longa lista de etc. poderia ser acrescentada a essa lista. Embora muitas dessas coisas pareçam distantes, atualmente há casos interessantes de mecanismos de concorrência que funcionam bem e que poderiam ser aplicados em diferentes áreas de funções públicas. Por exemplo, nos Estados Unidos, duas pessoas físicas podem estipular em um contrato que, em caso de litígio, os tribunais envolvidos serão os deste ou daquele distrito. Embora sejam organizações estatais, a simples existência de concorrência já melhora consideravelmente a qualidade do serviço.

Embora a ideologia anarcocapitalista seja frequentemente acusada - muitas vezes por ignorância - de ser utópica, a verdade é que não é necessário abolir o Estado para avançar nas reformas das políticas públicas influenciadas por essa concepção de ideias. Em uma linguagem mais compreensível para a maioria, poderíamos dizer que os monopólios estatais podem ser desafiados para verificar se há alternativas mais eficientes para o fornecimento de determinados bens e serviços. Aqueles que afirmam que é necessário um regulador de última instância para que as coisas funcionem e que não há economia que seja totalmente autorregulável podem entender que há uma que carece totalmente de regulação central: a economia internacional. Ela funciona, não é mesmo?

Ao contrário do anarquismo tradicional e mais famoso, o anarcocapitalismo não apela para o uso da força para atingir seus objetivos. Ele só pode ser implementado no exercício da defesa contra eventuais agressores, sejam eles privados ou estatais. A questão do respeito à propriedade privada inviabiliza qualquer tipo de manifestação que possa ser chamada de terrorista, seja contra pessoas ou contra seus bens. Nesse sentido, o mapa do caminho é a batalha cultural e a disseminação das ideias libertárias.

Alguns anarquistas de mercado afirmam que essa é a única maneira de defender coerentemente as ideias libertárias. Entretanto, o principal expoente dessa escola, Murray Rothbard, nunca se esquivou do debate político. Ele foi até mesmo ativo na formação e no desenvolvimento do Partido Libertário nos Estados Unidos.

Um dos principais argumentos morais dos anarcocapitalistas para se opor à luta dentro do sistema, além da ineficiência, arbitrariedade ou inoperância dos bens públicos fornecidos pelo Estado, é o seu financiamento. A partir dessa posição, a tributação é um roubo. Ou seja, tudo o que é feito com fundos públicos envolve o uso de um saque que é moralmente viciado desde sua origem.

Do meu ponto de vista, tanto os libertários "ancap" quanto aqueles de nós que justificam a luta na esfera política precisam reconhecer duas questões. Os anarcocapitalistas, que se insurgem contra a iniciativa política, teriam que explicar por que negam o surgimento de políticos libertários que disseminam as ideias da liberdade nas discussões mais visíveis dos países. Uma coisa que o surgimento de Javier Milei deixou claro é que a arena política pode ser o melhor lugar para disseminar princípios para o grande público. Como membro do parlamento e candidato à presidência, ele se tornou a figura libertária mais famosa do mundo.

É possível ser pessimista com relação ao desempenho dos libertários na política, e não há obrigação de apoiá-los. Mas quando os próprios círculos liberais boicotam aqueles que conseguem transcender a discussão política, a motivação parece ter pouco a ver com qualquer vestígio de honestidade intelectual. O fenômeno Milei mostrou que, por trás do fogo amigo, havia, por um lado, ciúme e inveja e, por outro, a perda de pequenos benefícios que certos personagens minúsculos percebiam como representantes de um liberalismo pequeno e inconsequente.

Até agora, como libertário, não encontrei sequer um argumento sólido para me opor à participação política de nosso espaço. A situação sempre será melhor se houver um libertário nos debates, tornando os conceitos visíveis, seja pelo eventual sucesso na aplicação de ideias que minimizem a coerção do Estado, seja pela mera difusão que políticos com a mesma opinião proporcionam, mesmo quando não ultrapassam a fronteira do testemunho. É claro que, se alguém usa o rótulo "liberal" como meio de obter um cargo público e depois trai os ideais do liberalismo, os questionamentos devem ser explícitos, frontais e absolutos. Infelizmente, muitos "partidos liberais" históricos perderam o rumo e se viram cooptados por uma liderança política tradicional que não tem nada a oferecer em termos de ideias. Na América Latina, os casos do Chile e do Paraguai são alguns deles. Se estiverem lendo isto, os membros do Partido "Liberal" chileno e os do Partido "Liberal" Radical Autêntico paraguaio, por favor, honrem os princípios evocados no nome de seus grupos, ou pelo menos a dignidade e a decência de se chamarem de outra coisa. Ninguém está pedindo que compartilhem de uma ideia libertária ou anarcocapitalista rígida, mas ter se desviado do caminho básico do liberalismo clássico equivale a fraudar o eleitorado e usurpar um nome que gera confusão na discussão de ideias.

Voltando à questão de que os anarcocapitalistas se opõem ao financiamento do monopólio da força, merece ser analisada: os impostos são um roubo, são uma contribuição necessária para a vida em sociedade e são aceitáveis se forem estabelecidos pelo Congresso, como determina a Constituição Nacional?

Embora alguns possam se sentir desconfortáveis com a associação da tributação com o roubo, há uma questão que merece ser discutida. Há apenas duas possibilidades de transferência de recursos: voluntária e coercitiva. Por um lado, há compras e vendas, presentes, empréstimos livremente acordados, doações e qualquer outra coisa que se escolha fazer com seu dinheiro e seus recursos. Por outro lado, há o roubo, a extorsão e a cobrança de impostos. Ou seja, se separarmos essas duas categorias razoáveis, qualquer pessoa que não queira chamar o Estado de ladrão terá de reconhecer que a cobrança de impostos pertence à mesma família de apropriações coercitivas.

Agora, o que os críticos da política anarcocapitalista preferem: um presidente com a mesma opinião, que reconheça essas coisas em público e se refira à necessidade de reduzir o estado e os impostos, ou um que se envolva em caridade ineficiente com o dinheiro de outras pessoas? Não sei o que os leitores pensarão, mas não tenho muito o que pensar.

Os liberais libertários que desejamos testemunhar uma mudança em nossas curtas vidas estamos prontos para os debates intelectuais mais elevados e ambiciosos. Entretanto, não vemos contradição em atuar na política, especialmente em países oprimidos. Desde que a pessoa seja clara, intelectualmente honesta e defenda a ideologia da liberdade sem preconceitos ou escrúpulos. Se esses espaços não forem ocupados por libertários, eles serão explorados por políticos profissionais, que continuarão a aumentar o tamanho do Estado e a reduzir as margens de liberdade das pessoas.

A pequenez da trapaça política faz com que alguns críticos pouco esclarecidos questionem o "governo anarcocapitalista". Eles deveriam saber que isso não existe e não pode existir. Além disso, o atual governo não fez nada mais do que começar a corrigir os graves desequilíbrios herdados. Na Argentina, há um anarcocapitalista na presidência que é pragmático o suficiente para operar dentro da estrutura da Constituição Nacional, que, aliás, considera o Estado como um meio e não como um fim. Ou seja, como uma ferramenta para garantir as liberdades individuais e a propriedade privada, que, no final das contas, são as coisas importantes.

Enquanto ele é acusado de ser incoerente (não apenas os estatistas, mas também os ancaps recentes, que até poucos anos atrás poderiam ter dito que von Mises era "o 9º da Holanda"), nada é questionado sobre os portadores das grandes contradições: aqueles que acreditam que o Estado é um fim em si mesmo (todos os kirchneristas) e aqueles que tomam seus assentos jurando pela Constituição, mas negam seu conteúdo, como a esquerda, que propõe acabar com a propriedade privada a partir de suas bases programáticas.

Os libertários que não estamos fechados ao debate anarcocapitalista, enquanto lutamos para aumentar os limites da liberdade em nossos países, sempre podemos sair um pouco da armadilha da conjuntura para nos conectarmos com as iniciativas mais profundas que propõem nos fazer pensar fora da caixa do Estado. Alguns exemplos disso são as propostas das plataformas marítimas de David Friedman (filho de Milton), o divertido e curioso experimento de Liberland[9] ou o estudo sobre as alternativas que as chamadas “free cities”[10] podem oferecer.

A impossibilidade teórica do anarquismo de esquerda

Embora o anarcocapitalismo, até hoje, tenha menos fama do que sua variante socialista, ele tem a seu favor o fato de não apresentar, pelo menos à primeira vista, a impossibilidade teórica insuperável do anarquismo clássico tradicional.

Para o anarquismo “vermelho”, é necessário abolir o Estado, mas também a propriedade privada, a fim de gerar uma convivência em suposta liberdade, sem desigualdades sociais aparentes de natureza material. Suponhamos, então, que uma cidade, um povoado ou um país decidisse passar por um processo nessa linha e conseguisse eliminar tanto as autoridades e estruturas governamentais quanto a propriedade privada. Façamos o esforço teórico de imaginar que todos os bens disponíveis pudessem ser alocados coletivamente ou que uma redistribuição total fosse possível de modo que todas as pessoas, sob esse modelo anarquista igualitário, tivessem exatamente o mesmo... Teríamos alcançado a utopia final que os anarquistas de esquerda buscam? Absolutamente não.

Já que fizemos todas essas lucubrações teóricas para visualizar essa situação, vamos supor também que nessa utopia seria possível mudar todas as pessoas para melhor, eliminando suas misérias, e que não haveria mais conflitos humanos, como violência ou fraude, que exigiriam algum tipo de arbitragem ou repressão. Mesmo assim, ainda haveria uma impossibilidade teórica que torna o sonho “anarco-socialista” inatingível.

Mesmo que o novo mundo tivesse compartilhado todos os bens existentes, ou que a humanidade conseguisse sobreviver em paz em um hipotético modelo igualitário não consumista, colhendo alegremente os alimentos necessários para viver (como sonham os utópicos retrógrados

9 https://www.bbc.com/mundo/noticias/2015/08/150812_sociedad_cultura_nuevo_pais_liberland_

10 Se quiser obter mais informações sobre esse assunto, você pode ler este excelente artigo de Leandro Fleischer em: https://opinion.infobae.com/leandro-fleischer/2014/02/17/free-cities-innovacion-y-modernidad/index.html

com Internet, plano de saúde e smartphones), a verdade é que as avaliações de cada indivíduo seriam sempre diferentes.

Quando esse grupo hipotético de pessoas se encontrar em uma instância materialmente igualitária, sem a autoridade do Estado, as primeiras trocas e, com elas, as novas alocações de recursos que terminarão em uma nova propriedade privada, estarão logo ali na esquina.

Se o experimento anarco-socialista fosse realizado, por exemplo, em uma ilha, onde se sobrevivia da agricultura, da caça e da pesca, o que aconteceria quando um indivíduo percebesse que era mais útil para a pesca e quisesse trocar um peixe por dois cocos com outro que fosse menos habilidoso como pescador e quisesse fazer a troca? Qual seria a reação do coletivo se uma bela moça decidisse trocar um serviço sexual diário com um vizinho treinado na coleta de alimentos, que poderia fornecê-lo sem muito esforço? (Para não ferir suscetibilidades, o exemplo se aplica ao contrário em termos de gênero, ou com dois homens, ou duas mulheres, ou quem quer que esteja interessado em fazer a troca). E se um dos habitantes da ilha conseguisse construir um poste mais eficiente para baixar cocos, trabalhando assim menos tempo do que os outros, tornando-se "mais rico" por ter mais horas de lazer e descanso ou mais cocos?

Diante de qualquer uma dessas trocas livres e voluntárias, se o coletivo optasse por reprimi-las, já estaria agindo com o poder do "Estado" supostamente representativo, eliminando assim a validade do anarquismo. Mas se essas trocas fossem permitidas, estaríamos às vésperas de um novo mercado e, portanto, de uma nova "propriedade desigual", o que anularia o conceito de "igualitarismo".

Isso conclui que, dada a hipótese ilusória de se chegar a uma sociedade sem o Estado e a propriedade privada, a própria ação humana e as avaliações subjetivas dos indivíduos gerariam um novo cenário em que se chegaria inevitavelmente a um fechamento. Ou se violaria o princípio da ausência do Estado para manter essa igualdade, ou se teria de reconhecer a existência do mercado e da propriedade privada, revogando o fator socialista. Uma das duas opções. Não há outra opção. E qualquer uma delas nega o conceito teórico do anarquismo de esquerda.

Em contraste, o modelo anarcocapitalista, graças à sua compatibilidade com acordos livres e voluntários, não apresenta essa contradição ou impossibilidade teórica, pois convida a pensar o mundo em uma estrutura livre de Estado, mas não livre de normas ou regras, sempre respeitando as liberdades individuais.

Você é a favor do roubo?

"Em toda a história da civilização, os governos sempre foram a principal causa da desvalorização da moeda" (*Hans Sennholz*)[11].

Imaginemos que uma pessoa que vive em um país sem inflação seja assaltada quando chega em casa e sua carteira, contendo 20% do salário restante, seja levada. Comparemos o caso com o de um argentino que não sofre nenhum assalto tradicional, mas, devido à política monetária, no final do mês, pode usar seus pesos para comprar 30% menos bens e serviços do que no mês anterior. Embora ambas as situações sejam inaceitáveis, quem foi mais roubado? A resposta é óbvia.

No entanto, o kirchnerismo tem insistido na ideia de que os déficits não são necessariamente ruins e que a emissão de dinheiro para financiá-los é uma política pública oportuna. Para alguém distinguir entre a subtração de uma nota de banco e a manipulação monetária que retira o poder de compra do papel-moeda como dois fenômenos diferentes, isso só demonstra sua suprema ignorância em assuntos econômicos. É claro que, em nível político, não se trata de ignorância, mas de interesse corporativo.

Ao imprimir notas e expandir a base monetária sem prestar contas, a burocracia obtém mais recursos sem passar pelo inconveniente impopular de aumentar os impostos. Pode-se argumentar que a inflação tem certas características de um imposto fixo, pois afeta igualmente cada unidade monetária de cada pessoa. Mas, paradoxalmente, ela funciona como um "imposto progressivo" ao contrário para os detentores de pesos, fazendo com que aqueles que mais sofrem sejam os que possuem menos unidades monetárias, ou seja, os mais pobres.

Embora, ao contrário de um imposto fixo, que não desestimula a produção ou a criação de riqueza (já que é preferível ganhar 1.000 e pagar 100

11 Sennholz, H. (ano desconhecido). *Las causas de la inflación*. Em Suplemento "Las ideas de la Libertad". Buenos Aires. Centro de Estudios sobre la Libertad. p. 3.

do que ganhar 100 e pagar 10 por um imposto de 10%), em termos gerais, o processo inflacionário acaba sendo totalmente distorcido, destrutivo e injusto, já que beneficia os amigos do poder, que têm acesso às novas notas recém-impressas, "quentes", antes que a base monetária expandida tenha impacto sobre os preços dos produtos.

Como já apontamos, a emissão indiscriminada prejudica a grande maioria das pessoas, mas há grupos que se beneficiam dessa manipulação, que nada mais é do que um roubo impune, covarde e imoral, já que o curso forçado coloca os detentores da moeda desvalorizada em um curral. Sem se defender, logicamente, o ladrão sabe que sair para roubar tem seus riscos, pois pode acabar preso, ou até mesmo perder a vida se a vítima tiver instrumentos para exercer seu legítimo direito de defesa, risco que os "ladrões de colarinho branco" não correm. Seguindo Mises:

> *"Quando o aumento de dinheiro vem da emissão de papel-moeda ou de notas bancárias não conversíveis, a princípio apenas alguns agentes econômicos se beneficiam, e a quantidade adicional de dinheiro só se espalha gradualmente pela comunidade. Se, por exemplo, o papel-moeda for emitido em tempos de guerra, as novas cédulas irão primeiro para os bolsos dos fornecedores de material de guerra"*[12].

Nesse sentido, Rothbard enfatiza que o fenômeno inflacionário "não proporciona nenhum benefício social geral", mas o que ocorre é uma redistribuição de riqueza que beneficia "aqueles que chegam primeiro (...) às custas daqueles que ficam para trás na corrida". Portanto, podemos dizer que a situação gerada pela inflação é análoga a "uma corrida para tentar obter o dinheiro novo antes dos outros. Os retardatários - aqueles que arcam com as perdas - são geralmente designados como grupos de renda fixa"[13].

O mundo já resolveu esse debate e nenhum país civilizado discute as causas da inflação, embora, infelizmente, todos - em maior ou menor grau - tendam a recorrer, em algum grau, ao roubo impune de colarinho branco.

Há um filme muito interessante chamado Os falsificadores[14], baseado

12 Mises, L. v. (2012). La teoria del dinero y del crédito. Madri. Unión Editorial. p. 185

13 Rothbard, M. (1979). *Moneda libre y controlada*. Buenos Aires. Fundación Bolsa de Comercio de Buenos Aires. Centro de Estudios Sobre la Libertad. p. 94.

14 Filme austro-alemão de 2007, dirigido por Stephan Ruzowitzky, baseado na Operação Bernhard.

em uma história real, que mostra como a Alemanha de Hitler planejou a falsificação em massa de libras esterlinas e dólares, com o objetivo de criar inflação nas economias do Reino Unido e dos Estados Unidos para destruí-las. Sim: o que para os nazistas era uma arma de guerra contra o inimigo, para o kirchnerismo é uma política pública respeitável para os argentinos.

Há um ano, Ricardo Manuel Rojas, um prestigiado escritor e jurista argentino, escreveu A inflação como crime[15]. Nele, o ex-juiz criminal propõe algo tão revolucionário quanto de bom senso: que as autoridades que se envolvem em políticas inflacionárias (que nada mais são do que roubar das pessoas os frutos de seu trabalho por meio de um mecanismo silencioso e indireto) devem ser penalizadas como um ladrão tradicional. Seria até justo propor que os populistas que recorrem à "maquininha" sejam condenados com um agravante especial, já que, diante da desvalorização inflacionária, a vítima não pode se defender em hipótese alguma.

Logicamente, Javier Milei ficou entusiasmado com a proposta e, durante a campanha, divulgou o livro na mídia nacional. A ideia do texto é absolutamente compatível com a proposta de política monetária do libertário: nenhuma, já que o banco central não tem nenhuma chance de sucesso em seu trabalho. O processo de mercado é dinâmico, o que inviabiliza qualquer levantamento de dados sobre a demanda por moeda, pois, no momento em que o burocrata obtém as informações necessárias (no caso hipotético de poder fazê-lo), elas já estão desatualizadas e um novo processo está em andamento. Portanto, se ele não quiser lucrar com a emissão, se ele expandir a base monetária além da demanda dos indivíduos, ele estará errado. Se, por outro lado, ele a retraísse abaixo das preferências, também estaria errado. E se, por algum milagre, ele conseguisse acertar e atingir a meta, por que ele interveio em primeiro lugar, em vez de deixar que o próprio mercado cuidasse da oferta e da demanda por moeda? A mesma impossibilidade de acerto tem a manipulação da taxa de juros (outra prerrogativa do banco central) quando esta está desvinculada do nível de poupança e é fixada arbitrariamente, ignorando os sinais de mercado. Toda vez que a burocracia quer dar um "empurrãozinho" na atividade econômica e as reduz artificialmente para promover o crédito, ela bagunça o sistema de sinalização, o que confunde os agentes econômicos, que muitas vezes são levados a investimentos insustentáveis a médio ou longo prazo.

---

15 Rojas, R. M. (2022). *La inflación como delito*. Buenos Aires. Unión Editorial.

Quando a correção inevitável chega, vêm os prejuízos; de maneira insólita, o capitalismo é culpado, enquanto os grupos poderosos obtêm salvamentos às custas dos mais pobres.

É possível que aprender os fundamentos da economia hoje seja uma das ferramentas mais importantes para combater a injustiça.

Recentemente, foi confirmado que Milei pretende enviar ao Congresso um projeto de lei propondo punir com prisão os funcionários que incorrerem em questões monetárias para financiar o Tesouro. Na "linguagem coloquial", pode-se dizer que eles deveriam ser colocados na cadeia por serem ladrões.

Embora a inflação ainda esteja alta, no momento em que escrevemos este texto, durante os primeiros meses no cargo, ela está começando a desacelerar. Em breve, estará em um único dígito. Se os planos do governo funcionarem, com ou sem dolarização por enquanto, o drama da inflação será uma lembrança ruim, como na década de 1990. A diferença é que o atual governo está pensando em medidas definitivas que podem ser irreversíveis.

Os casos de outros países mostraram que, uma vez terminada a "maquininha", as pessoas não querem voltar atrás. Nem mesmo o demagogo populista Rafael Correa conseguiu substituir o dólar pelo velho papel sucre. Seus eleitores chegaram ao ponto de propor delírios como o "direito constitucional ao orgasmo feminino" (sic), mas não conseguiram dizer ao povo que tirariam seus dólares para voltar à moeda nacional. Logicamente, o parceiro de Lula, Chávez e Kirchner estava ansioso para trocar a restrição orçamentária pela impressora de cédulas, mas as pesquisas que recebeu mostraram que até mesmo seus apoiadores não queriam nada com a ideia.

As reformas monetárias no Panamá, que não tem um monopólio monetário ou os problemas que os bancos centrais criam, ajudaram a melhorar os incentivos para o setor financeiro. Lá, os bancos agora tinham de enfrentar qualquer situação com sua própria liquidez, tanto as previsíveis quanto as "inesperadas, situações catastróficas que poderiam ser perigosas"[16].

Embora o debate sobre as virtudes e os defeitos do sistema de reservas fracionárias, que não pode responder à situação hipotética em que todos os poupadores exigem seu dinheiro ao mesmo tempo, seja antigo, o que não está aberto à discussão é quem paga o preço quando o emprestador de

16 Barraza, R (2006) sobre *100 años de dolarización o un siglo sin Banco Central: el caso de Panamá*. Fundación Libertad. Panamá. Experiencias recientes de dolarización. Lo bueno, lo malo, lo feo, p. 100.

última instância (o banco central) é acionado: todos. Inclusive aqueles que nem sequer têm uma conta bancária.

Quando a política tradicional, que se vangloria de defender os mais vulneráveis, diz que fechar o banco central é uma loucura, tudo o que ela está fazendo é manter os privilégios das poderosas instituições financeiras. Perguntamos: um emprestador de última instância tem um açougueiro? Um emprestador de última instância tem um encanador? A eliminação do banco central traz consigo a perda dos privilégios mais injustificáveis e a geração de incentivos virtuosos para entidades como os "bancos privados". Vale a pena questionar até que ponto existe algo como "bancos privados" enquanto eles funcionam sob a órbita dos bancos centrais, que os submetem sistematicamente tanto a suas regulamentações arbitrárias quanto a suas vantagens e benefícios. Se fizéssemos uma analogia entre o relacionamento de um casal e esse vínculo, poderíamos, sem dúvida, chamá-lo de "tóxico".

Embora os críticos de Milei questionem a dolarização (que, na realidade, nada mais é do que a livre concorrência de moedas em um país que há muito tempo escolheu o dólar) e apontem que se trata de uma reforma extrema demais, no final das contas, ela nada mais é do que a adoção de uma moeda medíocre, mas que se mostrou infinitamente mais conveniente do que o malfadado peso argentino. Provavelmente, na mente de Milei, há opções como o padrão ouro, muito superior ao "papel colorido" do Federal Reserve. Mas, nesta conjuntura, condicionada pelas experiências traumáticas da sofrida história monetária argentina, que destruiu treze zeros de nossos signos monetários, pareceria até redundante ter de explicar por que estamos falando de "dolarização". O importante é que, após a implementação dessas medidas, os argentinos sempre terão a liberdade de escolher o símbolo monetário (de outro país ou mesmo de criação privada) de sua preferência. Em outras palavras, a saída de emergência estará sempre aberta.

Como disse Milton Friedman: "A inflação é sempre e em toda parte um fenômeno monetário"[17], portanto, tentar contê-la por meio de controles de preços é como ter um problema de excesso de peso e tentar resolvê-lo manipulando a balança. O que deve ser enfatizado, portanto, é que ela também

---

17 Friedman, M. (1971). *Dólares y déficit*. Buenos Aires. Emecé. p. 153

é um roubo, em que os bens ou as cédulas não são roubados à mão armada, mas a moeda é manipulada para garantir a transferência de recursos para os amigos no poder.

Os deputados e senadores argentinos, que terão de votar sim ou não a essas reformas essenciais, terão de responder a uma pergunta: "Você é a favor do roubo?" Aqueles que forem contra esses projetos necessários terão assumido seu lamentável papel na defesa da continuidade do saque.

Quem são os "fascistas"?

A classe política tradicional e seus associados, que recusam qualquer reforma profunda que os faça perder seus benefícios, tendem a acusar de fascista qualquer um que venha a colocar em risco suas regalias. Aqueles que não fazem parte dessa corporação seriam considerados como tais. O paradoxo é que os que estão por trás desse comportamento corporativo, que se escondem atrás do "progressismo burro" e do politicamente correto, preenchem todos os requisitos para que os rotulados como "fascistas" sejam eles mesmos.

Na primeira parte do século XX, na Europa Ocidental, no alvorecer da revolução bolchevique e antes do estabelecimento do fascismo, já existem precedentes interessantes que mostram os denominadores comuns das ramificações da filosofia política antagônica ao liberalismo individualista: o coletivismo corporativista.

Benito Mussolini deu seus primeiros passos importantes na política em uma facção do Partido Socialista Italiano. Nesse contexto, ele se tornou líder do jornal do partido, Avanti! Devido a diferenças com a liderança política do partido, ele acabou deixando a publicação, mas conseguiu fundar a revista Utopia em 1913. Com o passar dos anos, o pai do fascismo percebeu que era mais lucrativo personificar ele mesmo a revolução do que cair nas enteléquias coletivas do "povo" ainda propostas por seus camaradas, que ele acabou perseguindo e prendendo. É claro que, depois de liderar o processo e chegar ao poder, ele usou toda essa retórica coletivista e antiliberal para consolidar e justificar seu governo autoritário.

Naquela época, na Alemanha, a gênese do Nacional Socialismo Alemão dos Trabalhadores já mostrava uma afinidade inegável com as premissas fascistas socialistas coletivistas. Não é preciso voltar à etimologia do nome "nazista" do partido para encontrar as ligações óbvias entre o que é grosseiramente chamado de "extrema esquerda" e "extrema direita". As raízes comuns também são abundantes entre suas principais figuras. Um dos muitos casos foi o do nefasto "juiz" Roland Freisler, que o mundo ficou conhecendo no filme que conta a história de Sophie Scholl[18]. Sua trajetória dentro do regime carregou a controvérsia de um suposto marxismo durante sua juventude. Embora haja um debate entre os historiadores, vários especialistas afirmam que seu fanatismo hitlerista não passou de uma estratégia que ele usou para se livrar do passado "vermelho" que seus críticos e rivais, nas sombras (mas em voz alta), lhe atribuíam dentro da simbiose entre partido-governo-Estado.

Esse fenômeno não era estranho aos chefes dos "fascistoides" argentinos. Alguns dos quadros veteranos da organização terrorista Montoneros supostamente tiveram ligações anteriores com o grupo Tacuara. Isso significa que, antes de lutar pelo socialismo dentro do peronismo, e antes de Perón expulsá-los da Plaza de Mayo em 1974, eles escreveram nos muros de Buenos Aires entre 1957 e 1966 slogans como "Faça pátria: mate um judeu".

Se separarmos as ideias políticas em "esquerda" e "direita", o resultado pode ser confuso. Logicamente, a simplificação às vezes é necessária para determinados cenários específicos, como o debate acalorado nas redes sociais, em que é preciso ser breve e conciso. Como Agustín Laje disse em uma entrevista recente com o jornalista Ernesto Tenembaum em sua conta no X, ele pode usar o termo "esquerdista", mas nunca o faria no contexto de um debate acadêmico.

Talvez a primeira distinção que precisamos fazer para separar o joio do trigo na ideologia e na ciência social seja diferenciar entre coletivismo e individualismo. Se fizermos isso, poderemos perceber que, ao se reagruparem, todos os totalitarismos recorreram às ferramentas do Estado para implementar seus objetivos autoritários coletivistas. Seja do coletivo religioso do extremismo islâmico, do delírio nacionalista da suposta superioridade

---

18 Sophia Magdalena Scholl (Forchtemberg, 1921 - Munique, 1943). Ela tinha 21 anos e estudava biologia e filosofia em Munique quando foi presa por distribuir panfletos anti-Hitler. Ela foi condenada à morte por "alta traição" e executada no mesmo dia.

do "ser nacional" ou do mais usual e fracassado coletivo representativo do proletariado. Embora todos recordemos os horrores do nazismo pelo Holocausto, no nacional-socialismo existiram inúmeros delírios que são comparáveis, como os relacionados à população "ariana". Esse foi o caso dos lebensborn, centros de reprodução humana nos quais "garanhões nomeados por Hitler"[19], muitos deles membros da SS, "contribuíram" para o aumento demográfico - supostamente virtuoso - de um Reich que pretendia durar mil anos. Quem acha que essa loucura, antagônica à liberdade e ao planejamento individual do liberalismo, tem a ver com um mundo muito distante no tempo, no âmbito de uma sociedade muito diferente, deve saber que vários comunistas argentinos, em suas divagações dos anos 1970 e da luta armada, defendiam ideias grotescas como, por exemplo, a de que os casais deveriam ser designados por sorteio, em busca de um suposto ideal igualitário, que compensava questões injustas como a beleza do nascimento. Essas histórias me foram contadas por vários colegas de militância do que antes eram o ERP e o Montoneros. Outra das coisas estúpidas que se dizia naqueles anos nos círculos de esquerda era que, se houvesse alienígenas mais evoluídos, eles certamente seriam socialistas, pois teriam superado evolutivamente o estágio capitalista anterior. Por incrível que pareça, essa era a opinião de muitos comunistas argentinos há apenas algumas décadas.

Alguém acha que essa loucura é coisa do passado? Talvez porque não tenham pensado em algumas das coisas que estão acontecendo agora. Talvez precisemos de algumas décadas de perspectiva no tempo para perceber também como é insano realizar tratamentos hormonais em menores de idade ou submetê-los a cirurgias de mudança de sexo. Não deveria ser necessário esperar para ver as consequências para avaliar se isso é insano ou não, quando basta um pouco de lógica para concluir que o sofrimento envolvido na cirurgia de mutilação genital ou os efeitos sistêmicos do uso de hormônios em organismos em desenvolvimento é algo a que nenhuma criança ou adolescente deveria ser exposto. Essa aberração é, no entanto, defendida por uma grande parte da esquerda "progressista", que afirma que se trata de uma "conquista de direitos". É claro que, do ponto de vista liberal, ninguém pode questionar ou se opor ao fato de que todos podem fazer

---

19 Abad, J. J. (1978). *La selección de la raza aria* (*Lebensborn*) Madri. Círculo de Amigos de la Historia. p. 147

o que quiserem com seus próprios corpos. No entanto, não seria prudente ter uma estrutura regulatória mínima que adiasse essas questões - na medida em que são irreversíveis - para a maioridade exigida, por exemplo, para votar, comprar uma lata de cerveja ou adquirir um filme pornográfico?

Então, com as categorias tão claras e entendendo que o liberalismo é a filosofia compatível com os desejos de cada pessoa, acordos livres e voluntários e governo limitado, como é possível que o populismo socialista tenha conseguido materializar no inconsciente coletivo que todos são "fachos", menos eles?

Para chegar ao fundo dessa questão, também é necessário voltar ao momento em que eles decidiram separar as águas entre "esquerda" e "direita" de acordo com sua conveniência. Se formos ao exemplo pré-revolucionário da França em 1789, no lado esquerdo do Parlamento encontramos aqueles que propunham reduzir o poder e a influência da coroa. À direita estavam os defensores do status quo e dos privilégios historicamente estabelecidos. Em outras palavras, esquerda: revolução, renovação e mudança, e direita: conservadorismo.

Estas categorias chegaram ao mundo ocidental do século XX, onde, de uma forma ou de outra, a democracia liberal republicana conseguiu se consolidar como um modelo estável e verdadeiramente progressista (no bom e único sentido da palavra que apela para o progresso, é claro). Mas o socialismo minoritário deste lado do mundo conseguiu impor sua versão discursiva da representação da renovação e da mudança radical. Ou seja, colocar-se na "esquerda".

Paradoxalmente, o socialismo aplicado - com exceção do sistema de castas inamovíveis, que chegou até o delírio consanguíneo da Coreia do Norte - baseou-se na estagnação. Em contraste, o modelo pacífico e estável da democracia liberal teve a virtude da revolução criativa permanente do capitalismo, que mudou sistematicamente a vida de todos os cidadãos para melhor.

Podemos dar à definição de "fascismo" o conteúdo que quisermos ou nos limitarmos ao verbete enciclopédico referente a um momento histórico. Mas se quisermos enriquecer o debate e ser intelectualmente honestos, devemos analisar as questões subjacentes que moldaram e contribuíram para o fenômeno em questão. O denominador comum do fascismo é a apropriação do Estado por uma facção que busca implementar um modelo totalitário, com a desculpa de representar o coletivo. Nesse sentido, há uma simbiose entre partido, governo e Estado em uma única entidade, que opera sob a premissa de que o coletivo (logicamente interpretado por eles) deve ter precedência sobre o indivíduo na busca do "bem comum". Assim, as liberdades individuais, a propriedade privada e a economia de mercado são suprimidas ou distorcidas. A suástica é um exemplo disso. O símbolo partidário da facção, que se torna a representação hegemônica do todo.

Voltando à versão italiana do fascismo, lembramos a premissa nefasta de "Tudo dentro do Estado, nada fora do Estado, nada contra o Estado".

Lembro-me, na campanha legislativa de 2021 que levou Javier Milei ao Congresso Nacional, de uma situação que me mostrou em primeira mão a falta de compreensão de tudo isso por parte dos verdadeiros herdeiros do fascismo. Um grupo de jovens que, com certeza, se percebem como os "bons", que estavam fazendo campanha em uma mesa kirchnerista, começaram a gritar "fascista" para mim, depois de me ouvirem declarar minha preferência eleitoral. Eles me disseram isso distribuindo os folhetos de seu partido, sob um guarda-chuva que pertencia ao inventário de um ministério (com o logotipo incluído), com canetas, garrafas térmicas e materiais financiados pelo Estado, já que todos levavam os nomes de programas governamentais. Tentei explicar a eles por que estavam muito mais próximos do fascismo do que eu ou Milei, já que tudo o que eu via se referia a essa simbiose entre partido, governo e Estado. Infelizmente, eles não entenderam absolutamente nada do que tentei lhes dizer. Em suas cabeças ingênuas e confusas, certamente, havia essa fantasia delirante de que tinham diante de si um machista, misógino, que despreza homossexuais, imigrantes e artistas, e que provavelmente tem um quadro de Jorge Rafael Videla em sua sala de estar. Quando o abismo é tão grande, é impossível até mesmo iniciar uma conversa. Às vezes, não se pede nem mesmo que a outra pessoa concorde ou compartilhe os próprios postulados. Bastaria remover os preconceitos e as cortinas ideológicas para iniciar uma conversa civilizada ou analisar um problema com um mínimo de objetividade. Mas não é esse o caso...

Ao usar parâmetros concretos na análise, compreende-se de imediato que o pensamento libertário é a contraparte mais antagônica do fascismo. É por isso que o próprio Adolf Hitler odiava, acima de todas as tradições políticas, o liberalismo, que ele considerava o oposto mais extremo de seu nacional-socialismo. Mas a concordância dos cientistas políticos tradicionais coloca o líder nazista na "extrema direita" do mapa político.

No mesmo lugar de Javier Milei ou Jair Bolsonaro, não apenas os chavistas venezuelanos, os podemitas espanhóis ou os kirchneristas argentinos, mas também boa parte do jornalismo "centrista" ao redor do mundo.

Não é hora de repensar certas questões e elevar as apostas do debate? Se isso não for feito, abre-se a porta para a suspeita de que essa desinformação ou deturpação, além da corrente geral internacional, responde a um propósito específico e malicioso.

A impunidade desfrutada pela esquerda fascista, que acusa os outros de serem fascistas, vem de longa data. Quando a "República Democrática Alemã", que era tudo menos republicana e democrática, construiu o Muro de Berlim (para impedir que as pessoas escapassem do "paraíso socialista"), a administração soviética batizou a iniciativa imunda de "Muro Antifascista". Eles argumentaram impunemente que se tratava de uma ferramenta de defesa contra o "fascismo" capitalista ocidental, enquanto atiravam à queima-roupa em cidadãos pacíficos que só queriam atravessar para o outro lado.

Em abril de 2024, o castrochavismo venezuelano promoveu uma "lei fascista" em que, no mesmo artigo, Maduro e companhia reivindicam o poder de definir "fascismo" e "neofascismo", com pretensões enciclopédicas, mas com a seriedade acadêmica e jurídica do "processo legal" a que Taylor (Charlton Heston) se submete em Planeta dos Macacos, diante de seus captores orangotangos e gorilas. Para esses prestigiados cientistas políticos e intelectuais da sarjeta, o fascismo seria uma concepção de ideias em que coexistem "os racistas", "os conservadores" e "os neoliberais". Dessa forma, uma Maria Corina Machado é colocada no mesmo saco que um suposto neonazista. Não é nem mesmo necessário explicar que essa atrocidade disfarçada de lei bem-intencionada não tem outro objetivo senão o estabelecimento formal de um modelo stalinista no século XXI.

Quem são os "fascistas", então? Sem dúvida, aqueles que continuam a buscar a concentração de poder em nome da representação do coletivo e acusam aqueles que se opõem ao autoritarismo de serem "antipatrióticos". Aqueles que usam um partido para entrar no governo e usam o Estado para seu próprio benefício. Aqueles que dizem que a propriedade privada deve ser regulamentada e limitada para o bem comum, como se fossem questões contraditórias (ao mesmo tempo em que a acumulam para si mesmos). Aqueles que se atrevem a argumentar que as liberdades individuais podem prejudicar a sociedade como um todo e, portanto, é necessário que o Estado regule a economia para evitar abusos, ganância e egoísmo.

Eles são os "fascistas". Os verdadeiros "fascistas". Aqueles que, usando a estratégia do espelho, acusam os outros de serem "fascistas". Mas chegou a hora de expô-los e dizer-lhes cara a cara o que eles são.

As mãos porosas dos políticos, os incentivos negativos do estatismo e a hiper-regulamentação

Ao apresentar sua proposta ao eleitorado argentino, Javier Milei enfatizou a necessidade de cortar itens orçamentários que são diluídos ao passar pelas "mãos porosas dos políticos". Em outras palavras, o problema argentino do déficit fiscal, que se traduz em frequentes crises de endividamento e saques inflacionários, poderia ser consideravelmente reduzido com o corte da passagem de recursos multimilionários por esses buracos negros da política.

Com essa proposta na mesa e no debate nacional, os políticos tradicionais ficaram em pé de guerra durante toda a campanha. Eles alegaram - e continuam a alegar - que "cortar" os gastos públicos seria problemático para as pessoas mais pobres, que dependem da assistência do governo. No entanto, enquanto arrancavam os cabelos com essas alegações, eles não trouxeram para o debate questões vitais como, por exemplo, por que a pobreza e a dependência aumentaram de mãos dadas com o aumento dos planos sociais e dos subsídios. Ninguém duvida da necessidade de uma transição para o fim desejado e necessário dessas alocações governamentais, mas isso deve vir acompanhado de uma reativação econômica, que exige investimentos e reduções de impostos e gastos. Em outras palavras, todos os caminhos sensatos levam a um ajuste necessário e rápido dos gastos políticos.

É claro que a mudança de modelo não é neutra para os interesses da corporação. Em uma interessante declaração recente do presidente da Câmara dos Deputados, Martín Menem, o legislador de La Libertad Avanza comentou que muitos deputados kirchneristas reconheceram a necessidade de uma mudança de rumo e até garantiram que compartilham muitas das iniciativas que o governo está tentando implementar. O problema é que os governadores, que também entendem a necessidade urgente de corrigir o rumo, se recusam a deixar que seus cofres sejam os primeiros a serem tocados. Todos eles querem que o presidente comece em outro lugar. Como costumavam dizer, "alguma bunda vai sangrar". De outra pessoa, é claro. Nunca a deles.

A preocupação honesta e lógica de muitos partidários do partido governista, que se perguntam se é necessário abrir todas as frentes de batalha ao mesmo tempo, é compreensível, especialmente devido à fraqueza parlamentar e à totalidade de governadores de diferentes sinais políticos. No entanto, e dado o fim incerto dessa estratégia, dois argumentos podem ser mencionados a favor do caminho que começou a ser trilhado em dezembro de 2023: primeiro, que o denominador comum dos planos gradualistas no passado foi o fracasso e o retorno populista e, segundo, mas não menos importante, que seria moralmente incorreto buscar os privilégios clientelistas de alguns enquanto os de outros não são tocados por questões de especulação e força política circunstancial. Por trás de cargos públicos que não têm nada a ver com as funções do Estado, há pessoas que estão trabalhando há anos ou décadas. Não é possível dizer a alguns para irem para o setor privado, enquanto outros são mantidos na desigual "estabilidade do emprego público". As reformas em todas as áreas devem ser implementadas o mais rápido possível, não apenas por motivos econômicos, mas também por motivos éticos.

Corrupção e incentivos

Há uma crença arraigada em grande parte da opinião pública, fomentada pela política e pela mídia de massa, de que o problema da corrupção é consequência, redundantemente, de políticos corruptos. É claro que é, mas pode até haver um fator mais fundamental e determinante do que a falta de decência dos funcionários públicos. É claro que a ética deveria ser uma condição sine qua non para toda a burocracia, mas apelar para esse desejo voluntarista aplicado a todo o funcionalismo público de um país é uma quimera, que pode fazer mais mal do que bem. Uma das porta-estandartes dessa perspectiva prejudicial na Argentina foi Elisa "Lilita" Carrió, que fez da luta contra a corrupção sua principal causa política. O problema é que ela e seus legisladores negligenciaram completamente o estudo dos incentivos e suas consequências para as políticas públicas. Espaços como a Coalizão Cívica de Carrió levantaram suas vozes contra a corrupção de seus assentos no Congresso, enquanto promoviam iniciativas como a "Lei das Gôndolas", que permite que os inspetores sancionem as lojas por não abastecerem as prateleiras dos supermercados de acordo com as leis que escreveram e aprovaram. Falar da boca para fora sobre a necessidade de combater a corrupção e, ao mesmo tempo, ser cúmplice (ou incentivar diretamente) uma grande estrutura governamental com prerrogativas perigosas e incentivos ruins é extremamente hipócrita e ignorante. Hipocrisia, porque eles acabam dando à burocracia as ferramentas para criar um terreno fértil para a corrupção. Ignorância, porque evitam o estudo sério dos problemas reais, como fazem com a inflação, e se dedicam a implementar medidas voluntaristas, que nada mais fazem do que complicar cada vez mais a vida dos cidadãos. Quando a corrupção se enraíza, acaba se espalhando por todos os níveis do Estado e por todas as pessoas que são afetadas por suas ações.

A esse respeito, lembro-me de muitas das discussões que tive com líderes do PRO desde que esse espaço político assumiu o governo municipal da Cidade Autônoma de Buenos Aires. A legislatura local aprovou aberrações tributárias (recuso-me a chamá-las de "impostos") em determinadas questões, como a colagem de adesivos nas vitrines das lojas, com o objetivo de informar que determinados meios de pagamento, por exemplo, são aceitos ali. Lembro-me de que, em outra ocasião, um legislador esclarecido do governo de Buenos Aires teve a ideia de proibir o custo adicional de bebidas "frias" em geladeiras de lojas locais, como os minimercados chineses. Além de violar absolutamente os princípios mais básicos da Constituição - que defendem o direito de colocar o que quiser em sua propriedade ou de cobrar o que quiser por seus produtos -, essas iniciativas multiplicam a predisposição para atos de corrupção.

Uma das primeiras lembranças da minha infância (que, em retrospecto, percebo que moldou minha identidade liberal) foi um episódio desagradável que minha mãe teve em sua loja com um fiscal municipal. Ela, sem saber que estava violando um regulamento ridículo, decidiu escrever no letreiro do seu negócio (que nem mesmo estava na via pública, mas dentro de uma galeria e ao fundo dela) o seu nome, como se estivesse batizando o comércio. Um dia, um desses nefastos engravatados baratos e sujos, que buscam inutilmente gerar presença e respeito com seus trajes grosseiros, apareceu para notificá-la de que ela havia cometido uma infração "grave". O que foi? Escrever "Marta" em letras brancas no painel preto acima da janela, dentro de sua propriedade. Sem tempo para se indignar, o parasita lhe mostrou os dois caminhos possíveis: o pagamento imediato do suborno ou o início do processo de multa pela infração incomum. Ela tinha de ser paga. Essa pessoa, que a essa altura deve estar desfrutando de uma boa aposentadoria, não perdeu o emprego (nem os dentes) só porque o autor dessas palavras era uma criança, com capacidade de ação apenas para consolar a mãe pelos frequentes abusos desses personagens nefastos. O mesmo que muitos comerciantes de pequeno e médio porte do país sofrem diariamente. Todas as vezes que vi minha mãe chorar durante essa fase da minha vida tiveram a ver com as ações desses caras, fossem eles inspetores municipais ou "agentes" da Direção Geral de Impostos. Canalhas imorais que não tinham escrúpulos em assediar permanentemente uma mãe solteira vulnerável, que só tinha dinheiro suficiente para colocar comida na mesa e pagar uma escola acessível para seu filho.

O que estou querendo dizer com essas anedotas pessoais, que sei que eram mais a regra do que a exceção quando cresci em um bairro comercial como o Once, é que, por um lado, as regulamentações arbitrárias que infringem o uso pleno da propriedade privada aumentam a estrutura, os impostos e os gastos do governo. Por outro lado, conceder prerrogativas à burocracia é fornecer ferramentas para a corrupção. Se, em vez de ser filho de uma pequena empresária, eu tivesse vindo ao mundo em uma família de empresários ricos, a anedota certamente seria semelhante, só que com muito mais dinheiro envolvido.

Felizmente, entre as muitas boas iniciativas recentes, o governo Milei eliminou as restrições e autorizações para operar no comércio exterior, anteriormente concedidas pelo Estado. Alguém duvida que, quando se tem de esperar por uma autorização, que pode ser concedida ou negada arbitrariamente, isso acaba tendo um "preço"? Um preço, é claro, que somente os grandes players podem pagar, o que gera um gargalo que deixa de fora os menores. Não é por acaso que todas as restrições acabam beneficiando indiretamente as grandes empresas estabelecidas, pois deixam de fora do jogo as menores, que sofrem com um teto baixo que as mantém longe das grandes ligas, onde não podem entrar para competir.

Prerrogativas e arbitrariedades nas mãos de funcionários são sinônimos de corrupção iminente, mesmo que os Carrio's da vida não percebam isso. Mas, como eu disse, as consequências negativas do estatismo regulatório e intrusivo são pagas principalmente por aqueles que têm menos.

Até hoje sou assombrado pela lembrança de uma notícia que li durante os dias sombrios da pandemia e da quarentena. Uma cabeleireira, que dependia de seu emprego para sustentar a família, teve de trabalhar "clandestinamente", em turnos e com as portas fechadas. Uma vizinha, que teria ficado feliz em se juntar à Stasi na Alemanha Oriental, a denunciou. Infelizmente, por sorte, sua reclamação foi uma das usadas para gerar um caso exemplar. Quando essa pobre mulher recebeu a notificação de uma multa que não poderia pagar, ela morreu de um ataque cardíaco. O livro negro da quarentena é um trabalho de investigação pendente, onde, além de denunciar e lembrar as violações mais aberrantes da liberdade e dos direitos humanos, ainda nos questionamos sobre o mistério do que aconteceu com os casos de pessoas que desapareceram na democracia. É claro que, para os progressistas locais, o fato de essas coisas serem relevantes, ultrajantes ou não, depende do sinal político do governo.

Como já dissemos, por trás da inflação legislativa, do poder da burocracia, do aumento das regulamentações e da implementação de questões que, à primeira vista, podem parecer menores ou inconsequentes, existe um ecossistema ideal para a corrupção e o aumento dos gastos públicos. Quando um departamento do governo tem o poder de autorizar ou não empresas, ou de facilitar ou atrasar (e até complicar) procedimentos, a autorização inevitavelmente acaba sendo negociada no mercado. Não no mercado livre de bens e serviços, mas no mercado da corrupção, ao qual muitos empresários que desejam apenas trabalhar em paz têm de recorrer. Há alguns anos, ao coletar informações para um artigo de jornal, deparei-me com o caso de uma empresa que não receberia água a menos que tivesse uma licença, mas que, paradoxalmente, não receberia uma licença a menos que tivesse água instalada. A única solução moderadamente simples para esses impasses legais geralmente é o suborno, que é moralmente validado como uma necessidade em determinadas circunstâncias.

A solução minarquista e seu eventual impacto positivo na meta de reduzir a corrupção

Em debates na televisão, o atual presidente argentino referiu-se à sua concepção político-ideológica com uma clareza conceitual que não é habitual na área. Embora ele se reconheça como um "anarcocapitalista" (e tenha continuado a fazê-lo depois de receber a faixa presidencial, em uma atitude sem precedentes no mundo), em mais de uma ocasião ele reconheceu que sua agenda para a política argentina era a do "minarquismo". Essa palavra, bem conhecida pelos interessados em ciência política, mas menos pela maioria das pessoas, refere-se a nada mais nada menos do que um estado limitado. Embora seus detratores questionem a ideia, que eles descrevem como "extremista", a verdade é que a Constituição Nacional da República Argentina é, acima de tudo, "minarquista". Ela define funções específicas para os poderes independentes com claras limitações às prerrogativas, coloca a liberdade individual como um valor fundamental e dá às pessoas o direito à propriedade e ao livre comércio. Como destacou Alberto Benegas Lynch Filho, em vez de ser o candidato "antissistema" - como foi chamado -, Milei foi o único que propôs soluções compatíveis "com o sistema" da atual Constituição Nacional, inspirado nas Bases de Juan Bautista Alberdi. Seus rivais, que promovem a manutenção do modelo estatista como uma opção ao repudiado minarquismo, não apenas incentivam o atraso e a pobreza de que a Argentina tem sido vítima, mas, sem reconhecê-lo (e muitos, provavelmente, sem sabê-lo), ao defender o modelo do grande Estado, incentivam a permanência e a proliferação da corrupção, que cresce sem limites em contextos dirigistas e de planejamento centralizado.

Diz o ditado que "é preciso bater no porco para que o dono apareça". Em questões políticas, isso poderia ser traduzido como "é preciso cortar os cofres dos milionários para ver quem sai para protestar porque eles ficam sem seus negócios vis e seus salários suculentos". Quando Milei propôs que as obras públicas fossem entregues ao setor privado, quem apareceu para questioná-lo duramente foi nada menos que o Ministro de Infraestrutura e Serviços Públicos da província de Buenos Aires. Mesmo no caso hipotético e improvável de um ministério operar com "corrupção zero", os burocratas que realizam uma ação que o setor privado poderia fazer de forma mais barata e eficiente não querem perder seus privilégios.

Naturalmente, quanto mais o Estado cresce, mais a corrupção tende a aumentar em seu controle. Um dos casos mais paradigmáticos do kirchnerismo foi o escândalo do projeto de construção de moradias que Hebe de Bonafini e suas Madres de Plaza de Mayo estavam encarregadas. Certamente, se os responsáveis tivessem sido outros e não um grupo de pessoas protegidas sob o manto da impunidade moral concedida por Néstor e Cristina Kirchner, a história teria sido diferente.

Os porta-vozes populistas geralmente argumentam que a corrupção não é exclusiva do setor público. Embora isso seja verdade, os incentivos do setor privado tendem à correção, enquanto no Estado ocorre justamente o oposto. Se, em uma empresa, um funcionário corrupto conseguir que um fornecedor compre, por exemplo, produtos superfaturados em troca de um retorno, e seus colegas ou os proprietários descobrirem, ele acabará sendo demitido e o fornecedor será demitido. Os proprietários sempre buscarão cuidar de seus próprios recursos e aumentar o lucro. Porém, quando o dinheiro é administrado por outros, os salários são garantidos e não há metas de melhoria, geralmente não há bons resultados.

Seguindo Milton Friedman, vamos pensar nas quatro maneiras possíveis de gastar dinheiro:

Usar os próprios recursos para si mesmo, que é a maneira mais eficiente.

Usar o dinheiro de outras pessoas para si mesmo, que é uma maneira menos eficiente, pois a pessoa prioriza o que adquire, sem prestar atenção ao custo.

Usar o próprio dinheiro para comprar coisas para os outros, de modo que você pode esperar prestar mais atenção no quanto gasta do que no produto que compra.

Usando o dinheiro de terceiros para adquirir coisas para os outros. Esse é o caso das receitas fiscais usadas para comprar coisas para outras pessoas (e, nesse caso, essas pessoas são desconhecidas). É redundante dizer que essa - que é a forma como os governos gastam - é a pior maneira de alocar recursos.

Por esse motivo, quanto mais dependências tiverem, com funcionários com maior poder de decisão, mais a estrutura burocrática se multiplicará e, com ela, a ineficiência e a corrupção. Esse é um câncer crescente que, na Argentina, precisa da mais forte quimioterapia e de uma grande cirurgia.

Não há tempo nem espaço para tratamentos não invasivos. Além disso, ainda não sabemos se o drama que estamos sofrendo é terminal ou não. Pode ser que a cidadania defina essa questão na eleição de meio de mandato de 2025.

A proposta de sistema de vales que Milei trouxe para a discussão nacional propõe afastar-se do último degrau das quatro opções de Friedman, a fim de melhorar consideravelmente a eficiência da alocação de recursos e incentivos. Essa iniciativa propõe que os recursos sejam direcionados diretamente para onde precisam ir, reduzindo os intermediários e incentivando a concorrência. Em outras palavras, em vez de o governo coletar um imposto e alocá-lo em um ministério, para que ele vá para uma instituição ineficiente (que não tem incentivo para prestar um bom serviço), ele evita esse corrimão "poroso", que é, por si só, ineficiente, mesmo que ninguém "enfie a mão na lata".

Evidentemente, a burocracia política, que seria a eventual vítima da implementação de um programa como o programa de vales, entendeu que era uma boa ideia para os cidadãos. Como saber? Porque não houve um debate honesto ao questioná-lo e se dedicaram a mentir sistematicamente. Eles ridicularizaram o termo por ser em inglês e até fizeram uma campanha de desinformação para vincular o "voucher" a supostos vales, que os alunos teriam de comprar e pagar para fazer cursos. Uma das muitas mentiras infames que Milei enfrentou durante sua campanha presidencial.

A social-democracia, supostamente preocupada com a situação dos mais necessitados, deveria ser tão defensora dessas bandeiras quanto o liberalismo, ou até mais, já que estamos falando de políticas redistributivas em favor dos que têm menos, mas de forma mais inteligente e com melhores incentivos. Considere o exemplo de uma empresa que tributa uma quantidade significativa de dinheiro para um Estado que alega gerar políticas públicas para melhorar a situação das pessoas de baixa renda e dos desempregados. Não seria mais eficiente se ela tributasse apenas as despesas para o funcionamento de um Estado limitado e, com o restante, subsidiasse diretamente um grupo de pessoas, por exemplo, na saúde ou na educação, no âmbito de um sistema competitivo? É claro que sim. O problema é que os supostos porta-vozes dos pobres muitas vezes não passam de defensores de estruturas parasitárias, que garantem a seus membros um padrão de vida muito mais elevado do que o do resto dos mortais que trabalham no setor privado maltratado que puxa a carroça. Eles são, como gostam de dizer os populistas com problemas de projeção, "os porta-estandartes de seus próprios interesses".

O caminho do dinheiro que passa pelas "mãos porosas" dos políticos, além de fomentar a corrupção e a ineficiência, gera um clientelismo que vai além dos chamados "planos sociais". Ele permite a compra da vontade de pessoas (muitas vezes famosas) que recebem regalias em troca de apoio ao governo do dia. Os shows de artistas pró-governo, bem como as produções audiovisuais de atores e cineastas que são financiados com fundos coercitivos (seja do fundo fiscal ou do valor proporcional dos ingressos de cinema ou dos impostos sobre as plataformas), permitem que a classe política desfrute das vantagens de um porta-voz desavergonhado e egoísta. Isso também é descartado em um esquema minarquista, no qual o Estado não tem nada a ver com o subsídio ou o financiamento de iniciativas artísticas, que devem ser absolutamente independentes do poder político (até mesmo de contestação). Não há nada mais patético do que artistas obsequiosos aos poderes constituídos, que defendem até mesmo o indefensável sem corar. Essa também é uma forma de corrupção dissimulada, assim como o roubo por meio do uso da inflação monetária.

Essa corrupção "legal", mas absolutamente imoral, também se reflete na publicidade oficial para a mídia e os jornalistas que Milei deixou sem efeito por um ano, assim que chegou à Casa Rosada. Uma medida que os liberais esperamos que se torne definitiva. Aqueles que argumentam a favor da estupidez de que os governos (nacional, provincial ou municipal) devem ter recursos para "comprar" espaço publicitário na mídia privada apontam que essa é uma necessidade imperativa: divulgar informações relevantes de interesse geral para o público. No entanto, se o Estado, que detém o monopólio do poder, estabelece os salários mínimos de seus funcionários, as estruturas dos prédios, as cláusulas dos contratos que podem assinar, as características do formato da empresa comercial e tantas outras questões, por que simplesmente não os obriga a fornecer uma página por dia, alguns minutos de tempo no ar ou um artigo nos portais, para essas informações supostamente relevantes? Porque eles perderiam a oportunidade de comprar a simpatia de jornalistas, apresentadores, produtores e proprietários de mídia. Se os canais de televisão fossem obrigados a ceder, por exemplo, quinze minutos por dia em um determinado horário ao Estado, sem nenhuma contrapartida, os canais não se importariam se simpatizavam ou não com o governo, de modo que suas linhas editoriais teriam que ser voltadas exclusivamente para seduzir o público consumidor, não os políticos. Mas não: embora possam impô-la pela força, como fazem com os impostos e milhares de regulamentações (muitas delas absolutamente arbitrárias e ridículas), eles preferem continuar usando os fundos públicos para comprar vontades. No final, quem paga são os contribuintes, que acabam financiando coercitivamente um esquema que deveria ser considerado criminoso e que vai contra seus próprios interesses.

A questão cultural

De acordo com o relatório da Transparência Internacional 2023[20], entre os 10 países com a menor percepção de corrupção estão Dinamarca, Finlândia, Nova Zelândia, Noruega, Cingapura, Suécia, Suíça, Holanda, Alemanha e Luxemburgo. Os mais corruptos são Somália, Venezuela, Coreia do Norte, Síria e Nicarágua.

Muitas vezes, quando essas questões são mencionadas, a ideia de que há diferenças culturais intransponíveis por trás de tudo isso é descartada. Assim, nos conformamos com o fato de que um argentino ou um latino-americano não pode aspirar a um desempenho semelhante ao de um nórdico, um suíço ou um alemão "por causa de suas idiossincrasias". Entretanto, além das diferenças culturais existentes, muitas vezes são as estruturas institucionais que determinam o destino de um país. A Argentina era o mesmo país, com suas virtudes e defeitos, quando em pouco tempo deixou de ser um deserto fratricida totalmente improdutivo para ocupar o primeiro lugar no mundo em termos de PIB per capita. Então, o que determinou essa mudança? Não há dúvida: uma Constituição liberal, que respeitava a propriedade e a liberdade dos argentinos e de todos os cidadãos do mundo que vieram habitar esta terra, acompanhada de melhores incentivos e instituições sólidas.

Para refutar qualquer argumento que apele para o contrafactual, e já que também mencionamos a Alemanha, podemos nos lembrar dos dois universos diferentes em ambos os lados do Muro de Berlim. A mesma cultura, a

20 Disponível em: https://www.transparency.org/es/press/cpi2023-corruption-perceptions-index-weakening-justice-systems-leave-corruption-unchecked

mesma história, os mesmos alemães e até mesmo as mesmas famílias divididas, mas com estruturas institucionais e incentivos diferentes. É por isso que as pessoas arriscavam suas vidas para ir de um lugar a outro, assim como os cubanos hoje atravessam o Oceano Atlântico em barcaças rústicas para chegar a Miami ou, pior ainda, fazem uma viagem arriscada da Nicarágua por selvas e rios para chegar à fronteira sul dos Estados Unidos. O mundo nos oferece outra analogia contemporânea quando olhamos para a Coreia do Norte, que fecha a lista do índice global de percepção da corrupção em 172º lugar entre 180 países pesquisados, em forte contraste com seu vizinho ao sul, que está em 32º lugar.

Isso vai além da corrupção e da produtividade econômica. A experiência da Berlim dividida nos mostrou que uma população com as mesmas raízes culturais pode gerar cidadãos pacíficos e bem-sucedidos, além de vizinhos que denunciam um regime totalitário. Sem ir mais longe, na Cidade de Buenos Aires, quantas pessoas tiraram suas máscaras e mostraram sua verdadeira face quando Horacio Rodríguez Larreta nos trancou, em sintonia com Alberto Fernández, durante a quarentena? Não é novidade que o poder corrompe, portanto, ele deve ser permanentemente limitado.

O estatismo, o planejamento centralizado e a corrupção andam de mãos dadas. É uma questão de incentivos à administração pública. A questão, então, é: queremos funcionários públicos honestos? É claro que sim. Mas, por via das dúvidas, para garantir essa honestidade, é melhor que eles sejam limitados em suas funções, prerrogativas e orçamento o máximo possível.

É claro que, enquanto o sistema incentivar a corrupção, ele acaba sendo endossado culturalmente. Mas a história tem mostrado que, se as estruturas institucionais forem substituídas por modelos mais virtuosos, redirecionando os incentivos dos indivíduos para a cooperação social, os maus hábitos tendem a ser corrigidos. Em última análise, os países funcionam quando é melhor fazer as coisas bem feitas do que mal feitas. Como observou a filósofa e romancista Ayn Rand (1905-1982):

"Quando você percebe que, para produzir, precisa obter autorização daqueles que não produzem nada; quando percebe que o dinheiro flui para aqueles que traficam não em mercadorias, mas em favores; quando percebe que muitos enriquecem por meio de suborno e influência, em vez de trabalho, e que as leis não o protegem contra eles, mas, ao contrário, são eles que estão protegidos

contra você; quando percebe que a corrupção é recompensada e a honestidade se torna um autossacrifício, então pode dizer com segurança que sua sociedade está condenada".

A casta e seu significado para o liberalismo

As menções à casta no âmbito do debate político não são novas, nem começaram com Javier Milei. No entanto, o questionamento dessa figura encontra no liberalismo o único espaço político capaz de proporcionar o debate sem mentir impunemente, com a honestidade intelectual necessária para o caso.

Pablo Iglesias e seus companheiros do Podemos na Espanha usaram essa mesma figura para se posicionar na opinião pública. Para eles, toda a política estabelecida até então era "a casta", e eles eram os revolucionários emancipadores virtuosos. Juan Carlos Monedero, uma das principais figuras dos primeiros dias desse perfumado agrupamento comunista, chegou a dizer, na época do surgimento dos podemitas, que o PP e o PSOE "não são a mesma merda, mas cagam parecido"[21]. No entanto, assim que conquistaram algumas cadeiras, eles se aliaram a uma das forças tradicionais da política de seu país para o que acabou sendo o pior governo da história da democracia espanhola. O que eles mudaram para melhor? Absolutamente nada. Acabaram até mesmo com vários líderes condenados judicialmente por diversas causas, além da tradicional hipocrisia de vários líderes, que acabaram vivendo em casas luxuosas, como a ex-ministra da "Igualdade", Irene Montero, que mora com Iglesias em um lugar inacessível para a maioria dos espanhóis. Assim como no "igualitarismo", alguns acabam sendo "mais iguais" do que outros. Sem falar nos clássicos constrangimentos aos quais um progressismo hipócrita como o de Pablo Echenique nos tem habituados, condenado por contratações irregulares, ou seja, "por fora", aos seus assistentes. Um costume esquerdista que parece não conhecer fronteiras e que lembra o caso argentino, em 2021, da kirchnerista Victoria Donda, acusada de oferecer um cargo público a sua empregada doméstica, que lhe havia pedido para regularizá-la, ou seja, colocá-la "no branco". Em vez disso, Donda lhe ofereceu um contrato de serviço público para que ela pudesse

21 Disponível em: https://www.youtube.com/watch?v=kNGGXJO_gYs

continuar limpando sua casa enquanto era paga por algo que não fazia de fato. A ex-diretora do INADI (Instituto Nacional contra a Discriminação, Xenofobia e Racismo), uma organização que não tem nenhuma função e que, felizmente, Milei propôs fechar desde o primeiro dia, atualmente recebe um salário suculento por ser "deputada do Mercosul".

Graças a funções em órgãos inúteis - que não têm outro papel a não ser o de bolsas de trabalho para a militância e a retrógrada "lista completa" do sistema eleitoral argentino - essa mulher vem subsistindo às custas do setor público desde 2007. Como ela, há muitas pessoas que viveram da teta do Estado durante toda a vida na Argentina e que, além disso, promovem leis e iniciativas que prejudicam e atingem o setor privado, empobrecendo as pessoas que trabalham sem privilégios e que, ainda por cima, têm de sustentar seus algozes.

A existência de uma suposta casta pode ser questionada retoricamente por todos os quadrantes políticos. Mas a questão é que existe um modelo que a gera e consolida e outro, bem diferente, que a supera. O único capaz de romper com as castas estabelecidas é o modelo da economia de mercado sem privilégios, em que aqueles que se saem bem (oferecendo bens e serviços de melhor qualidade a um preço mais baixo) ficam mais ricos, e quem se sai mal, vai à falência. Não há impostos confiscatórios que coloquem um teto no crescimento legal e não há resgates do governo para empresas privadas que falharam em seu objetivo.

Um sistema de castas, além do debate político conjuntural, é formado por uma sociedade onde os estratos estão pré-determinados. Aqueles que nascem ricos e poderosos passam a vida inteira dessa forma, apesar de suas virtudes e defeitos. Aqueles que têm o azar de ser pobres não têm escolha a não ser se resignar à miséria por toda a vida. Isso descreve o mundo, praticamente, desde o momento em que o homem saiu das cavernas e estabeleceu os primeiros sistemas políticos, até a revolução liberal, que trouxe a limitação do poder absoluto, a separação do Estado da Igreja e o capitalismo, que até o próprio Marx reconheceu sua capacidade indiscutível de multiplicar a riqueza que, até então, estava praticamente estagnada.

A igualdade perante a lei, a propriedade privada como um direito e a economia de mercado acabaram com as prerrogativas, os preconceitos e os privilégios do passado. Quando se trata da nobre tarefa de multiplicar o capital em uma empresa, não importa se o funcionário é branco, negro, asiático, judeu, cristão, evangélico, ateu, vegetariano ou homossexual. Ai dos empregadores que colocam outras questões acima do desempenho ao contratar, demitir ou promover funcionários. Se fizerem isso, embora devam ter todo o direito de fazê-lo, pois a propriedade é deles, eles serão levados à falência por uma concorrência mais inteligente e eficiente. Não há sistema mais inclusivo e moral do que o liberalismo, que não é "cada um por si", como seus detratores acusam, mas o único modelo com oportunidades para todos, que supera os preconceitos que arrasta a história.

Um bom parâmetro para analisar a mobilidade social no mundo são os rankings que listam as empresas e os empreendedores mais bem-sucedidos de um país. Onde há maiores margens de liberdade, as primeiras posições são sistematicamente renovadas e expurgadas, por vontade exclusiva do consumidor. Por exemplo, nos Estados Unidos, embora não seja mais o exemplo por excelência do livre mercado, mas ainda tenha uma economia mais civilizada do que a deixada pelo peronismo na Argentina, empresas como Apple, Amazon e Tesla agora aparecem no topo da lista. Se formos à mesma lista, mas dez anos antes, não as encontraremos. Ainda havia empresas como Hewlett-Packard, General Electric, Ford Motors ou Bank of America que, embora ainda sejam relevantes, não estão mais no topo do pódio. Se compararmos os mesmos anos com a lista argentina, veremos que os mesmos industriais e empresários se repetem ano após ano. Somente Marcos Galperín, do Mercado Libre, conseguiu um lugar no ranking, embora também tenha sido impulsionado pelo que sua empresa alcançou no exterior, onde conseguiu se desenvolver ainda mais do que na Argentina, porque as regulamentações e o poder sindical do país o impediram de fazê-lo.

Atualmente, os países com as classes sociais mais rígidas (ou seja, um sistema de castas) são os que mais se opõem às ideias de liberdade. Talvez o caso mais extremo seja o da Coreia do Norte, onde, além dos luxos mais excêntricos da liderança consanguínea, os apartamentos mais confortáveis da capital são reservados para funcionários e defensores do regime. Algo semelhante ao que acontece na Venezuela chavista, onde o povo real vive na miséria ou está no exílio, enquanto a nova "classe média alta" são os "enchufados" (protegidos) e os milionários que estão no governo. Em todos esses casos, tanto a validade dos modelos iliberais quanto a existência de três classes sociais inamovíveis estão "presentes": alguns poucos ricos imorais e indignos, alguns poucos cúmplices abastados do regime (que são salvos da imputação de "desclassificados" apenas porque fazem parte da hipocrisia socialista) e um povo faminto que foi privado de suas liberdades e dignidade. Quando esse modelo é instalado e se enraíza, as pessoas têm mais incentivos para querer pertencer à elite com privilégios do que para progredir servindo ao próximo, como acontece nas economias de mercado.

A casta transversal que moldou o populismo

O sucesso da mensagem "anticasta" de Javier Milei tem muito a ver com a percepção palpável das camadas sociais na Argentina. O kirchnerismo promoveu e deixou para trás um sistema de castas, que tem semelhanças, mas também diferenças com o esquema tradicional denunciado pela esquerda dogmática. O que é idêntico ao sistema de castas histórico é a imobilidade social. As prerrogativas não são de sangue ou raça, mas de proximidade e apoio ao modelo populista prebendeiro. A principal diferença é que não se trata do triângulo usual com poucos ricos no topo, a classe média no meio e muitos pobres na base. O sistema de castas deixado pelo populismo na Argentina é transversal e tem como linha divisória os parasitas, que vivem dos outros, e os parasitados. Em outras palavras, os argentinos sem privilégios que pagam pela festa e não têm nenhuma chance de ascensão social.

Do lado dos privilegiados, na seção transversal (que inclui pessoas com renda alta, média e baixa) estão aqueles que vivem às custas dos demais. Ou seja, os empresários privilegiados, os industriais protegidos, os políticos, a classe média sobrevivente de funcionários públicos e servidores que desfrutam de uma estabilidade que não existe para os demais e que não reduziram seu padrão de vida e, finalmente, aqueles que vivem sem trabalhar, em condições um tanto precárias, mas que se satisfazem com a "assistência social" para a subsistência mínima sem grandes esforços.

Por outro lado, há também três "classes sociais" distintas de renda média alta e baixa. Há os verdadeiros empreendedores, que criam riqueza e emprego apesar das restrições e dos saques arbitrários do governo, a classe média cada vez menor e mais prejudicada que, se a situação não mudar, está destinada mais à decadência social do que à ascensão social, e um grande número de argentinos que, com tudo contra eles, trabalham do amanhecer ao anoitecer para sustentar suas famílias, mas não conseguem escapar da pobreza. No setor mais vulnerável, encontramos os trabalhadores sofridos, que padecem com o transporte público desumano e são obrigados a trabalhar o dia inteiro pelos baixos salários de uma economia descapitalizada. É claro que também há muitas pessoas em situação vulnerável que recebem assistência social, mas que a complementam com os empregos informais que conseguem encontrar e que gostariam de progredir por seus próprios meios, se pudessem.

É interessante notar que o sistema de castas argentino tem algo em comum com a descrição de Marx, que se refere à exploração do homem pelo homem. Entretanto, não tem nada a ver com a tese equivocada do autor de O Capital e O Manifesto Comunista, que colocou os capitalistas de um lado e os proletários de outro. O sistema de castas que Javier Milei herdou na Argentina, e que ele está lutando para desmantelar, é o de pessoas de todos os níveis que vivem às custas de outras, que estão em todas as chamadas «classes sociais». Um termo questionável que Benegas Lynch Filho rejeita com razão, mas que às vezes é necessário para exemplificar rapidamente questões relacionadas à renda, que na verdade não têm nada a ver com uma "classe". Para romper o sistema, é necessária uma redução considerável do aparato governamental e burocrático e uma reforma econômica ambiciosa, acabando com os "empressauros" e aumentando as taxas de capitalização para melhorar os salários e dinamizar o setor privado. Além disso, é urgente substituir o sistema de privilégios por uma economia de mercado.

Muitos dos sofrimentos dos argentinos têm a ver com esse sistema de baixa mobilidade social e estratificação. Infelizmente, os comportamentos que evidenciam uma estrutura econômica em crise se normalizaram. Um deles é o hábito de se apegar a empregos que deixam as pessoas infelizes, apenas pela especulação de uma indenização e pelo medo de não conseguir um novo emprego. Nesses eternos dilemas, muitas pessoas deixam passar os melhores anos de suas vidas, com a preocupação lógica de perder o mínimo de sustento, como se isso fosse normal em um país com o potencial que a Argentina tem.

Outra questão que, infelizmente, é aceita sem questionamento é a anomalia de escolher uma profissão por vocação, sabendo que nunca será possível ter uma boa vida. Por exemplo, se alguém decide se tornar professor de escola ou médico de hospital. Quando os cidadãos começarem a se perguntar por que deveria haver salários regulados, em que todos recebem o mesmo além do mérito pessoal (como no campo do ensino), talvez comecemos a nos livrar das teias de aranha mentais que nos afetam como país e nos estagnam como sociedade. O surgimento do Milei foi uma grande contribuição nesse sentido, mas não podemos deixar tudo em suas mãos. Uma pessoa pode dar partida no motor da locomotiva da mudança no âmbito de uma revolução política, mas, sozinha, não será capaz de gerar mudanças transcendentais a longo prazo. Nem como ideólogo, nem como político, nem como presidente. Isso exige o compromisso de todos aqueles que entendem o que está em jogo. Se aqueles que entendem os desafios enfrentados pela administração incipiente não contribuírem de onde estão, o futuro será sombrio.

A ética superior do liberalismo é clara. Embora existam diferenças de riqueza, elas são o resultado das escolhas dos consumidores. A virtude do sistema é que, à medida que ele se desenvolve, aqueles que mais aumentam seu padrão de vida são os mais deixados para trás. O trem puxa todos na direção certa e não há teto para o crescimento, nem garantia de permanência para os que estão no topo. O sistema que se desespera com a desigualdade e rejeita a "meritocracia" não só acaba gerando as desigualdades mais extremas, mas também as mais injustas: os ricos são poderosos para sempre, e as pessoas que sofrem não têm as ferramentas para progredir.

A luta contra o socialismo: um debate antiquado?

"A igualdade foi proclamada e a mais terrível desigualdade reinou: a 'liberdade' foi gritada e só existiu para um certo número de pessoas; as leis foram aprovadas e só protegeram os poderosos. Para os pobres não houve leis, nem justiça, nem direitos individuais, apenas violência, sabotagem, perseguições injustas. Eles sempre estiveram fora da lei". (Esteban Echeverría)[22]

Um dos argumentos mais comuns contra Javier Milei é que os libertários estão se voltando para moinhos de vento quando se manifestam contra o socialismo. Para o presidente argentino, o coletivismo socialista é uma

22 Sastre, M.; Alberdi, J. B.; Gutiérrez, J.M e Echeverría E. (comp. desconhecido) (1958) El salón literario Buenos Aires. Hachette. p. 177

ameaça atual, e não um assunto para museus e livros de história. Seus detratores, especialmente os da social-democracia "centrista", procuram desqualificá-lo com o argumento de que o comunismo acabou com a queda do Muro de Berlim e que, no máximo, sobrevive em certos "parques jurássicos" isolados do mundo, como Cuba ou Coreia do Norte.

Para eles, a Argentina precisa de soluções pragmáticas modernas que se afastem da dicotomia rígida dos anos da Guerra Fria, um fenômeno que eles consideram completamente superado. No entanto, os partidários dessa concepção, que afirmam que o discurso de Milei está ultrapassado, deixam de lado duas questões relevantes: assumir que o lado que venceu o conflito foi o que defendeu as ideias da sociedade aberta (razão pela qual os princípios desse sistema devem ser mantidos, e não os do outro) e questionar as premissas morais que justificam a implementação de medidas coletivistas, que fracassam completamente quando são adotadas em países mais ou menos capitalistas.

Já no século passado, Álvaro Alsogaray (referência liberal falecida em 2005, mas extremamente relevante para os problemas constantes e recorrentes da Argentina) alertava em seus escritos sobre os problemas socialistas que afetavam a Argentina. Na época, ele foi questionado e também acusado de "extremista" por afirmar que existem dois modelos de organização da economia: o liberal, que ele defendia, e o "dirigista", que causou (e continua causando) tantos danos ao país. Em seus dias de campanha, o engenheiro se indignava diante das câmeras, pois as únicas diferenças entre radicais e peronistas eram o uso ou não de gravata, entre outras frivolidades. As ideias e premissas subjacentes aos debates eram exatamente as mesmas.

Desde os anos da Ucedé (que não conseguiu ir além de ser a terceira força política) até a irrupção de Milei (que conseguiu atingir um público muito mais amplo), o Estado não parou de crescer na Argentina. Diretamente proporcionais foram o crescimento da pobreza e o enraizamento da corrupção. Foi assim que a estrutura do governo acabou se transformando diretamente no que pode ser chamado de empresa criminosa. Ou seja, os incentivos do estatismo transformaram uma entidade que costumava cometer atos de corrupção no cargo em uma entidade que tinha o crime como um fim em si mesma.

Na Argentina, felizmente, a bandeira vermelha nunca foi hasteada. As guerrilhas que buscavam a implementação da ditadura do proletariado ficaram pelo caminho na luta armada, e os partidos abertamente comunistas nunca passaram do estágio de testemunho, com alguma representação parlamentar mínima e uma clara tendência à estagnação eleitoral.

No entanto, o kirchnerismo e boa parte da política tradicional (em muitos casos por ignorância e em outros por falta de escrúpulos) avançaram para políticas intervencionistas que geraram, em maior ou menor grau, a mesma falta de coordenação que o socialismo puro e simples gera.

Está claro que não é necessário que uma nação vá tão longe quanto a ditadura do proletariado proposta por Marx para sofrer os problemas gerados pelo socialismo. As consequências inevitáveis do planejamento centralizado e a tendência à descoordenação do sistema de preços podem aparecer sem a bandeira vermelha, se houver intervenção no setor privado, como ocorreu na Argentina.

Fantasmas soviéticos, Smith, Mises e o retorno do fracasso do planejamento centralizado

Por que, como diz Milei, o socialismo tende sistematicamente a fracassar econômica, social e culturalmente, além de tirar a vida de milhões de seres humanos?

Uma ideia (totalmente equivocada) em grande parte da opinião pública mundial é que o socialismo funciona na teoria, mas fracassa na prática. A verdade é que o sistema coletivista é problemático desde o início, no campo teórico, de modo que, na prática, o fracasso inevitável sempre o aguarda. Mas por que mesmo aqueles que não se reconhecem como socialistas o apontam como um modelo virtuoso do ponto de vista ideal ou moral, quase como uma utopia?

Para começar a elucidar essa questão, precisamos voltar aos anos da Guerra Fria, mesmo que sejamos acusados de ser polemistas antiquados. O ex-espião e desertor soviético Yuri Bezmenov reconheceu na televisão americana, na década de 1980, que a URSS dedicou muito mais tempo, dinheiro e mão de obra à infiltração ideológica socialista nos EUA e no Ocidente do que a atividades relacionadas à espionagem. É possível que essa operação bem-sucedida de longo prazo de "subversão cultural" (como o próprio Bezmenov a descreveu) tenha sido mais bem-sucedida do que a própria União Soviética, uma vez que a visão socialista tem apoiadores influentes nas democracias ocidentais em escolas, universidades, mídia e religiões. Esse processo tem sido tão forte e bem-sucedido que as premissas marxistas aparecem até mesmo em padres e rabinos, apesar da visão do pai fundador do "socialismo científico" sobre as religiões, que ele considerava "o ópio do povo".

O desertor russo, que viu a queda do bloco soviético durante sua vida - ele morreu no Canadá em 1993 - disse que os filmes de espionagem e agentes como 007 James Bond eram muito divertidos para o público em geral, mas que essa não era a principal área de interesse de seus ex-companheiros. Apenas 15% dos recursos eram destinados à espionagem tradicional. A grande aposta era o processo gramsciano de infiltração em território inimigo. Lá, os "idiotas úteis" (como os soviéticos chamavam os defensores do socialismo nas democracias ocidentais) fariam o trabalho subversivo no âmbito da batalha cultural do outro lado da fronteira. Essas ações eram chamadas de "medidas ativas" ou "guerra psicológica".

Em uma entrevista memorável[23] em 1984, o especialista em inteligência soviética declarou que, quando as pessoas nas democracias liberais eram "contaminadas" e "formatadas" em seu pensamento, elas não reagiam, mesmo quando confrontadas com a realidade e as evidências empíricas.

Muitas pessoas na Argentina consideram Javier Milei um "ditador" por não permitir que ruas, avenidas ou estradas sejam bloqueadas de forma premeditada, como extorsão ao se manifestar (em um país onde o direito de protestar é absolutamente garantido), enquanto permanecem em silêncio diante das imagens dos tanques do regime chavista atropelando pessoas em uma atitude assassina, ou diante dos processos criminais em vigor em Cuba contra manifestantes que simplesmente seguravam cartazes exigindo democracia e respeito aos direitos humanos nas últimas manifestações. Bezmenov diria que não podemos perder nosso tempo com eles, que já foram educados e treinados por pessoas que foram completamente formatadas. De acordo com o desertor russo, não há outra solução a não ser purificar o sistema educacional e cultural e esperar quinze anos para o desenvolvimento de uma nova geração de pessoas que ocuparão seus respectivos lugares na sociedade.

---

23 Disponível em: https://www.youtube.com/watch?v=OmsDNoi4tm8

É claro que, nessa purificação, tudo é um desafio para o liberalismo. Ao contrário das concepções totalitárias, a ideologia libertária não promove, endossa ou tolera qualquer tipo de censura. Ou seja, aqueles que quiserem publicar livros, produzir produções culturais, programas de televisão, filmes ou shows musicais que promovam ideias coletivistas terão total liberdade para fazê-lo em um governo liberal. Logicamente, eles terão que financiar isso com seus próprios recursos, e não com os dos contribuintes.

Uma desigualdade inevitável é evidente aqui. Enquanto os estatistas usam os recursos do Estado para financiar sua própria batalha cultural, os liberais acreditam que o dinheiro público não deve ser usado para promover nenhuma perspectiva político-ideológica. Nem mesmo a deles. Pode ser que o único trunfo nessa situação seja expor o que os coletivistas fazem com o dinheiro dos impostos para a maioria da opinião pública desideologizada. Mais do que isso, e confiar nas ideias que foram bem-sucedidas no mundo, não pode ser feito. Ou seja, contar com o mercado de ideias.

Mas, enquanto tenta reverter a situação, a Argentina está enfrentando uma corrente cultural de comunicadores, professores, acadêmicos e artistas que está absolutamente cooptada pelo livro de receitas marxista. Uma iniciativa entre muitas que eles defendem em uníssono é a implementação da tributação progressiva. Eles argumentam que é "justo" que aqueles que têm mais paguem mais. Isso, à primeira vista, parece fazer sentido, mas vamos analisar a questão mais de perto.

Um sistema tributário plano (um modelo de carga tributária fixa e proporcional que gera menos distorções na economia e é o único compatível com a igualdade perante a lei) já faz com que os mais favorecidos paguem mais impostos. Suponhamos que a alíquota de imposto seja de 10%. Quem ganha 10 paga 1, quem ganha 100 paga 10, quem ganha 1.000 paga 100 e quem ganha 1.000.000 paga 100.000. Em outras palavras, o mais rico, aquele que tem a maior renda, sempre paga mais do que aquele que tem a menor renda. Entretanto, esse modelo não altera as posições relativas e continua a incentivar permanentemente a criação de riqueza.

Por outro lado, o imposto progressivo diz que quem ganha dez deve pagar 1%, quem ganha mil deve pagar 10% e quem ganha um milhão deve contribuir com 50% para o fisco. Esses esquemas, que produzem "exilados fiscais" nos países onde são mais fortemente implementados, causam danos consideráveis às empresas, pois as descapitalizam consideravelmente.

Com essas escalas de impostos, recomendadas pessoalmente por Marx e Engels para enfraquecer as economias capitalistas, chega-se ao ponto da curva em que o indivíduo prefere parar de produzir. Isso, que parece um exemplo chato de teoria econômica no quadro negro, foi visto várias vezes nas últimas duas décadas na Argentina, e não apenas na classe empresarial. Os funcionários com renda média (que seria considerada baixa nos Estados Unidos ou na Europa) muitas vezes se encontram em situações em que, por causa das horas extras e do imposto de renda, percebem que, se trabalharem mais, receberão menos. Quando isso acontece na base da cadeia econômica e produtiva, significa que o sistema está totalmente quebrado.

É justamente o colapso do sistema de fios comunicantes da economia (que transmitem informações aos agentes) que determina o fracasso do socialismo na teoria, e não apenas na prática, como costuma ser erroneamente considerado. Já na década de 1920, quando o Ocidente observava a revolução bolchevique na Rússia com curiosidade (e até mesmo com alguma expectativa), Ludwig von Mises alertou sobre a absoluta impossibilidade de o experimento comunista se concretizar. O principal representante da Escola Austríaca de Economia, que Milei popularizou na Argentina, destacou uma questão da qual os «socialistas científicos» não se deram conta: se acabassem com a propriedade privada no âmbito da luta contra a exploração e a desigualdade, quebrariam involuntariamente o sistema de preços. Isso não era pouca coisa, já que os preços são o que manifestam e ordenam as preferências das pessoas na sociedade moderna após a explosão virtuosa da divisão do trabalho, que Adam Smith descreveu tão bem em 1776.

Questionar a divisão do trabalho seria totalmente estúpido. Para aqueles que quiserem fazer o exercício mental de como isso seria, podem imaginar sua própria vida se tivessem que fabricar por seus próprios meios absolutamente tudo o que consomem e usam. O resultado seria a pobreza absoluta e o retorno à economia de auto-subsistência das cavernas. Uma pessoa fez um experimento interessante e preparou um sanduíche de frango do zero, sem as facilidades do supermercado. Isso lhe custou US$ 1.500 e seis meses de trabalho[24]. É claro que esse sistema não tem defensores; no entanto, essa

24 Mais detalhes disponíveis em: https://www.vice.com/es/article/z4gq98/hablamos-con-el-chico-que-se-tardo-6-meses-y-gasto-mil-quinientos-dolares-en-hacer-un-sandwich

loucura é um parente próximo da crença de que os países não devem importar muitos produtos, pois isso seria mais favorável ao mercado nacional e à produção local, a velha ideia de "viver com o que é nosso".

Essa divagação é acreditada por quase metade do mundo. Se levarmos essas afirmações para termos individuais, dizer que se um país permitir importações irrestritas, ele não produzirá absolutamente nada, é como dizer que se pode viver sem trabalhar. Ou seja, abrir mão de nossas exportações (o trabalho que nos dá renda) e nos limitarmos a importar as coisas que consumimos (tudo o que compramos no mercado com nosso dinheiro). Os defensores da tese do francês Colbert, que disse essas bobagens no século XVII, deveriam responder como podemos, como indivíduos ou como país, comprar (pagar) sem produzir (arrecadar).

Os economistas clássicos do século XVIII, apesar de sua abordagem equivocada da teoria do valor, deixaram claro que não se deve contestar as virtudes do comércio internacional, que coordena os interesses e as preferências de bilhões de pessoas em todo o mundo, tornando todos os bens e serviços da economia melhores e mais baratos. Isso, que nada mais é do que um processo de enriquecimento transversal para todos os indivíduos, beneficia principalmente aqueles que menos têm, pois lhes traz as ferramentas necessárias para escapar da fome e da miséria. Embora isso seja óbvio, os socialistas - que não conseguiam explicar como um trabalhador ocidental explorado vivia melhor do que seu colega soviético "liberado" - agora argumentam que os países ricos exploram os pobres com produtos e serviços baratos. Como disse Bezmenov: essa é uma luta perdida.

Mas, se o comércio amplia as margens de riqueza e desenvolvimento (algo que até o cantor Bono, do U2[25], reconheceu), o protecionismo funciona na direção oposta, reduzindo as taxas de capitalização e proporcionando salários mais baixos aos trabalhadores. Isso é, obviamente, incentivado por empresários protegidos e privilegiados e pelos políticos que eles financiam, que se beneficiam da situação que empobrece a população.

A Argentina é um dos casos paradigmáticos desse fracasso corporativista. Passou de um dos países mais ricos do mundo para o desastre que é hoje, com metade do país abaixo da linha da pobreza. Mas, se continuarmos a ampliar a lente de aumento de nossa problemática, encontraremos uma

25 Disponível em: https://www.youtube.com/watch?v=DzwPlOv4LRQ

questão concreta, que não pode ser respondida por aqueles que afirmam que o socialismo está morto e que Milei tem um discurso retrógrado.

Voltando a Mises, lembramos que, sem propriedade, o sistema de preços não é gerado e que, sem preços, a economia fica cega em termos de alocação de recursos, sem sinais para orientar a produção em relação à demanda das pessoas. É por isso que, na antiga União Soviética, os vagões de trigo estavam apodrecendo nos terminais russos, enquanto as pessoas passavam fome na Ucrânia. As ordens do burocrata e seu planejamento centralizado não podiam substituir o sistema de sinais de preços e sua alocação rápida e dinâmica de recursos.

Como colecionador de Queen, vários anos após o colapso soviético, ainda me divirto com os fósseis deixados pelo comunismo ineficiente, mesmo no universo frívolo dos antigos discos de vinil. Entre os itens produzidos pelas gravadoras de países comunistas como a Iugoslávia ou a Hungria na mesma época, há alguns que hoje estão disponíveis a preços altíssimos e outros que estão disponíveis por centavos em todos os mercados de pulgas da Europa. O motivo é claro: sabe-se lá por que alguns foram impressos em grande escala, de modo que milhares de exemplares sobreviveram, enquanto outros foram publicados com muita parcimônia e estão em falta. O triunfo austríaco sobre o planejamento central é esmagador e pode ser visto em todas as esferas da vida, mesmo naquelas que parecem não ter nada a ver com a teoria econômica.

Voltando aos assuntos atuais e às coisas relevantes: o que acontece se a propriedade privada não for abolida, mas arbitrariamente regulada, e o que acontece se os preços não forem abolidos, mas alterados (isso, de fato, basicamente não seria um preço, mas uma resolução administrativa)? O que acontece é o que aconteceu na Argentina: o desastre total de um estatismo dirigista crescente, onde não se pode dispor livremente de sua propriedade e onde a política acredita que pode ter "preços cuidadosos" nas prateleiras dos supermercados. Uma economia em que nem mesmo o dinheiro tem preço (desde que foi imposta uma armadilha cambial), em que os incentivos não são direcionados para o aumento da produção, em que a criação de empregos pode ser um problema devido à legislação trabalhista fascista e em que uma pessoa não pode concordar livremente com o valor do aluguel de seu próprio apartamento. A revogação da desastrosa Lei do Aluguel, que resolveu automaticamente o problema da falta de imóveis no mercado ao restabelecer os contratos livres, é uma amostra do que aconteceria em todos os setores se o modelo dirigista autoritário e intrusivo fosse deixado para trás. Alguém se propõe a chamar o problema em questão de diferente, já que considera o socialismo morto?

A lei que se propunha a regular o mercado imobiliário foi tão desastrosa que seus apoiadores, demagogos políticos, não ousam mais propô-la novamente. Hoje em dia, eles simplesmente questionam o fato de que as propriedades disponíveis no mercado são inacessíveis para muitos argentinos de renda média e baixa. Definitivamente, isso não se resolve com a regulamentação do preço dos apartamentos, mas com a desregulamentação do mercado de trabalho e do setor privado, para melhorar a capitalização da economia e dos salários. Não é tão complicado assim.

Diga o que quiser sobre os problemas que emanam do planejamento centralizado. O importante é deixar para trás o sistema que apresenta todos os mesmos problemas e externalidades negativas das economias socialistas, em que a propriedade privada é eliminada ou reduzida e o sistema de preços é suprimido ou distorcido. Mas, concretamente, não se pode negar que a economia argentina está estagnada por causa dessa situação de "alto socialismo no sangue", ou seja, por causa da presença de todos esses elementos distorcidos que atrapalham a vontade e as preferências das pessoas.

Ideias que não foram testadas em nenhum lugar?

A corrente dominante estatista, que tende a associar até mesmo ao nazismo qualquer ator disruptivo que pareça ameaçar seus privilégios, não tem escrúpulos em recorrer a uma velha receita goebbelsiana: mentir e mentir até que algo fique ruminando na cabeça das pessoas.

O surgimento e o crescimento de Javier Milei geraram tanta preocupação no establishment político e econômico que eles tentaram combater o fenômeno com todos os tipos de mentiras. Mantras falsos que foram repetidos inúmeras vezes tornaram-se parte do inconsciente coletivo. Por exemplo, que as ideias propostas pelo libertarianismo não haviam sido testadas em nenhum lugar do mundo. Essa é uma falácia absoluta, facilmente refutada.

Vale a pena esclarecer que nem como consultor, nem como colunista, nem como membro do parlamento, nem como presidente, Milei propôs uma solução anarcocapitalista, com base nos mais altos princípios filosóficos que defende. Em todos os momentos, com a motivação de provocar mudanças concretas (e neste momento histórico), o atual presidente nada mais fez do que promover um retorno ao caminho do liberalismo clássico consagrado na Constituição Nacional. A sustentabilidade do modelo minarquista no longo prazo, bem como as soluções para o problema do incentivo ao crescimento das burocracias, serão deixadas para o debate libertário interno, mas isso é outro assunto e não interessa aos críticos do liberalismo. O que eles afirmam, e o que podemos contestar, é que as ideias propostas do La Libertad Avanza nunca passaram do quadro-negro teórico. Isso é uma mentira.

Essa afirmação não é apenas falsa, mas quando esses princípios foram colocados em ação, os resultados foram mais do que satisfatórios. Quais são essas ideias básicas? Que a propriedade privada deve ser respeitada, que os indivíduos devem ser livres e responsáveis por suas ações, que o Estado não deve intervir nas interações entre as pessoas, desde que elas não prejudiquem os outros, e que a burocracia deve se dedicar ao que é indispensável: ou seja, o fornecimento de segurança e justiça. Milei tem se mostrado favorável à manutenção de mecanismos redistributivos na saúde e na educação para os mais necessitados, desde que sejam alocados de forma eficiente, longe das mãos porosas dos políticos. Mesmo antes de entrar na política (em seus textos e sem expectativas presidenciais), ele alertou que é impossível remover os subsídios para os mais necessitados da noite para o dia. É claro que é necessário implementar uma forte reforma produtiva, que permitiria reduzir os beneficiários e, ao mesmo tempo, aumentar o acesso ao emprego formal. Se a Argentina e o mundo não tivessem se desviado tanto para a esquerda e para o populismo, poderíamos até traçar um paralelo entre vários pontos de seu programa e uma eventual social-democracia decente e inteligente. Mas não. Milei é permanentemente classificado como um "extremista".

Além disso, os antecedentes mais semelhantes à ideologia de Milei na política argentina não se encontram nos círculos conservadores, mas nos primeiros anos do Partido Socialista. Seu fundador, Juan B. Justo (1865-1928), era um defensor do comércio internacional e um inimigo ferrenho da criação de um banco central. Sua perspectiva era, logicamente, a defesa dos direitos e do bem-estar dos trabalhadores. Com todo o bom senso do mundo (e mais conhecimento geral do que a maioria dos deputados de hoje), Justo alertou para duas questões proféticas: se as importações fossem limitadas, os empresários locais venderiam produtos caros e de baixa qualidade para os argentinos que não pudessem viajar ou comprar produtos do exterior. O fracasso do modelo de "substituição de importações" provou que ele estava certo. Ele também apontou que, se o Estado assumisse o monopólio monetário, ele teria déficits e emissões descontroladas, o que geraria inflação prejudicial aos trabalhadores com renda fixa. O que ele propôs em questões monetárias? Um padrão-ouro que afastaria os políticos da máquina de impressão de notas. O mesmo que muitos dos libertários da gema de hoje.

Juan B. Justo era um liberal[26] e um socialista inteligente? Esse debate terminológico não tem sentido diante do mais importante: ele era uma pessoa honesta e intelectualmente sólida, estudiosa e com amplo conhecimento de economia. Virtudes que estão faltando na classe política argentina atual.

Infelizmente, essas questões - que não são questões de opinião, mas dados históricos - estão fora do debate político na grande mídia, onde só se ouve as tradicionais acusações de Milei como extremista ou utópico (na melhor das hipóteses).

Frustrado há anos por não poder debater essas questões relevantes com os principais porta-vozes do estatismo, certa vez passei por Roy Cortina (ex-presidente do Partido Socialista da Cidade de Buenos Aires e deputado local) na rua. Perguntei-lhe, com todo o respeito e delicadeza, dado o contexto de um estranho que para uma pessoa na rua para lhe dizer algo:

-Roy, você acha que as ideias de Juan B. Justo são aplicáveis hoje em dia?

Com uma expressão de satisfação e calma no rosto, pois supunha estar na presença de um admirador do fundador de seu partido, ele respondeu com um sorriso:

26 https://www.libertadyprogreso.org/2019/08/01/juan-b-justo-y-el-socialismo-liberal/

-Claro que sim.

-Então, por que o senhor é a favor do banco central e contra o livre comércio internacional?

O que aconteceu em seguida foi desconcertante. Eu estava realmente ansioso pela resposta e pelo argumento dele. Mas, sem dizer mais nada, ele esticou o braço, parou um táxi, entrou, deu partida e me deixou falando sozinho. Ou seja, fazendo o meme do John Travolta no meio da Avenida Corrientes, do lado de fora do Paseo La Plaza.

Por mais incomum que seja a anedota, que o líder socialista não esclarecido certamente negará se for perguntado: "Não é hora de discutir as questões fundamentais da política nacional? O problema, além do populismo que tem governado a Argentina nas últimas duas décadas, é que há anos não existe uma oposição que tenha investigado as questões importantes, além da superficialidade e da complicada situação cotidiana.

Funcionou na Argentina e também no mundo

O debate político no final do século XIX e no início do século XX tinha um nível diferente, assim como a própria Argentina. A diferença intelectual entre um Juan B. Justo e um Roy Cortina é análoga à distância entre o país que temos hoje e aquele que nossos avós sabiam ter.

É sabido que, naquela época, a Argentina havia conseguido se posicionar como um dos países mais ricos do planeta. Naqueles anos, quando se tratava de escolher um destino para emigrar, era exatamente a mesma coisa ir para Nova York ou para Buenos Aires. Muitas famílias que saíam da Europa ou do Oriente Médio ficavam divididas entre os Estados Unidos e a Argentina, já que um destino ou outro podia ser decidido com base em uma passagem mais barata ou na data de partida do navio. Pelo que vários parentes me disseram, devo ter parentes na América do Norte, já que alguns dos primos e irmãos do meu avô Moisés (de Damasco, Síria, como muitos dos judeus sefarditas que vieram para a Argentina) escolheram esse destino por motivos semelhantes. Infelizmente, não tenho contato com seus descendentes. Quando os imigrantes criaram raízes no início do século passado, costumavam enviar cartas uns aos outros entre os diferentes países em que chegavam, até que, com o passar dos anos, simplesmente pararam de fazê-lo. Quantas famílias espalhadas pelo mundo hoje têm contato diário e imediato graças a um simples grupo de WhatsApp em seus telefones? E pensar que existem brutos que ainda questionam o capitalismo...

Quando os efeitos da Constituição liberal de Juan Bautista Alberdi foram postos em prática após a Batalha de Caseros e a queda de Rosas, cidadãos de todo o mundo chegaram à conclusão de que a Argentina seria um bom lugar para se viver, com oportunidades, crescimento econômico, paz, liberdade religiosa e um futuro familiar.

O preâmbulo da Carta Magna não deixou dúvidas sobre a direção que o país tomaria com a nova organização. Ela conclamava a nação em ascensão a "promover o bem-estar geral" e "assegurar os benefícios da liberdade".

Assim que o processo virtuoso de meados do século XIX começou, além do crescimento populacional, da incorporação de novas terras dedicadas à criação de gado, as exportações aumentaram consideravelmente e a poupança estrangeira entrou no país, o que acabou financiando importantes obras de infraestrutura[27].

Uma atualização das Estatísticas Históricas de Maddison revelou que, em 1895 e 1896, a Argentina não era um dos países mais ricos, mas o número um, com o maior PIB per capita do mundo. Os próximos lugares ficaram com os Estados Unidos, a Bélgica, a Austrália, o Reino Unido e a Nova Zelândia. O historiador econômico Angus Maddison (1926-2010) dedicou-se à coleta de dados para estatísticas, com importantes pesquisas, especialmente antes de 1960. Após sua morte, a Universidade de Groningen deu continuidade ao seu legado com o "Projeto Maddison".

Aqueles que chegaram ao país naqueles anos provavelmente nunca imaginaram que o sonho argentino logo se tornaria realidade. Com muito trabalho e esforço, a maioria deles se tornou proprietários de terras e comerciantes bem-sucedidos. Mas essa reviravolta fez da Argentina o único

27 Alemann, R (1997). Breve Historia de la Política Económica Argentina. Buenos Aires. Editorial Claridad.

estudo de caso de "desdesenvolvimento". Uma triste categoria alternativa para países desenvolvidos, em desenvolvimento e subdesenvolvidos.

Assim como são necessários alguns anos para colher bons resultados, um processo virtuoso pode ser arruinado em um curto período de tempo. Após três presidências constitucionais e democráticas, em 1930, o país sofreu seu primeiro golpe de Estado por forças militares. O dano institucional foi ainda maior quando a Suprema Corte de Justiça da época endossou a figura do "governo de fato", o que cortou a incipiente institucionalidade. Após a luta entre radicais e conservadores no contexto de um país que estava começando a estagnar, um novo levante militar em 1943 terminou com a ascensão de Juan Domingo Perón à presidência no ano seguinte.

Lá, a constituição foi alterada de um modelo liberal para um modelo que desconsiderava a inviolabilidade da propriedade privada, no contexto de um fascismo inspirado na Itália de Benito Mussolini (1949). Embora o regime liberticida tenha sido interrompido por outro golpe em 1955, nada voltou a ser como antes. A grande maioria dos militares que proibiram o peronismo, na realidade, tinha a fantasia de substituir Perón, e não estava em seus objetivos mudar o sistema corporativista que já havia sido instalado no país. Não é preciso ser um psicanalista para ver que, no fundo, eles queriam ser os novos caudilhos. A Unión Cívica Radical, que se alternava com os militares, havia deixado de ser um partido liberal (como era quando foi fundada) para ser um partido social-democrata, muitas vezes mais "social" do que "democrático". O triunfo de Raúl Alfonsín em 1983 consolidou a vitória da ala esquerda do Radicalismo, com os resultados à vista de todos.

Desde então, a Argentina tem vivido de crise em crise, produto de um estatismo incapacitante, déficits, dívidas e inflação quase permanente. O modelo liberal mostra total superioridade sobre a alternativa estatista, quer analisemos o que veio antes ou o que veio depois. O curioso é que esse não é um fenômeno novo ou experimental, como os críticos do presidente Javier Milei querem nos fazer acreditar.

É possível que a única novidade no debate político atual seja o fato de que uma pessoa de fora decide chutar a mesa e ir com tudo, tanto para criticar o sistema vigente quanto para buscar uma solução para seus problemas. Muitas das figuras mais importantes da atual oposição ao governo argentino reconhecem, «extraoficialmente», que o modelo anterior está esgotado e que as soluções estão onde Milei aponta. No entanto, eles persistem na crença de que as mudanças «não podem ser feitas da noite para o dia» e que elas exigem «maior consenso político» do que aquele que o libertário conseguiu até agora. É claro que essa margem maior de negociação teria de ser com a corporação, uma parte interessada em não perder seus privilégios, de modo que, quando se considera a questão, percebe-se que a estratégia do «tudo ou nada» não é irresponsável, mas sim a única chance que o programa de reforma tem na situação atual.

Qualquer desculpa para questionar Milei é válida para seus rivais. Quando ele é acusado de promover políticas que supostamente não foram aplicadas em lugar nenhum, o libertário sai em disparada, por exemplo, lembrando que Margaret Thatcher tirou seu país da estagnação, reduziu os impostos, revigorou a economia e melhorou consideravelmente o padrão de vida do povo britânico. Então, em vez de discutir as reformas que foram bem-sucedidas no Reino Unido naqueles anos, a questão da suposta inviabilidade dessas ideias econômicas é completamente deixada de lado, para apontar Milei como "antipatriota", já que Thatcher estava do outro lado durante a Guerra das Malvinas (1982). Isso mostra como são grosseiros, mas permanentes e constantes, os ataques da corporação política.

Felizmente, quase 56% dos argentinos não caíram nesses enganosos cantos de sereia, que foram perfeitamente representados na figura de seu rival, Sergio Massa. Por mais paradoxal que possa parecer, Milei não está oferecendo nada de novo. Sua plataforma carece de qualquer criatividade e inovação, felizmente. Ele propõe o único mecanismo que já serviu na história da humanidade para melhorar a vida das pessoas. Mas os problemas que estão sendo debatidos na Argentina acabam sendo seus caminhos, seus problemas familiares, seus problemas conjugais ou seus cachorros. É claro que isso tem a clara intenção de desviar o máximo possível o foco do que é importante.

A história está repleta de histórias de sucesso do governo limitado e da economia de mercado, assim como está repleta de fracassos do coletivismo estatista. Na Irlanda, que há alguns anos enfrentava uma crise de grandeza, melhorou apenas em algumas questões e rapidamente se tornou a economia que mais crescia no mundo. A Suécia, que havia chegado à estagnação total devido aos gastos públicos que eram iguais à produção do país, conseguiu decolar implementando reformas de mercado, inclusive nos sistemas públicos de saúde e educação. Isso foi alcançado, entre outras medidas, pela implementação do sistema de vales, que financia a demanda e libera a concorrência. Mas quando os libertários propõem isso, o lado oposto argumenta que esses são esquemas "que não funcionaram em nenhum lugar do mundo". E quando você mostra que eles funcionaram, eles recorrem ao argumento de que "a cultura é diferente" nesses lugares.

Eles sempre parecem ter uma desculpa para manter seus privilégios. Que diferenças culturais havia na Coreia quando os modelos do Norte e do Sul foram diferenciados? O que havia de diferente entre os berlinenses no dia em que o muro foi erguido? Nada. No caso específico da Suécia, onde a crise dos anos 90 pôs "um fim definitivo ao sonho de um Estado de bem-estar social em permanente expansão econômica", Mauricio Rojas diz que as reformas encontraram forte resistência. O autor de Suécia após o modelo sueco comenta que os setores que se opuseram ao desmantelamento do modelo fracassado tinham como porta-vozes a esquerda de passado comunista, mas também a burocracia administrativa em nível provincial e municipal, que se recusava a perder seus privilégios. Curiosamente, foi o sistema de vales escolares que conseguiu combinar a liberdade de escolha com as aspirações básicas de igualdade propostas pela esquerda, mas cuja implementação falhava[28].

O caso do chamado "milagre alemão" (que não é um milagre de forma alguma) também foi questionado quando Ludwig Erhard o lançou em 20 de junho de 1948, no contexto de uma Alemanha devastada pelo período pós-guerra. Com todas as opiniões contra ele (tanto dos generais aliados quanto dos teóricos alemães), o economista - que havia sido treinado por vários dos intelectuais frequentemente citados por Milei - teve que escolher uma manhã de domingo como data para lançar seu programa de reforma, para que passasse o mais despercebido possível.

A revogação automática de todos os controles de preços, a reforma monetária e a limitação do endividamento público geraram mudanças virtuosas imediatas que até hoje continuam a ser estudadas como se fossem, precisamente, um "milagre". Dado o potencial da Argentina, seus recursos humanos e naturais e os avanços tecnológicos atuais, o "milagre argentino" poderia superar o alemão. O que é grave é que é mais complicado

28 Rojas, M. (2005). *Suecia Después del modelo sueco. Del Estado benefactor al Estado possibilitador.* Buenos Aires. Fundación Cadal. pp. 48-50

progredir em um país afetado pelo populismo do que em um país destruído pela guerra.

Pessoalmente, acredito que não serão a soja, o trigo, a carne bovina, o lítio ou o petróleo que farão o país decolar mais quando se libertar do jugo do regime estatista. Será o ímpeto dado à recuperação por uma população sedenta de sucesso, formada por sobreviventes maltratados. Por que o recurso humano da Argentina é tão valorizado no mundo? A resposta é simples. Aqui, um jovem de vinte e poucos anos já tem conhecimentos dignos de uma pós-graduação em finanças, pois analisa instintiva e reflexivamente várias questões quando se trata de pagar um simples cartão de crédito após uma viagem. Em outras palavras, ele tem que estar ciente de mais variáveis do que o contador profissional de uma pequena empresa em um país estável. Qualquer lavador de pratos argentino em um bar do chamado "primeiro mundo" acaba por administrar o local assim que começa a trabalhar. O argentino é resiliente e se adapta com maestria às situações mais adversas, já que chegou ao exílio econômico depois da permanente exploração a que a Argentina nos submete para a mera sobrevivência. Isso oferece uma possibilidade excepcional quando se trata de pensar "fora da caixa" e avaliar soluções alternativas para os problemas cotidianos.

Enquanto os populistas e a esquerda acham que devemos continuar com o modelo paternalista, protegendo as pessoas, os liberais argentinos acreditam que nossa população, com as ferramentas necessárias, pode gerar uma revolução sem precedentes. O sucesso das reformas liberais no contexto local é absolutamente previsível. Entretanto, depois que ele ocorrer, o mundo certamente o estudará no futuro como "o milagre argentino".

Ideias que foram experimentadas e fracassaram?

Quando se trata de questionar a bateria de propostas que levou Javier Milei à presidência, dois argumentos são usados com frequência e, além de serem falsos, são contraditórios. Quando não dizem a ele que suas ideias "não foram testadas em nenhum lugar do mundo", como mecanismo de descrédito e para gerar na opinião pública a ideia da perigosa improvisação, atribuem-lhe o fato de se tratarem de políticas que já foram implementadas e falharam. O tragicômico é que muitas pessoas nos últimos anos defenderam os dois pontos ao mesmo tempo. Incomum.

Na seção anterior, já vimos que a agenda liberal clássica proposta por Milei não só é comprovada, como também tem um histórico de sucesso. Mas vejamos os momentos históricos em que os socialistas afirmam que a receita já havia sido colocada em prática e que sua aplicação havia sido um desastre. Em nível nacional, afirma-se que as ideias liberais fracassaram com o processo militar e seu primeiro Ministro da Economia, José Alfredo Martínez de Hoz, na década de 1990, com Carlos Menem e com a recente experiência de Mauricio Macri.

Como primeiro ponto, deve-se observar que a analogia com o que aconteceu na década de 1970 tem a intenção de, de alguma forma, vincular as ideias do livre mercado à repressão ilegal e à violação dos direitos humanos. Não se deve mentir sobre o que aconteceu naqueles anos (como fazem os apologistas do ERP e dos Montoneros, que sugerem que houve uma geração dizimada que só buscava a liberdade, a democracia e a "justiça social") para questionar e repudiar qualquer ação que esteja de costas para o estado de direito.

Nesse sentido, é importante destacar a posição coerente do Presidente Milei com sua rejeição absoluta à metodologia do autodenominado "Processo de Reorganização Nacional" e sua defesa do direito do Estado de Israel de se defender. Não se pode ser politicamente correto diante de um ataque terrorista, assim como não se pode justificar, por exemplo, o desaparecimento forçado de pessoas, entre tantas outras coisas. Israel se defende sem complexos, como a urgência das circunstâncias exige, e não tem escrúpulos em assumir a responsabilidade pelas baixas do inimigo. É claro que o país infelizmente enfrenta o boicote hipócrita e o repúdio permanente dos progressistas internacionais, que fazem vista grossa diante das agressões do bárbaro terrorismo islâmico, motivado por um antissemitismo visceral disfarçado de "antissionismo". É uma coincidência que aqueles que associam qualquer coisa à repressão ilegal dos anos 70 na Argentina hoje defendam e justifiquem o terrorismo de organizações como o Hamas?

Há pessoas que afirmam ser os antípodas de outras pessoas, nas quais parecem projetar suas características, mas na realidade não são tanto assim. Na última marcha, em 24 de março, vários manifestantes carregavam bandeiras palestinas, com o que isso significa no contexto atual. Paradoxalmente, eles cantavam que iriam atrás dos militares "como os nazistas". Sim, ao mesmo tempo em que indiretamente justificavam o Hamas, que acabara de realizar um massacre covarde contra civis inocentes, apenas por serem judeus. A partir da covardia "pró-palestina" e do "anti-sionismo", o governo é acusado de justificar as violações dos direitos humanos da repressão dos anos setenta. Outra projeção do que eles fazem, que continuam a defender os meios e as causas revolucionárias do ERP e dos Montoneros.

O antiliberalismo, o desprezo pelos direitos humanos reais, a rejeição das liberdades individuais e o antissemitismo são alguns dos denominadores comuns de muitos que negam as ideias de liberdade. Da Frente de Esquerda ao Biondini.

Antes de analisar a questão do "plano" econômico de Martínez de Hoz, é preciso reconhecer uma coisa e fazer uma ressalva. Em seus discursos e apresentações, ele era a favor de um Estado limitado que não desperdiçasse dinheiro, de um setor privado dinâmico que pudesse financiá-lo e de um comércio aberto. Agora, o fato de essas questões serem atribuídas ao "liberalismo extremo", quando são questões básicas de bom senso e sustentabilidade econômica - que foram até mesmo aceitas por muitas social-democracias durante a década de 1990 - só deixa claro o quanto o eixo do debate mudou para o coletivismo socialista. Além disso, também é necessário observar que o ex-ministro da Economia de Videla nem sequer se moveu na direção que ele estava propondo conceitualmente, e veremos por quê.

Para abordar essas questões em termos gerais, é necessário fazer a seguinte pergunta: como a abertura econômica e a responsabilidade fiscal podem ser características de uma ideologia? Em suas decisões diárias, as pessoas querem poder oferecer seus serviços ao maior número possível de clientes em potencial, e também querem ter o máximo de opções e concorrência quando se trata de fazer compras. É claro que ele também é obrigado a não gastar mais do que ganha, se quiser evitar problemas sérios que poderiam levá-lo às ruas ou às grades. Questões básicas e lógicas como essas se tornaram subjetivas, discutíveis e "ideológicas" no interesse de grupos de lobby, que lucram com situações inaceitáveis e insustentáveis, como fazer negócios e espremer o suco de "estados não falidos".

Para ilustrar, vejamos o caso hipotético de uma pequena ilha, que aumenta consideravelmente seus recursos fiscais e sua receita, pois fica na moda ao aparecer em um filme romântico de sucesso de Hollywood. Como resultado do boom do filme, milhares de casais de todo o mundo começam a escolher esse destino para sua lua de mel. É claro que o capital também pode se multiplicar internamente por motivos produtivos, mas exemplos ilustrativos em que "ele vem de fora" são mais fáceis de ilustrar.

Depois que a infraestrutura tiver sido construída para acomodar os novos turistas, suponha que as autoridades políticas percebam que estão tendo um novo superávit considerável. Nessa circunstância específica, pode surgir uma discussão na qual os representantes de cada orientação política sugerem caminhos diferentes. Por exemplo, um legislador mais conservador poderia dizer que os recursos deveriam ser usados para abrir uma nova delegacia de polícia para cuidar da população local diante do aumento do tráfego. Outro legislador, mais social-democrata, poderia dizer que os recursos deveriam ser usados para criar um hospital ou uma nova escola pública para os moradores locais mais necessitados. Logicamente, o representante da bancada liberal poderia propor a economia e o cuidado com o excedente, bem como a redução dos impostos para os contribuintes. Tudo isso poderia estar dentro da estrutura de uma discussão parlamentar civilizada.

O que não pode ser considerado um argumento válido é o fato de o governo gastar sistematicamente recursos que não possui. Isso não é ideológico, nem deveria ser uma exclusividade do "liberalismo". Deveria fazer parte do mero senso comum. As restrições orçamentárias, as consequências da emissão indiscriminada ou o impacto sobre o setor privado - portanto, sobre o emprego e os salários - da voracidade fiscal pertencem à matemática e à realidade empírica. Não pertencem à esfera ideológica ou ao debate subjetivo.

Mas não. A esquerda demagógica procura associar a ideia de um Estado de tamanho razoável, com os cidadãos tendo o direito de comprar bens importados e preços de mercado verdadeiros para os produtos, com a cena sombria e triste de um homem torturado em um centro de detenção. Como podemos permitir essa loucura?

Vamos analisar outro argumento ligado ao "liberalismo econômico" do Proceso e as consequências da "abertura econômica" e das importações, que também são atribuídas ao menemismo da década de 1990. Como já dissemos, o argumento de que, se fosse permitida a entrada irrestrita de importações, o país não produziria nada é mais do que falso. Se não houver produção nem renda extraordinária, geralmente não há recursos para comprar do exterior. Os países normais precisam de moeda estrangeira gerada pela produção local para importar, assim como as pessoas precisam trabalhar para fazer compras.

Embora seja verdade que, após um processo de protecionismo, a abertura possa gerar alguns prejuízos e perdas de empregos (como aconteceu nas décadas de 1970 e 1990), é necessário analisar a questão um pouco mais profundamente se quisermos chegar a uma conclusão bem-sucedida e evitar a repetição do fenômeno.

Deixemos de lado por um momento a cena da entrada de um produto importado (mais barato, de melhor qualidade ou ambos), que gera o fechamento de uma fábrica que, logicamente, fabricava um produto de menor qualidade, ou com as mesmas características, mas mais caro. Vamos ao momento em que ocorre a distorção que gera essa consequência: a de um político demagógico que decide, por exemplo, "proteger" a indústria de pregos. Vamos imaginar que não exista um "envelope" do empresário para o político (como geralmente ocorre nesses casos) e que a liderança seja guiada apenas por velhos erros e falácias econômicas. Se for decidido "proteger" esse setor, é porque, desde o início, ele não é competitivo diante de possíveis concorrentes externos. A "foto" do primeiro momento em que a distorção começa é a do político junto com o industrial e os trabalhadores comemorando. Todos participam de um ato emocional, em que se apela ao sentimento patriótico da indústria nacional.

Quando começamos a percorrer esse caminho, os pregos importados custam cinquenta centavos, enquanto os pregos locais chegam às prateleiras por um peso. Embora custem o dobro, se forem de qualidade semelhante, boa parte da opinião pública considerará essa contribuição justa e necessária para o mercado local, e não para uma fábrica do outro lado do planeta. Afinal, ninguém vai ficar mais pobre por pagar algumas moedas a mais por um prego feito por seus concidadãos, que eles podem até conhecer pessoalmente.

Mas o que acontece quando essa premissa acaba afetando todos os bens da economia? Quando o fenômeno se espalha para roupas, tecnologia, parte dos alimentos e todas as coisas que consumimos diariamente, inevitavelmente nos tornamos muito mais pobres, pois precisamos do dobro ou do triplo de recursos para satisfazer nossas necessidades, em comparação com uma pessoa de outro país que desfruta dos benefícios de uma economia aberta.

Entretanto, esse não é o único problema ao avançar no processo econômico. O prego (para ficar no exemplo mencionado) também foi afetado por questões dinâmicas. A proporção 0,50 - 1 e a mesma qualidade deixam de existir e são deixadas para trás com o tempo. Ocorre que o mercado internacional se expandiu e os fabricantes mais eficientes melhoraram a qualidade e reduziram o preço, pois aumentaram a produção em escala para atender a um mercado global. Em outras palavras, ele foi para 0,25 e se tornou muito mais resistente. O que aconteceu com o prego "protegido"? O empresário prebendário, por ter um público cativo, nunca investiu para melhorar a qualidade do produto, de modo que, na melhor das hipóteses, ele permaneceu o mesmo e, na pior, diminuiu. Não é preciso dizer que esse último é sempre o caso. Além disso, sem concorrência, ela pôde aumentar o preço e aumentar seu lucro. Mas o valor deste último aumentou ainda mais, pois seu amigo e protetor, o político populista, inflacionou a moeda para financiar seu modelo estatista. Como a peça termina? Com o prego internacional muito melhorado, a um custo de 0,20, e com o do modelo de substituição de importações, de pior qualidade, por 2,50. Quando isso acontece, o público, já farto, deixa de ter empatia com o empresário local e seus trabalhadores e exige abertura total e irrestrita, o que acaba deixando, logicamente, alguns trabalhadores sem emprego.

A conclusão dessa história é que o problema não é a "abertura", mas que essa é uma consequência inevitável e próxima. O erro grave ocorre no momento anterior ao "fechamento", quando o processo dinâmico e distorcido que empobrece as pessoas começa a se desenvolver e, mais cedo ou mais tarde, termina com um trauma repentino que poderia ter sido evitado. Defender o modelo de substituição de importações é sinônimo de beneficiar empresários inescrupulosos por um tempo, empobrecendo lentamente a população e acabando por gerar, mais cedo ou mais tarde, um aumento do desemprego, quando a farsa se torna insustentável. Se o exemplo é suficientemente gráfico com um simples prego, o leitor pode imaginar o nível de desastre que ocorre com bens complexos, que exigem uma extensa cadeia de produção. Isso sem falar no campo da tecnologia, onde a Argentina tem a indústria da "montagem", já que, logicamente, não consegue produzir nem mesmo os circuitos internos do produto acabado.

O caso mais distópico de que tive notícia foi o de um importador que solicitou ao seu fornecedor internacional que lhe enviasse os produtos desmontados, para montá-los aqui na Terra do Fogo e colocá-los à venda. Diante da impossibilidade de atender à solicitação, uma vez que as peças fazem parte de um processo automatizado e o cliente argentino comprava apenas uma pequena parte da produção, o criativo "empresário" argentino teve que elaborar um plano alternativo: enviar o produto acabado para uma empresa na China que o desmontaria e o enviaria em peças para a Argentina. No final, os consumidores argentinos tiveram que pagar pelos extras desse processo delirante, que nem pode ser chamado de "ineficiente", pois é outra coisa, que acho que nem tem uma palavra para descrevê-lo.

Tendo esclarecido que a responsabilidade fiscal, uma moeda sólida e o livre comércio nada mais são do que questões lógicas e não ideológicas (como entendido pelo "socialista" Juan B. Justo), vamos nos voltar para o único lugar onde uma analogia entre as ideias de Milei e as do ministro supostamente "liberal" da primeira parte do processo militar poderia ser estabelecida ou não: a práxis. Ou seja, a área das políticas aplicadas. Não para discutir se ele estava citando Hayek ou não (aliás, o mesmo ganhador do Prêmio Nobel o advertiu na época sobre as inconsistências de seu roteiro, como o próprio Martínez de Hoz reconheceu), mas sobre o que o ex-ministro fez concretamente e se suas ações são comparáveis à agenda proposta pelo atual presidente libertário.

Quando vamos direto ao ponto, vemos que ele abordou o problema econômico de uma forma completamente oposta à que Milei está fazendo hoje:

"Muito se tem debatido sobre a circunstância de nosso programa ter um caráter bastante gradualista, argumentando-se que um tratamento de choque, como alguns defendiam, teria sido mais eficaz. Essa questão foi seriamente analisada no início de nossa administração", reconhece Martínez de Hoz em seu livro 15 años después, no qual relata a experiência de sua administração fracassada.

No livro, o economista, falecido em 2013, não esconde sua frustração. Ele mesmo reconhece no texto, publicado em 1991, que seu projeto foi "truncado", pois não conseguiu chegar a uma conclusão bem-sucedida ou cumprir seus principais objetivos. É claro que alguns pontos definem o curso de uma agenda correta: há muitos vídeos daqueles anos, que os demagogos usam para compará-lo com Milei, nos quais Martínez de Hoz afirma que os preços e salários devem ser liberados, os subsídios devem ser reduzidos e outras ações que têm mais a ver com questões inevitáveis, como restrições orçamentárias, do que com ideologia. Mas onde, então, o programa falhou, já que nada se concretizou? No erro de diagnóstico que o próprio ex-ministro comenta em seu livro e que, anos depois, foi repetido pelo governo Macri.

O ex-chefe da pasta econômica de Videla, sua equipe e os militares debateram entre as conhecidas alternativas de "choque" e "gradualismo". A conclusão a que chegaram foi que não havia tempo para fazer "o que era desejável", então fizeram o que consideravam "possível" (ambos os termos usados pelo autor em seu livro). Os receios da liderança na época, de acordo com o protagonista da história, tinham a ver com a inevitabilidade da rejeição por grande parte da opinião pública das consequências inevitáveis e dolorosas do primeiro estágio de um plano de choque. A preocupação dos militares era que a população rejeitasse o governo e começasse a apoiar as organizações guerrilheiras, que buscavam implementar um modelo socialista no país. É por isso que eles embarcaram no programa "gradualista", que buscava avançar lentamente em direção a correções "indolores" enquanto financiavam o déficit com a dívida externa, que é a única coisa concreta que o processo militar deixou para trás. "Deve-se levar em conta (...) o alto nível de atividade terrorista existente na época, que buscava capitalizar quaisquer efeitos negativos que pudessem ocorrer na ordem social"[29], argumentou o ex-ministro em seu livro.

O "Processo" não avançou com nenhuma privatização de empresas públicas. Ele até mesmo embarcou no delírio da nacionalização, como aconteceu com a empresa de energia Ítalo Argentina. Juan Carlos Casariego Bel, que trabalhou até 1977 como Diretor de Investimentos Estrangeiros, é um dos 6348 desaparecidos reais listados no Registro Unificado de Vítimas de Terrorismo de Estado (Rutve). O ex-funcionário de carreira, além de seu perfil político crítico ao governo militar e de uma suposta investigação não corroborada que o ligava à ERP, afirmava que a empresa era "obsoleta" e que o Estado estava gastando uma quantia exorbitante de dinheiro, o que não correspondia em nada à sua nacionalização. Seu desaparecimento poderia ter algo a ver com seu questionamento, incômodo para aqueles que promoviam uma nacionalização injustificável, mesmo para aqueles que defendiam as chamadas "empresas públicas"?

29 Martínez de Hoz, J. A. (1991). *Quince años después*. Buenos Aires. MC. p. 23.

As regalias, a corrupção e os negócios através dos mecanismos estatais estiveram presentes durante o governo militar, como em quase toda a história recente. Como? Por quê? Basicamente, porque todas as engrenagens e prerrogativas de um Estado superdimensionado, que inevitavelmente direciona os incentivos à corrupção, foram mantidas.

Como descreveu o historiador Luis Alberto Romero em sua Breve História Contemporânea da Argentina, entre 1976 e 1983 continuaram em vigor os regimes que permitiram a muitas empresas manter "importantes reduções de impostos, garantias de créditos baratos, seguro cambial para créditos em dólares, monopolização do mercado interno, decisiva no caso do papel jornal, ou fornecimento de energia a baixo custo, muito importante para as siderúrgicas ou a fábrica de alumínio". De acordo com o autor, "muitos grupos empresariais, muitas vezes sem experiência significativa no campo, conseguiram formar seu capital com contribuições mínimas próprias"[30].

Associar o liberalismo em termos gerais a tudo isso é uma farsa, produto de ignorância irrestrita ou de desonestidade intelectual desprezível.

As reformas da década de 1990 não produziram a crise de 2001

A última vez que uma administração governamental na Argentina seguiu em uma direção semelhante à que Milei está apontando hoje foi na década de 1990, com Carlos Saúl Menem. Vale a pena lembrar que o ex-governador de La Rioja não chegou à Casa Rosada como um libertário, dizendo o que iria fazer. Aqueles que propuseram o curso da privatização e a redução do aparato estatal em 1989 foram seus oponentes: o radical Eduardo Angeloz e o liberal Álvaro Alsogaray. O primeiro carregava a contradição de ser o candidato oficial de um governo hiperestatista e inflacionário como o de Raúl Alfonsín, da UCR. O segundo era o representante de um partido minoritário, como o Ucedé, que atingia quase exclusivamente os setores intelectuais das classes mais altas e ricas do país. Até muito recentemente, é preciso admitir, o liberalismo era uma escola de pensamento que se limitava praticamente a esses espaços quase "elitistas". Foi Javier Milei quem levou as ideias de liberdade aos setores mais humildes e aos jovens pela primeira vez. Ao

30 Romero, L. A. *Breve historia contemporánea de la Argentina.* (2001) Fondo de Cultura Económica. Buenos Aires. p. 220.

contrário do que aconteceu com as experiências liberais anteriores, foi somente na votação que o colocou frente a frente com o kirchnerismo, sem outros candidatos na disputa, que Milei conseguiu angariar os votos dos setores de renda mais alta, em sua maioria identificados com o Juntos por el Cambio. Embora tenha vencido as primárias e o primeiro turno em áreas do conurbano bonaerense e em bairros pobres como La Boca, JxC dobrou sua vantagem nos dois primeiros turnos das eleições em bairros como Recoleta e Barrio Norte.

Menem, que acabou implementando o programa de reforma mais ambicioso da democracia moderna até o momento, venceu as eleições com um anúncio que convidava as pessoas a "recuperar seus sorrisos", enquanto prometia a "revolução produtiva e o super salário", sem dar qualquer indicação de como esses nobres objetivos seriam alcançados.

Até hoje, permanece um mistério o momento exato em que o ex-presidente decidiu adotar um rumo pró-mercado. Na década de 1970, quando era governador de La Rioja e foi preso pela ditadura, ele ainda defendia a Constituição peronista de 1949, que nem sequer reconhecia a inviolabilidade da propriedade privada (que havia sido substituída pela "social"). A Carta Magna do peronismo inicial "era claramente de extração nacionalista e socialista, principalmente no campo econômico social (e) também tinha características corporativistas definidas"[31].

Em algum momento, Menem mudou de ideia. O que é certo é que o mundo que o recebeu na presidência no final da década de 1980 foi o da queda do Muro de Berlim e da implosão da União Soviética, mas também o do colapso do exacerbado estatismo argentino.

Depois de dois anos complicados, mas sem problemas de governabilidade por pertencer ao peronismo, Menem conseguiu começar a endireitar o barco. Em 1991, foi implementado o plano de conversibilidade que, embora seja lembrado pela taxa de câmbio fixa com o dólar (1 para 1), o mais importante foi o fato de o Banco Central ter sido impedido de emitir pesos a menos que dólares fossem trazidos para garantir a paridade cambial. Sem essa restrição como regra monetária, o programa teria fracassado rapidamente. Vale ressaltar que o "Plano Austral", que entrou em vigor em 1985, substituiu a moeda

31 Alsogaray, A. C. (1989). *Bases liberales para un programa de gobierno*. Buenos Aires. Editorial Planeta. p. 23.

anterior (o peso argentino), que havia sido emitida dois anos antes. Para cada mil pesos argentinos, as pessoas recebiam um Austral, que começou a circular como moeda forte. A taxa de câmbio nas ruas no primeiro dia era de 0,85 para 1 (embora os anúncios oficiais dissessem que era 0,80). Em outras palavras, se com um austral comprássemos um dólar quando Like a virgin, da Madonna, começou a ser tocada no rádio, receberíamos quinze centavos de troco. Como a taxa de câmbio ficou depois da hiperinflação e antes da conversibilidade em apenas seis anos? A 10.000 austrais por dólar, em 1991. Ainda me lembro dos adesivos que os quiosques costumavam colocar, que duravam mais do que o valor do austral. Embora os anúncios fixos que mostravam a goma de mascar Bubaloo a 0,05 centavos de dólar tenham sobrevivido, eles eram vendidos por 500 austrais. A pequena moeda de prata, aqueles que têm alguns cabelos brancos se lembram dela?

Há um debate válido sobre a regra monetária da taxa de câmbio fixa, como a conversibilidade, e sua compatibilidade com o liberalismo. Por um lado, alguns argumentam que ela não permite qualquer apreciação ou declínio na valorização da moeda devido aos processos de mercado, o que pode ter alguma razão. Entretanto, também é verdade que os argentinos escolheram espontânea e livremente o dólar como reserva de valor durante toda a vida, e que quase todos os governos argentinos recorreram sistematicamente à inflação monetária para obter mais recursos. Além desse debate sobre a compatibilidade com o liberalismo, com argumentos a favor e contra, o que é certo é que o "1 a 1" e o cadeado na impressora do monopólio monetário deram ao país os únicos dez anos de estabilidade sem inflação na história moderna.

O que é completamente falso é a teoria de que uma moeda fraca é necessária para aumentar as exportações e "ser competitivo" no exterior. A competitividade tem a ver com outras questões, como capitalização, tecnificação e produtividade, e não tem nada a ver com a taxa de câmbio. Se fosse esse o caso, nenhum país gostaria de importar tecnologia japonesa ou chocolates suíços. Além disso, se essa teoria infeliz, mas válida, fosse verdadeira, a Argentina seria o país mais rico do mundo.

Com relação às privatizações, que foram tão questionadas durante o kirchnerismo (apesar do fato de que Néstor e Cristina as apoiaram enfaticamente na época), devemos lembrar aos jovens socialistas que não eram nascidos naquela época algumas coisas. Todas as empresas estatais, além dos déficits que geravam, funcionavam de forma abismal. Em todo o país havia racionamento de energia e cortes programados, porque a infraestrutura não era suficiente para abastecer todos os argentinos ao mesmo tempo. Como acontece hoje em Cuba.

Em certos dias, as donas de casa se levantavam para lavar e passar roupa no meio da noite e, em outros dias, as famílias se reuniam na casa da pessoa cuja "luz estava acesa" para jantar com eletricidade, enquanto assistiam a um canal de televisão estatal (cuja programação só começava no final da tarde por causa desse mesmo problema). Naquela época, Ernesto Badaraco disse a Juan Carlos de Pablo em seu programa "Momento econômico" que, antes de falar em aumento da demanda ou falta de investimento, o que estava acontecendo era uma "falta de decisões corretas, devido à sua politização, que ignorou as opiniões técnicas apresentadas há pelo menos dois anos"[32].

Os telefones fixos, antiguidades que usávamos para nos comunicar muito antes do advento do telefone celular, eram um luxo para poucos. Solicitar um aparelho da estatal Entel significava anos de espera e exigia uma fortuna compatível com poucos bolsos. A corrupção e o favoritismo na concessão de aparelhos não eram segredo. Ter um contato na empresa ou no estado poderia definir a sorte na obtenção do cobiçado aparelho telefônico, que, de qualquer forma, muitas vezes não conseguia estabelecer comunicação. Às vezes, era possível se comunicar e, às vezes, não. Embora os mais jovens talvez não entendam nada disso, uma das desculpas clássicas e plausíveis daqueles anos era "não consegui falar", quando esquecíamos de ligar para alguém. Às vezes era impossível falar, pois a comunicação estava "amarrada" (assim diziam) e outras comunicações simultâneas eram ouvidas, impossibilitando a conversa. Enquanto escrevo essas palavras, entendo perfeitamente o contexto dos cabelos brancos em minha barba que o espelho me devolve e que, às vezes, considero injustos ou precipitados como produto da negação.

Era tão difícil conseguir um telefone que o valor das propriedades aumentou consideravelmente só porque elas tinham um. A expressão "com telefone" era frequentemente lida nos anúncios de imóveis para venda ou aluguel, que

32 De Pablo, J. C. (2013). *Vivencias extremas. La hiperinflación de 1989 y la corrida de 2001 relatadas para quienes no las vivieron*. Buenos Aires. Ediciones Barbarroja. p. 39

podiam custar até duas vezes mais do que um imóvel sem telefone. Na época, dizia-se que se vendia ou alugava "um telefone com um apartamento", em vez de um "apartamento com um telefone". A diferença entre ter ou não ter uma linha da Entel prevalecia sobre a escolha do bairro em que o imóvel estava localizado. Isso, que hoje parece loucura, era a realidade cotidiana na Argentina dos militares ou de Alfonsín, até a chegada de Menem.

A empresa estatal tinha até mesmo seu próprio departamento de inspetores, que controlava a possibilidade de os usuários fazerem ampliações ilegais por meio de inspeções surpresa. Naquela época, era comum que dois vizinhos compartilhassem a mesma linha, por dois motivos básicos: o alto custo e a impossibilidade de obter uma nova linha. A solicitação levava anos, como comprar um carro nos países atrás da Cortina de Ferro.

A privatização das empresas de eletricidade e telefonia resolveu esses problemas completa e rapidamente. Nos anos da YPF privada, a Argentina não apenas alcançou a autossuficiência em combustível, mas também se tornou uma exportadora.

Embora algumas privatizações tenham sido mais benéficas e funcionado de forma mais eficiente do que outras, o fato é que não houve um único setor que não tenha gerado uma melhoria considerável para os consumidores e contribuintes, em comparação com a instância anterior. Com o fechamento das empresas públicas desastrosas e a estabilidade econômica, Carlos Menem foi facilmente reeleito em 1995. O radicalismo, sabendo que o presidente gozava de uma popularidade imbatível, preferiu negociar a reforma constitucional para um segundo mandato a ter de lidar com um plebiscito que revelaria as preferências do eleitorado.

Mas se a reforma monetária trouxe estabilidade e a privatização melhorou todos os serviços públicos, qual foi a causa da crise de 2001?

O kirchnerismo, que em 2003 estava ansioso para voltar à máquina de imprimir notas (depois do fim da conversibilidade e de uma desvalorização abrupta, no contexto internacional mais favorável da história) e para tirar proveito das estruturas governamentais como um aparato político, durante anos promoveu a falsa ideia de que o colapso que levou ao breve governo de Fernando de la Rúa (1999-2001) teve sua origem nas reformas "neoliberais" da década de 1990. Ou seja, a conversibilidade e as privatizações. Isso é uma mentira.

Embora tenham sido implementadas iniciativas que se mostraram um sucesso inquestionável durante a década menemista e depois dela, o fato é que os problemas de gastos públicos e déficits não foram corrigidos, especialmente nas províncias, a conversibilidade (que tem como contrapartida a impossibilidade de imprimir notas sem lastro para financiar o Tesouro) não é responsável pelo desequilíbrio fiscal. Ela apenas o deixa em evidência, já que não pode passar a conta dos excessos da política para os detentores de pesos, que não perdem seu valor devido à manipulação monetária durante o processo de insustentabilidade fiscal.

O colapso de 2001 foi apenas mais uma das muitas crises de endividamento do país, com a diferença de que foi exposto de forma acentuada porque não estava disfarçado anteriormente pelo esquema da inflação. O Fundo Monetário Internacional, que havia coberto grande parte das obrigações do país durante anos devido às reformas positivas que o país estava fazendo, um dia mudou sua estratégia e opinião e considerou que os países que se esquivavam da responsabilidade fiscal tinham de ser deixados de lado.

Da mesma forma que um dia o governo dos EUA deixou de endossar a repressão ilegal nos anos 70, para sancionar o governo militar com a chegada do democrata James Carter (aliás, embora seja outra história, foram os comunistas russos que tiraram as "castanhas do fogo com mão de gato" dos militares argentinos ao levar as exportações agrícolas para a URSS), uma mudança de política no FMI nos anos de Horst Köhler e Anne Krueger tirou o país da lista de alunos subsidiados favoritos, apenas para retirá-lo por ser irresponsável.

Embora a política tradicional, ávida por retornar aos mecanismos silenciosos de pilhagem por meio de roubos de colarinho branco, tenha levado grande parte da opinião pública argentina a acreditar que a crise tinha a ver com certas reformas da década de 1990, como a conversibilidade e a privatização, tudo isso é uma mentira vil.

Em um almoço na famosa mesa de Mirtha Legrand, em 2003[33], que revelou o clima da época, Hugo Chávez repetiu todo esse decálogo de bobagens sem que ninguém pudesse apresentar o menor argumento para refutá-lo. Enquanto o falecido ditador e encantador de serpentes se referia à necessidade de não esquecer o "nefasto" passado recente do "neoliberalismo", Chiquita acenava com a cabeça e dizia que tudo isso era "inesquecível". Mauricio Macri, que estava tendo um debate superficial com o venezuelano, disse "sem

33 https://www.youtube.com/watch?v=oiFd8mEpblo

dúvida", endossando todas as estupidezes alegadas por esse mentiroso, que arruinou completamente um país, que até hoje - mais de uma década após sua morte - não conseguiu recuperar sua liberdade.

Quando não puderam imprimir cédulas por uma década, o desequilíbrio fiscal ficou evidente e tudo explodiu quando o financiamento externo foi cortado. Menem, De la Rúa e os governadores provinciais daqueles anos tiveram responsabilidade por isso, seja por incentivar o desequilíbrio ou por não conseguir evitá-lo? Certamente que sim, mas é preciso deixar claro que eles não tiveram nem mais nem menos responsabilidade do que todos os seus antecessores e sucessores, fossem eles militares, radicais ou peronistas.

Em vez do processo tradicional de empobrecimento gradual e inflacionário gerado por ignorar as restrições orçamentárias e apelar para a falsificação monetária, o fenômeno ocorreu de um momento para o outro. A mentira, como se diz, não foi "o 1 a 1". Em todo caso, foi pensar que o déficit poderia ser varrido para debaixo do tapete, especialmente nas províncias, que hoje também se recusam a corrigir os desequilíbrios e pretendem continuar esbanjando dinheiro. O que deve ser enfatizado é que o liberalismo não teve nada a ver com tudo isso. Pelo contrário, foi o eterno hábito dos governos nacional, provincial e municipal de gastar mais do que têm.

Infelizmente, grande parte do eleitorado caiu nas armadilhas discursivas e associou uma série de reformas virtuosas a uma crise que tinha suas raízes em outro lugar. Além de dissociar as causas dos efeitos, perdeu-se a oportunidade de refletir sobre questões realmente necessárias. Um exemplo disso é o fato de termos passado por um novo confisco de depósitos sem que o sistema de reservas fracionárias fosse questionado. Mesmo que soe incrível, mais de um argentino foi levado a acreditar que perderam suas economias de uma vida inteira nos bancos porque as empresas estatais foram privatizadas e porque tivemos dez anos sem inflação. Na ignorância, o kirchnerismo encontrou os fundamentos de seu projeto político.

Um fator que contribuiu para a confusão geral foi o fato de que, durante anos, não houve pontos de referência claros na discussão política que pudessem explicar a questão sem medir palavras.

Felizmente, Javier Milei tomou nota das lições da história recente. Assim que chegou à Casa Rosada, ele iniciou seu programa inegociável de "déficit zero" e deixou claro para os governadores que "não há dinheiro". Ou eles ajustam os gastos supérfluos ou terão de lidar com o eleitorado muito em breve. O importante é que não há espaço para passivos provinciais que especulem sobre o eventual resgate da Nação que, por sua vez, apela para o endividamento ou a emissão monetária. Se o líder libertário conseguir avançar novamente com uma agenda de privatizações, com uma política monetária sólida e com as contas públicas em ordem, o futuro da Argentina é absolutamente promissor. Juro a vocês, não tenho dúvidas. Estou absolutamente convencido. É claro que muitos perderão seus privilégios. É por isso que eles estão fazendo tudo o que podem para boicotar e derrubar o governo antes que o programa econômico comece a dar frutos aos olhos do eleitorado.

Se as reformas do menemismo tivessem começado com essas questões estruturais, como a ordem fiscal nacional e provincial, a sustentabilidade desse processo teria sido diferente e a história também. Embora o escritor Jorge Asís chame Milei, em tom depreciativo e para rebaixá-lo, de "o Menem fajuto", o apelido apropriado para o que ele está fazendo até agora deveria ser bem diferente: "o Menem melhorado".

A recorrência do erro de escolher o gradualismo em vez do choque

Desde o início do governo de Mauricio Macri (2015-2019), os setores populistas também fizeram uma analogia com o processo militar, acusando ambos de projetos "neoliberais" idênticos. Paradoxalmente, o único denominador comum do roteiro econômico do "Proceso" era a receita iliberal do "gradualismo". As diferenças aparecem quando a comparação é feita com a administração que começou em dezembro de 2023, quando um curso completamente oposto foi adotado.

Assim que começou, o governo Macrista decidiu não informar o público sobre a pesada herança, apostando no otimismo, que acabou se revelando excessivo. Acreditavam que a confiança gerada pelo novo governo aumentaria consideravelmente a chegada de investimentos e capitais, a ponto de realizar o velho sonho de "sair da crise sem ajustes", um erro conceitual que já havia custado a presidência de Fernando de la Rúa, e ao país, a liquefação da moeda, o confisco duhaldista e, como se não bastasse, a chegada do kirchnerismo.

O "Cambiemos" também não avançou com nenhuma privatização. Durante esse período, apostou-se mais uma vez no cavalo perdedor da correção lenta e gradual, especulando que, em algum momento, o crescimento contribuiria para reverter a curva do déficit fiscal. Mais uma vez, a dívida foi usada para financiar o processo. Como na era militar, os objetivos não foram alcançados e a conta ficou para os contribuintes.

O mais chocante de tudo isso é que eles repetiram o mesmo erro de cálculo de Martínez de Hoz e companhia. A arrogância com que vários dos principais funcionários do governo cambiemita se comportaram me sugere que eles não tiveram tempo para ler livros ou revisar a história recente. Enquanto na década de 1970 optaram pelo "gradualismo" para que os cidadãos não se incomodassem com as reformas incômodas e acabassem apoiando as guerrilhas, entre 2015 e 2019 optaram pelo mesmo caminho, para evitar que o eleitorado voltasse a ter Cristina como salvadora. A lição da história diante da estratégia fracassada dos gradualistas do passado e do presente foi conclusiva: o kirchnerismo retornou, justamente o espaço político que justificava as bandeiras dos Montoneros e dos Erpianos. Pelo menos temos o consolo de que o governo K e seus novos jovens idealistas, com a ocasional velha guerrilha (liderada, logicamente, pelos oportunistas que enriqueceram com a "circular 1050"[34]) se contentaram com a corrupção vulgar e nem sequer tentaram implementar o "socialismo peronista" de seus sonhos. Para quê? A boa vida é mais confortável às custas dos outros. Mas não se deve dizer que eles abandonaram "as bandeiras". Aquelas velhas bobagens dos anos 70, que interpretaram o peronismo como o que ele nunca foi e geraram um banho de sangue absolutamente desnecessário no país.

A falta de reformas estruturais durante o governo Macri ficou evidente na implementação e retorno do controle cambial. Além das questões econômicas, deve-se observar que eles abandonaram completamente a batalha cultural; outra grande diferença em relação ao governo atual. Enquanto improvisavam e se esquivavam das correções e reformas necessárias, os principais líderes do Cambiemos, que defendiam Lula ou José "Pepe" Mujica, afirmavam que o PRO representava a interseção dos valores do PP e do PSOE. Em outras palavras, a mistura de uma centro-direita deslavada e sem

---

34 https://www.lanacion.com.ar/politica/una-fortuna-que-crecio-gracias-a-la-celebre-circular--1050-nid1651009/

graça com uma social-democracia imoral disposta a se aliar ao comunismo para formar um governo.

Embora muitos tenham se surpreendido com a direção da administração fracassada, eu nunca me surpreendi. Sempre me lembrei que eles lamentaram a morte de Chávez, que deixaram do lado funcionários que questionaram o discurso do kirchnerismo dos anos 70 e que seus jovens usavam camisetas com o rosto de Macri na famosa pose de Che Guevara. Como eu poderia esperar algo desse governo se, quando falei com um ministro sobre as reformas necessárias em sua área, ele respondeu que não havia espaço para "nada disso"? Então, por que eles chegaram ao governo: para administrar a decadência por quatro anos e depois nos devolver às garras do kirchnerismo?

Claramente, as questões de estilo e estratégia de comunicação não estão diretamente relacionadas ao fracasso do gradualismo, mas podem ser explicadas pelo comportamento tímido com o qual eles confrontaram a política econômica.

Javier Milei se referiu em várias ocasiões à inviabilidade do caminho gradualista em seus anos como palestrante de televisão. O importante é que, assim que assumiu o cargo, ele embarcou no caminho certo.

Hoje em dia, a palavra está nas mãos dos argentinos, que decidirão se apoiarão um líder honesto que reconhece que essas dificuldades devem ser suportadas para atravessar o deserto ou se, dada a situação complicada e difícil, decidirão jogar tudo fora e voltar às falsas soluções mágicas do populismo.

Por enquanto, e diante do futuro incerto, deve-se observar que o caminho adotado é exatamente o oposto do governo militar ou da administração do Cambiemos. Finalmente, a Argentina terá sucesso desta vez? Como já dissemos, tudo dependerá de uma coisa: se o lobby corporativo perderá ou ganhará um braço de ferro, no qual o presidente não pode ser deixado para lutar sozinho. A única certeza aqui é que o plano funciona. Mas além disso, e pela primeira vez, por enquanto, o complicado e difícil caminho certo está sendo escolhido.

Em uma observação pessoal, devo dizer que, apesar da administração fracassada do Macrismo na época, o patriotismo do ex-presidente e de sua ex-ministra da segurança, Patricia Bullrich, é notável, quando o futuro da Argentina estava em jogo na votação de Massa-Milei. Embora a maioria dos cidadãos estivesse disposta a votar para tirar o kirchnerismo do poder, quem sabe o que teria acontecido no dia da eleição sem a força política proporcionada pelo setor dos "falcões" do PRO, em questões vitais como a fiscalização, além de ter pedido abertamente o voto de seu eleitorado natural. Se o país agora tem pelo menos uma chance com a gestão de Milei (que tem a coragem e a clareza conceitual que a gestão do Cambiemos e a proposta do Juntos por el Cambio não tinham), pode ser que tudo seja possível porque esses dois líderes entenderam que cabia a eles acompanhar e não liderar o processo de mudança. Isso é algo que poucos estão em posição - nem têm a grandeza - de fazer na esfera política tradicional.

Falácias e incongruências contra Milei e o liberalismo

A explosão de Javier Milei na mídia fez com que seus interlocutores (geralmente críticos) usassem a bateria tradicional de preconceitos e falácias contra as ideias liberais. O mesmo aconteceu com seus adversários políticos a partir de 2021. Ao contrário de outros representantes do espaço, que historicamente consideravam que não era oportuno ir direto ao ponto ou travar uma batalha moral, Milei, desde o início, manteve uma certa intransigência em questões de princípio.

A partir dessa trincheira de batalha, ele apresentou argumentos que nunca haviam sido ouvidos antes no horário nobre da televisão, muito menos na arena política. Vamos analisar algumas das falácias mais reiteradas que foram e são combatidas com ênfase e clareza pelo presidente argentino.

"Ele está vindo por nossos direitos"

O refrão dos supostos "anti-direitos" foi um clássico da campanha eleitoral que levou Javier Milei à presidência. Jornalistas de todos os meios de comunicação e quase todos os outros candidatos repetiram, durante o longo processo que começou antes das primárias, passou por uma eleição geral e foi resolvido em um segundo turno, que o libertário vinha pelos "direitos" das pessoas. Como vimos, o discurso não agradou a maior parte do eleitorado. Entretanto, vale a pena refletir sobre essa farsa.

Os direitos não dependem dos políticos, mas são pré-existentes, até mesmo aos textos constitucionais que os consagram. Um exemplo claro disso é a Magna Carta do Rei João, de 1215, que nada mais faz do que reconhecer os costumes que já existiam. Esses costumes foram moldados por vários processos que ocorreram nos tribunais judiciais. Nem a classe política nem os legisladores tiveram nada a ver com isso. Tanto o Direito Comum quanto o Direito Romano eram inicialmente "direito judicial". Ou seja, os processos que surgiram depois que as reivindicações entre partes privadas chegaram a um impasse exigiriam a resolução por esse meio. Como ensina Bruno Leoni: "O direito nasce com a demanda".

Analisando os verdadeiros princípios do direito, é necessário ressaltar que as pessoas não ganharam direitos por meio de políticos nem os perderão por meio da política na estrutura de uma administração moderadamente liberal. Quando as sociedades os exigem, a liderança nada mais faz do que reconhecê-los, da mesma forma que, quando eles começam a ser exercidos, é muito difícil retirá-los sem mais nem menos. Quando o texto constitucional dos EUA estava sendo discutido, houve um debate acalorado sobre a conveniência de incluir ou não uma declaração de direitos. O argumento a favor da negativa girava em torno da ideia de que, se esquecessem de mencionar um determinado direito, alguém poderia pensar que ele não era protegido por lei. Também devemos ter em mente a ideia da Carta Magna argentina, que adverte que, por padrão, tudo o que não é proibido é permitido. Curiosamente, foi o populismo kirchnerista que procurou reverter isso, administrando arbitrariamente as liberdades das pessoas.

Assim que o governo de Javier Milei começou, o Executivo emitiu um ambicioso Decreto de Necessidade e Urgência e apresentou ao Congresso a "Lei de Bases e Pontos de Partida para a Liberdade dos Argentinos". Ambas as iniciativas propõem restaurar aos cidadãos as liberdades consagradas na Constituição, mas que foram perdidas devido a leis inferiores de constitucionalidade duvidosa - se não nula e sem efeito. No entanto, a oposição argumenta que são a DNU e a "Lei de Bases" que são inconstitucionais. Essa estupidez tem sido repetida por jornalistas e "analistas" que não leram nem a Constituição nem as iniciativas do governo. Como pode ser inconstitucional que um locador e um locatário determinem os termos de um contrato voluntário? Como pode ser inconstitucional que um clube de futebol decida autonomamente, por meio de uma votação dos membros ou de sua diretoria, qual modelo organizacional prefere? Qual seria a inconsistência, com a Constituição, de uma reforma trabalhista baseada em contratos livres entre as partes?

Se falamos em "direitos", não podemos cair na incoerência de violar acordos voluntários e a disposição da propriedade. Os verdadeiros "anti-direitos" são os partidários da hiper-regulamentação que promove e defende esse modelo fracassado, absolutamente incompatível com a Constituição argentina e suas garantias.

Essa apropriação da lei pelos políticos ao longo da história tem como objetivo enganar as pessoas, fazendo-as acreditar que lhes é devido algo. Portanto, é apropriado esclarecer o que é um direito e o que não é. Um exemplo é o que diz o artigo 14 da Constituição, que consagra - ou melhor, reconhece - o direito "de trabalhar e exercer todas as indústrias lícitas; de navegar e comerciar; de peticionar às autoridades; de entrar, permanecer, transitar e sair do território argentino; de publicar suas ideias na imprensa sem censura prévia; de usar e dispor de seus bens; de associar-se para fins úteis; de cultuar livremente; de ensinar e aprender". Um decálogo do liberalismo básico.

Dentro desse contexto de liberdade, todo mundo trabalha no que quiser, estuda o que quiser, escolhe sua religião (se quiser) e se associa para os fins que quiser, desde que não viole os direitos dos outros. Entretanto, assim que o atual governo tomou posse, seus críticos começaram a apontar argumentos rebuscados para corroborar sua tese imaginária do presidente "antidireitos".

A mal chamada "mídia pública", o direito à informação e à cultura

"O Estado é a grande ficção na qual todos tentam viver às custas de todos os outros". Frédéric Bastiat

Assim que foi confirmado que não haveria dinheiro público para artistas e cantores em concertos subsidiados pelo Estado, os setores mais grosseiros da oposição vieram a público para vociferar que a cultura era um direito que o presidente estava tentando restringir. Embora possa parecer incrível para os leitores de outros países, essas coisas estúpidas são ditas na política argentina sem que ninguém se ruborize.

Continuando com a reflexão anterior, a cultura não foi concedida nem garantida por nenhum político. É um fenômeno evolutivo e espontâneo, com indivíduos como protagonistas. É claro que ela floresce mais em ambientes de liberdade e prosperidade do que em tempos de repressão e pobreza. O que Milei ou outro presidente teria de fazer para restringir o "direito à cultura"? Regulamentar o conteúdo das obras teatrais? Auditar as bibliotecas das pessoas e queimar certos livros como os nazistas? Suprimir a Internet? Fazer uma lista negra de músicos para bani-los do rádio?

Alguém imagina que um candidato da democracia que, além disso, está sempre se manifestando a favor das liberdades individuais, possa fazer alguma dessas coisas? É óbvio que não.

No entanto, um exército de acéfalos, guiados por outros mais atentos, mas com interesses muito questionáveis, repetem como papagaios que a cultura é um direito e que Milei não deve ter sucesso em seu plano de "cortá-la".

Deixar de conceder contratos milionários a artistas que, curiosamente, defendem em massa a ideia do "estado atual" que organiza shows com o dinheiro do contribuinte não é um ataque ao "direito à cultura". O que não existe é o direito de viver às custas dos outros. Todos podem consumir e oferecer os produtos culturais e de entretenimento que quiserem. O que é inaceitável é que os impostos sobre os alimentos vão para as contas bancárias de um artista estabelecido que defende os políticos que permitem que ele continue seu negócio.

Hoje em dia, é comum ver os repórteres dos canais críticos na rua, repreendendo os transeuntes com microfones e câmeras, que de repente são questionados sobre o que acham dos "cortes de Milei na cultura". A pergunta é baseada em todas as premissas falsas que existem. Embora muitas pessoas estejam cientes do engano assim que veem o microfone entrevistando-as, elas nem sempre conseguem articular os argumentos para expor o jornalista tendencioso. É claro que meus colegas "militantes" também me consideram um deles. Entretanto, ao contrário deles, estou aberto a qualquer debate público que queiram fazer. Eles têm suas posições e eu tenho as minhas. A questão é que, quando se trata de debater com argumentos, alguns de nós dizem "presente", enquanto o outro lado se destaca por sua ausência.

Os comunicadores que saem para perguntar às pessoas sua posição sobre os "cortes na cultura", se fossem intelectualmente honestos, perguntariam se elas acham que os fundos públicos devem financiar produções artísticas e pagar os salários dos atores (muitos deles celebridades que, curiosamente, são todos kirchneristas). Se fosse eu quem estivesse com o microfone, perguntaria às pessoas: "O que você acha da ideia de os contribuintes terem que pagar compulsoriamente por programas de televisão, filmes, shows e peças de teatro que não querem ver?"

Certa vez, Milton Friedman foi duramente questionado sobre a venda de ingressos para uma palestra em uma universidade na Islândia. Seus detratores argumentaram que, no passado, todas as apresentações acadêmicas eram "gratuitas". A resposta foi lapidar e sem objeções. O economista respondeu que nada disso era gratuito e que a palavra era muito mal utilizada.

"Suspeito que alguém estava pagando pelo custo dessas conferências. Quem estava pagando por elas? As pessoas que não compareceram a elas". Como sempre, Friedman deixou seus oponentes sem palavras: "Essas palestras não eram gratuitas. O salão de conferências tinha que ser providenciado. As instalações tiveram que ser providenciadas e tenho certeza de que vários palestrantes receberam honorários. O que você quer dizer é que as pessoas que compareceram foram subsidiadas pelas pessoas que não compareceram", enfatizou.

A politização de tudo o que é financiado com fundos públicos fornecidos por políticos é, em algum momento, inevitável. O mesmo que acontece com os "artistas militantes" acontece com os órgãos públicos destinados à cultura. Há alguns anos, com alguns amigos, trouxemos do Brasil um músico que teve seu auge nos anos 70, mas que não é suficientemente conhecido em Buenos Aires para realizar um evento comercial lucrativo. Felizmente, o cantor e compositor brasileiro estava disposto a viajar para a Argentina para tocar conosco sem pagar nada. Ele apenas pediu, de forma bastante lógica, que cobríssemos suas despesas de viagem e hospedagem. Como não receberíamos nosso dinheiro de volta com a venda de ingressos, decidimos gastar o mínimo possível para nos satisfazermos artisticamente, o que, em nossa preferência subjetiva, era muito mais do que o dinheiro que usaríamos.

Embora eu pressentisse que a resposta seria negativa, fui bater nas portas de locais municipais, nacionais e privados altamente subsidiados para ver se poderíamos pelo menos economizar no custo do local. Em todos os lugares em que fui pedir ajuda (o que não deveria ser necessário, já que eu estava exercendo meu "direito à cultura" e como contribuinte), os burocratas que me receberam nem sequer sabiam como eles ou eu poderíamos solicitar uma sala. Evidentemente, a presença de um cidadão solicitando a disponibilidade do espaço, que eles supostamente dedicam a "atividades artísticas", era absolutamente incomum. Todos queriam saber "em nome de quem" eu estava indo. Alguém deve ter me enviado. Eu disse que não. Que eu era apenas um cidadão pagador de impostos que precisava de um lugar para um pequeno concerto semi-acústico, longe do vil circuito comercial capitalista. "A verdade é que eu não poderia lhe dizer", "E... Você teria que enviar um e-mail", "Olha, eu não sei" foram algumas das respostas que recebi. O desconforto gerado pela minha ansiedade por uma resposta clara era sempre perceptível.

Embora eu tenha seguido as instruções vagas e improvisadas que recebi, não obtivemos resposta. Nem positiva nem negativa. Eles simplesmente nos ignoraram. No final, como deveria ser, acabamos pagando por um espaço privado para realizar o concerto. Esse não é o problema; a questão é que, ao mesmo tempo em que pagamos pelo que usamos, também financiamos a mentira de supostas entidades dedicadas à "arte e cultura para todos", que nada mais é do que a privatização do Estado em favor daqueles que se insurgem contra o privado. Uma privatização pela qual não pagaram nada aqueles que, além disso, exigem que paguemos seus salários todos os meses.

A mesma falácia, com os mesmos argumentos do "direito", neste caso "à informação", foi apresentada diante do fechamento da agência estatal de notícias Télam, que empregava um grupo de jornalistas que também tinha a curiosa coincidência de serem todos kirchneristas.

Esses comunicadores, que associam tudo o que não gostam "à ditadura", são um tanto frouxos em questões de princípio quando se trata de proteger seus privilégios. A agência estatal de notícias foi criada por uma ditadura militar em 1945 (com o objetivo de disseminar pelo país a perspectiva favorável do eixo nazi-fascista que governava) e foi restabelecida por outro governo de fato em 1968. Algo que não é mencionado pelos pseudoprogressistas, pois serviu de bandeja vários privilégios que a corporação sindical mantém até hoje e que Milei pretende desmantelar. Até mesmo o Processo de 1976 usou a Télam para atividades relacionadas à inteligência no âmbito da repressão ilegal. Mas a Télam, para a intelligentsia "bem pensante", não é "a ditadura", como eles argumentariam com qualquer outra coisa. "Télam é um direito de todos os argentinos", dizem eles sem vergonha na cara.

"Milei é contra o direito à informação", continuam dizendo até hoje com total descaramento. Mas aqueles que eram contra o direito de ser informado de forma moderadamente objetiva eram seus rivais eleitorais, que inundaram a mídia privada com publicidade estatal (no melhor dos casos) para prejudicar o candidato libertário, que foi permanentemente vilipendiado em cada um dos portais de notícias.

Depois que o ex-chefe de governo da Cidade de Buenos Aires, Horacio Rodríguez Larreta, foi deixado de lado após perder para Patricia Bullrich nas primárias do Juntos por el Cambio e, especialmente, antes da votação frente a frente com o ex-ministro da Economia, Sergio Massa, o tom monocórdio na mídia tornou-se absolutamente esmagador e insuportável.

Como trabalho como jornalista em uma mídia estrangeira (onde escrevo todos os dias e até mesmo em alguns fins de semana), acho difícil encontrar tempo para produzir artigos para portais nacionais. Também não tenho paciência suficiente para reescrever com algumas modificações o que já considerei relevante para publicar em meu trabalho. No entanto, faço isso esporadicamente, por uma questão de exposição e mínima relevância local, para ter algum artigo publicado na Argentina, mesmo que mensalmente. Quando soube que Massa, em meio ao caos inflacionário e de desvalorização de seu próprio governo - do qual era Ministro da Economia - disse a Luis Majul[35] em uma entrevista que seu plano de revalorização do peso seria acompanhado de um aumento nas exportações, senti a necessidade de começar a escrever. Avisei, em um artigo intitulado "Massa não está mentindo, ele está antecipando seu inevitável fracasso econômico"[36], que o candidato de Alberto e Cristina Fernández não tinha nenhuma intenção real de corrigir o déficit fiscal ou de pôr fim à emissão monetária desenfreada, ou, logicamente, de parar de explorar e confiscar o campo. Ele apenas propôs resolver os gravíssimos desequilíbrios com mais dólares disponíveis (dependendo, logicamente, de fatores exógenos incontroláveis, que vão desde o clima até os preços internacionais), para que pudessem servir de contrapeso

35 Entrevista disponível em: https://www.youtube.com/watch?v=czwG4mZFrE4
36 Artigo disponível em: https://panampost.com/marcelo-duclos/2023/11/09/exportaciones-massa-no-esta-mintiendo-esta-adelantando-su-inevitable-fracaso-economico/

e compensar a aniquilação da moeda nacional, arruinada pela política irresponsável do Banco Central.

Naquele programa, Massa reclamou das interrupções de Majul, embora, na realidade, devesse ter agradecido por não reparar ou dar destaque à necessária contrapartida de sua questionável e pobre proposta econômica para acabar com a inflação.

Com os argumentos expostos no referido artigo, enviei minha nota aos portais nacionais que costumam me publicar. Entretanto, os que me responderam agradeceram e deixaram claro que não a publicariam. Aqueles que responderam, é claro. Não posso garantir a qualidade de minhas análises políticas, então é possível que eles não tenham achado aquela em particular boa o suficiente para ser publicada em sua mídia de prestígio. Mas a estatística levantou uma dúvida em minha mente, já que, em mais de dez anos de profissão, nunca tive um artigo rejeitado. Nenhuma vez. Sempre há uma primeira vez, não é mesmo?

O responsável por um desses sites jornalísticos, que pelo menos teve a cortesia de me responder com uma negativa, disse que "por enquanto" não estava publicando colunas sobre os candidatos. Assim que li a mensagem, entrei no site dele e, em um segundo, fui inundado com artigos de todos os tipos alertando sobre um cenário apocalíptico se Milei ganhasse a eleição, tanto de jornalistas regulares quanto de colunistas convidados. Já pelas manchetes, era possível perceber um viés tão grosseiro que chegava a ser engraçado e ultrajante.

Pela primeira e única vez em minha vida, fiquei em dúvida se deveria permanecer no país, caso o grupo de criminosos que detinha, impunemente, a soma do poder público continuasse no comando. Eu não tinha medo. O medo já havia me esgotado com outras questões durante a hegemonia do primeiro Kirchnerismo, com questões que não são relevantes agora. Era a desolação e a tristeza absoluta. Felizmente, esses dias sombrios - pelo menos por enquanto - ficaram para trás.

Tenho o "direito" de ser publicado pela mídia privada que não deseja fazê-lo? É claro que não. Esse "direito" não existe. Meus leitores têm o direito de me ler em portais que não desejam me publicar? Não, não têm. Mas, se estamos falando de um "direito", o que não existe é o direito de os contribuintes financiarem coercitivamente as diretrizes ou os envelopes que fazem com que a mídia e os jornalistas operem com esses incentivos espúrios.

Para me tranquilizar quanto ao desempenho da minha caneta, após a votação, e com o resultado em mãos, uma das mais altas autoridades de outra importantíssima mídia nacional, a quem talvez meu artigo sobre Massa não tenha chegado, já que nunca obtive resposta (sim, estou sendo irônico), entrou em contato para me cumprimentar e lembrar que sempre tenho um espaço disponível, sobretudo, para o que eu quiser publicar sobre o novo estágio político e econômico do país. Claro que quem se irrita - e não entende as regras - perde. Agradeci e, na semana seguinte, enviei um artigo defendendo minhas posições liberais (agora “oficialistas”), que permaneceu por vários dias em lugar de destaque no portal, como nos velhos tempos.

Assim como os direitos surgiram sem a intervenção do Estado, o mesmo aconteceu com o desejo de informação, que foi suprido pelo mercado. A justificativa para a existência da mídia pública (ou melhor, estatal) na época era que ela era a única que atingia todo o território nacional. O advento da Internet e da tecnologia tornou esse argumento obsoleto. No entanto, o populismo surgiu com uma nova ideia para justificá-los hoje: a necessidade de dar voz a uma perspectiva supostamente desinteressada, diferente daquela da mídia privada. Mas o mercado mostrou na Argentina e em todo o mundo que as diferentes perspectivas ideológicas do público consumidor se traduzem em uma oferta e demanda de mídia de orientação diferente. Por outro lado, as empresas estatais de notícias, como a Télam, a Radio Nacional ou a Televisión Pública, acabaram sendo a voz de seus próprios interesses. Vilezas obsequiosas aos populistas que pagam seus salários com nosso dinheiro. Acabar com essa loucura não é um ataque ao direito à informação, mas impedir que um grupo de privilegiados viva às custas dos demais, com o agravante de fazer com que suas vozes soem em uníssono, em vez de dar espaço a todo um espectro sonoro.

Onde não há direito à informação é em países como Cuba, onde a única mídia disponível são os tentáculos de comunicação do regime. É claro que os jornalistas da Télam nunca questionaram nada disso. Eles têm o direito de defender esse regime? Sim, mas não nos obriguem a pagar seus salários por isso.

Na época do fechamento da agência de notícias estatal, várias autoridades do governo de Milei justificaram a medida, argumentando que a Télam havia perdido o rumo. Eles estão errados. A Télam não foi pervertida. Ela evoluiu naturalmente em direção ao seu único destino possível. É por isso que ela teve de ser fechada.

Finalmente, e diante da irreversibilidade da medida, os jornalistas da Télam decidiram fundar uma mídia privada, que chamaram de "Somos Télam", que já está disponível. Como era de se esperar, o governo não censurou nem fechou o portal, de onde eles "informam" com sua linha editorial habitual. Quem quiser escreve, e quem quiser lê. Liberdade total.

No fim das contas, tudo o que eles queriam era que os contribuintes continuassem pagando seus salários todos os meses. Mas não, eles não fizeram isso. Bem-vindos aos desafios do setor privado, caros colegas. Pelo menos agora há um contexto econômico mais favorável que, sem dúvida, permitirá que vocês se desenvolvam e se equipem melhor do que o resto de nós conseguiu se equipar durante os anos de Kirchnerismo que vocês defenderam. Sua subsistência dependerá do favor de seus leitores (clientela), como deveria. Como é o caso de todos os outros setores de todas as profissões que lutam diariamente.

O aborto e a hipocrisia dos padrões duplos

Com base nos argumentos apresentados até o momento, não há necessidade de se alongar muito mais em acusações infundadas sobre o governo liberal "negador de direitos". A única questão que talvez mereça uma análise construtiva particular é a do aborto, já que a posição pessoal do presidente é contrária à legislação vigente, embora em sua campanha ele tenha se limitado a propor uma consulta popular (não vinculante, portanto a decisão final caberá sempre ao Congresso).

Além do debate sobre se o aborto é um direito ou não, ambas as posições têm representantes na política, mas eles estão espalhados por todo o espectro político, embora os porta-vozes de certos setores distorçam a questão.

Nesse sentido, é redundante esclarecer que o universo que hoje compõe a oposição a Milei, durante a campanha, fez questionamentos hipócritas, como se o representante de um espaço "antiaborto" estivesse à sua frente. Tudo isso, aproveitando-se da memória curta - ou seletiva - de alguns que ignoram as informações e os números apresentados pelas votações nominais em 2018 e 2020, quando o assunto foi discutido. O próprio Massa, que presidia os deputados na época da última votação, reconheceu que a questão cortava "horizontalmente" todos os espaços políticos. É que vários de seus principais referentes, como Graciela Camaño, votariam contra, argumentando a inconstitucionalidade do tema.

Os dados de votação mostram a existência de muitos senadores e deputados peronistas/kirchneristas que, historicamente e até hoje, são contra o aborto. Até mesmo Cristina Kirchner era até pouco tempo atrás. Como sabemos, coerência não é com ela e suas prioridades estão em outro lugar. Pessoalmente, se há algo que me faz rejeitá-los, não são aqueles que pensam diferente de mim, mas sim aqueles que adaptam sua posição para especulação política. O kirchnerismo tem uma longa história nesse sentido.

É um exercício interessante voltar aos resultados dessas votações, que podem ser encontrados tanto em artigos da imprensa quanto nos sites oficiais de ambas as câmaras. Fazer isso expõe imediatamente a mentira total e flagrante. Infelizmente, muitos cidadãos comuns - oh, coincidentemente, também educados por um Estado que vem fertilizando a deterioração da formação crítica, do estudo e do exercício da cidadania - não estão acostumados a recorrer às ferramentas que, paradoxalmente, estão em arquivos ao alcance de todos. Essa degradação em que vivemos fez com que o kirchnerismo passasse de um dia para o outro, literalmente, de acusar o atual Papa Francisco de ser um «cúmplice da ditadura» a reconhecê-lo como o «argentino mais importante de todos os tempos», sem que quase ninguém se desse conta disso.

A decadência social em que o kirchnerismo degradou grande parte da população é tão profunda que acho chocante a ideia de colocar em palavras o que penso sobre isso. Para ilustrar isso, aqui vão algumas lembranças e uma reflexão: quando li pela primeira vez A Teoria dos Sentimentos Morais[37], de Adam Smith, um livro publicado em meados do século XVIII, fiquei impressionado com a ideia lógica de que uma pessoa procura exagerar sua riqueza e suas virtudes perante seus semelhantes, ao mesmo tempo em que tenta esconder e ocultar suas misérias e sua pobreza. Nos anos de minha juventude no clube Hebraica, vários de meus colegas se gabavam de seus clubes de campo, que nem todos costumavam convidar, porque a verdade é que muitos deles nem sequer existiam. Por causa de coisas como essa, em meados dos anos 90, quando li esse livro, essa ideia parecia congruente com o mundo em que eu vivia. Muitos anos depois, em

37 Smith, A. (1997). *La teoría de los sentimientos morales*. Madrid. Alianza Editorial.

meio ao declínio do kirchnerismo, eu me vi caminhando pela rua e ouvindo a conversa de três jovens, na qual dois rapazes, de cada lado de uma jovem, tentavam chamar sua atenção. A discussão entre eles era sobre quem deveria pagar pela cerveja. O curioso da situação é que eles não apelaram para o cavalheirismo clássico de convidar e pagar pela bebida, nem fingiram se gabar de sua boa sorte, mas, ao contrário, cada um argumentou a virtude de ser o mais pobre, de modo que foi o outro que acabou pagando. Reservo a terminologia da conversa por razões de bom gosto. Apenas para ilustrar, direi que outra suposta virtude que esses jovens estavam reivindicando era a de não trabalhar. Naquele momento, lembrei-me automaticamente do clássico de Smith e de minhas impressões ao lê-lo em um passado recente. No final dos anos 90, o mundo ao nosso redor parecia ter os mesmos códigos e características culturais que o escocês observou alguns séculos antes. Mas, depois de vinte anos, a degradação social havia cobrado seu preço.

Hoje em dia, muitos não procuram mais se vangloriar de suas posses, não apenas por causa do medo lógico de assaltos, mas porque parece que a pobreza, de alguma forma estranha, é vista como algo para se vangloriar. Da mesma forma, parece que o trabalho e o sacrifício são para os tolos. Esse é o mundo em que vivemos, onde o populismo encontra um terreno eleitoral ideal. É por isso que os políticos podem apagar com os cotovelos o que escreveram com as mãos, e os kirchneristas podem vender ao público um progressismo feminista mentiroso, que não corresponde de forma alguma à realidade.

Se dezenas de senadores e deputados do kirchnerismo são contra o aborto, por que os referentes "progressistas" desse espaço não fazem contra eles as mesmas acusações que fazem com tanta veemência contra o presidente? Não só não questionam o que seus legisladores votaram recentemente, como também não criticam a posição de Guillermo Moreno (ex-funcionário fracassado, portador de ideias econômicas refutadas), que pretende ser um dos principais referentes da oposição atual. O que ele pensa sobre o aborto? Que seu tratamento "não era urgente", e que tampouco faz parte de uma "agenda argentina"[38]. Mas eles não dizem nada a ele.

38 Entrevista disponível em: https://www.youtube.com/watch?v=wRKLyxXrnlU

Há sempre um padrão duplo. Isso chega ao extremo de silenciar, sem nenhum tipo de pudor moral, casos muito graves de abuso, violência de gênero e até mesmo feminicídio[39].

Voltando à questão, e caso seja necessário esclarecer, a posição contra o aborto não é absoluta dentro do partido governista. Há ministros, autoridades e legisladores importantes que não compartilham a posição de Milei. Essa divergência é reproduzida entre os apoiadores e eleitores do La Libertad Avanza.

Pessoalmente, compartilho da opinião do presidente, assim como muitos outros liberais que acreditam que a vida do feto não pode estar sujeita à escolha de ninguém, nem mesmo da gestante, como às "lenços verdes" gostam de dizer. Entretanto, aqueles de nós que defendem essa posição não deixam de reconhecer e dar o devido peso a outros liberais que têm a opinião contrária. Alguns de nossos expoentes mais lúcidos, como o já mencionado e prestigioso jurista Ricardo Manuel Rojas, ou o professor Eduardo Marty (um dos poucos argentinos que foi discípulo direto e aluno de Hans Sennholz) compartilham a visão pró-aborto de Rothbard. Uma posição que não me parece divertida: "Que ser humano tem o direito de permanecer, como um parasita indesejado, dentro do corpo de outro ser humano? Esse é o cerne da questão: o direito absoluto de cada pessoa e, portanto, de cada mulher, à propriedade de seu corpo"[40]. Essas palavras, que horrorizam muitos de nós, "celestiais", fazem parte da discussão entre os liberais libertários. O que os horroriza é que somos contra o aborto, mesmo em casos extremos como o estupro, não porque não estamos minimizando a importância e a seriedade da questão, mas porque consideramos que a questão principal é o direito à vida do feto, que é absolutamente independente da forma como foi concebido.

Quanto aos atuais funcionários do governo, suas posições não são tão explícitas, não porque estejam ocultas, mas simplesmente porque não lhes foi dada a oportunidade de discussão. No caso da posição de Patricia Bullrich, a

---

39 Casos como o do clã Sena, membros do aparato político kirchnerista no Chaco (https://noticias.perfil.com/noticias/informacion-general/una-intrusa-en-el-clan-sena.phtml), as alegações de abuso contra o líder de Tucumán, também kirchnerista, José Alperovich (https://www.perfil.com/noticias/equipo-de-investigacion/acusaciones-contra-jose-alperovich-abuso-sexual-sobrina.phtml) ou do comunicador cristinista Ezequiel Guazzora (https://www.infobae.com/sociedad/policiales/2023/08/31/abuso-de-menores-los-aberrantes-mensajes-por-cuales-pidieron-detener-al-periodista-ezequiel-guazzora/), para mencionar apenas alguns dos casos mais atuais.

40 Rothbard, M. N. (2005). *Hacia una nueva libertad. El manifiesto libertario*. Buenos Aires. Grito Sagrado. Editorial. p. 128

atual Ministra da Segurança, por exemplo, sua opinião pública está registrada no momento do debate, quando ela declarou que concordava com a descriminalização do aborto[41]. Intrigado com a porcentagem de funcionários da linha de frente a favor e contra, consultei diretamente o próprio presidente sobre as posições dos membros de seu gabinete. A resposta só validou o que ele havia prometido em sua campanha: "Não os consultei", respondeu rapidamente, mostrando que havia cumprido sua promessa de contratar as pessoas mais adequadas para cada função, longe de personalidades e pressões para se enquadrar 100% em sua ideologia pessoal. Será que essa é a atitude de um presidente que é constantemente acusado de ser "autoritário"? Será que os referentes de esquerda que estão tentando derrubar o governo teriam essa abertura para a verdadeira diversidade? Duvido muito.

Quanto aos porta-vozes do comunismo duro e sua posição sobre o assunto, eles têm dilemas sérios e não resolvidos com sua própria história. Para Nicolae Ceaușescu, em sua Romênia socialista, como ele governou em 1966, um ano depois de chegar ao poder absoluto, "o feto é propriedade de toda a sociedade. Qualquer pessoa que evite ter filhos é um desertor que renuncia às leis da continuidade nacional"[42]. Até então, o aborto era permitido no país. A estagnação da economia planejada e o aumento da taxa de natalidade fizeram com que os jovens e adolescentes desempenhassem um papel fundamental na revolução de 1989, na qual ele se tornou o único líder comunista a ser fuzilado. O livro Freakonomics, do qual retiramos a citação acima, contém a interessante tese de que as crianças que nasceram, pelo que as abortistas de verde chamariam de "imposição" de Ceaușescu, foram as que acabaram pressionando pela morte do tirano. Muitos adultos admitiram mais tarde que foram incentivados a se levantar contra a ditadura pela influência de seus filhos pequenos naquele dia histórico em Bucareste, que decretou a queda do regime comunista.

"A intervenção é necessária para evitar falhas de mercado"

A corrente econômica que dominou o mundo durante grande parte do século XX foi, em maior ou menor grau, intervencionista. Com as ideias

41 Declaração disponível em: https://www.youtube.com/watch?v=9Ef9vpoC6D4
42 Levitt, S. y Dubner, S. (2014). Freakonomics. Barcelona. Ediciones B.

keynesianas como um respaldo supostamente técnico, os burocratas deram mais ênfase à discussão de ideias liberais do que ao desenvolvimento de políticas públicas bem-sucedidas. Para entender como a influência do autor da Teoria Geral foi prejudicial, basta olhar para o próprio John Maynard Keynes na década de 1920, quando ele reconheceu que até aquele momento havia "uma forte preferência pelo laissez-faire". Incentivando uma mudança de rumo, ele sugeriu que era hora de relativizar (e, por que não, superar) as ideias de Locke e Smith: "Não sei o que torna um homem mais conservador, se é conhecer apenas o presente ou apenas o passado", disse o progenitor do intervencionismo em seu ensaio O final do laissez-faire[43].

O problema de Keynes é que ele mesmo interpretava mal os fenômenos do presente e ignorava totalmente o passado. Em seus textos, a proposta de ir além dos postulados básicos dos pensadores do século XVIII é uma evidência de seu desconhecimento das contribuições dos economistas relevantes da segunda metade do século XIX. Hayek contou em uma entrevista que seu colega lhe admitiu que ele "ignorava" toda essa literatura, que nunca é mencionada em seus textos. Seus postulados pretensiosos, que caíram como uma luva para a burocracia intervencionista, escondem a ignorância do mau economista que se deu ao luxo de omitir várias décadas de discussões disciplinares. Seus seguidores também o secundam no erro e na ignorância.

O surgimento de Milei com sua crítica justa e contundente a Keynes e a disseminação dos autores liberais que o presidente argentino tornou visíveis constituem uma grande contribuição para a discussão das ciências econômicas. Enquanto escrevo estas linhas e você as lê, há um jovem estudante de economia, em algum lugar, colocando um professor medíocre na berlinda, que fica sem resposta para "novos" argumentos, que na realidade já existem há mais de um século. Entretanto, eles foram ignorados por economistas mercenários ou ignorantes, que passam mais tempo contemplando e criando gráficos e equações pretensiosos do que observando o mundo real, onde suas premissas não se sustentam.

A ideia de que existem "falhas de mercado", que exigem regulamentação ou reajuste do governo, permeou o espectro político dominante. Da social-democracia à chamada "centro-direita" desbotada, que não tem sido nada

43 Keynes, J.M. (1996). *El final del laissez-faire en Ensayos sobre intervencionismo y liberalismo.* Barcelona. Folio. p. 68

mais do que um cúmplice ideal da esquerda bem-vestida e enfeitada, todos os governos tendem a aceitar essa falácia e a aplicar remédios que são piores do que a doença. Eles não curam nada e deixam a situação pior do que antes, quando o erro de apelar para a intervenção para resolver o problema é repetido.

Com a desculpa de falhas de informação, mercados "imperfeitos" ou até mesmo "preferências temporais inconsistentes", o burocrata de plantão e seus ideólogos intervencionistas recorrem à mão do Estado para "ajustar" as cavilhas, desafinando os instrumentos e o som de uma orquestra que eles não percebem. Essa sinfonia em que absolutamente todos nós tocamos e que não deveria ter outro regente senão a ordem espontânea.

Por um lado, reconhece-se ao mercado a virtude de ser o mecanismo mais virtuoso no que diz respeito ao fornecimento de bens e serviços às pessoas, mas, com a desculpa de sua imperfeição e de suas "falhas", justifica-se a intervenção, que nada mais faz do que distorcer os sinais, levando a situação a um ponto pior do que estava antes.

O mercado não é perfeito nem imperfeito. Analisá-lo nesses termos é um erro básico. Atribuir "falhas" a ele é cair no erro de procurar o que não se deve procurar, o que nada mais é do que um processo de coordenação, ajuste e pesquisa permanente das preferências pessoais de cada um. Como explicou Javier Milei na cúpula da CPAC 2024 nos Estados Unidos, antes de fazer referência ao mercado como um sistema, devemos colocar o indivíduo no centro da análise. As pessoas, com base em sua propriedade (onde até mesmo o tempo de uma pessoa conta, já que é um recurso limitado), fazem escolhas permanentes. Essas subjetividades são evidenciadas e destacadas pelo mercado, no âmbito do funcionamento do mecanismo de coordenação, alocação e manifestação de preferências proporcionado pelo sistema de preços. O mercado não gera bens e serviços. Os indivíduos os criam por meio do processo de mercado. E pensar que aqueles que dizem que Milei está lutando com "moinhos de vento" ao questionar o socialismo hoje têm a coragem de dizer que são "contra" o mercado. Eles não têm a menor ideia do que estão falando. São como animais de estimação brigando com a própria sombra na parede, que eles interpretam como um fenômeno exógeno à sua existência, sem perceber que não é nada além de seu próprio reflexo. Minha gata Nova, que não corre atrás do rabo como seus irmãos, com seus olhares e seus silêncios, mostra evidências de uma intelectualidade superior àquela possuída pelos humanos que pedem o combate ou a regulamentação do "mercado".

Como disse o presidente, referir-se a "falhas de mercado" é considerar que as pessoas agirão contra si mesmas.

Quando há liberdade de troca e direitos de propriedade, o sistema gera bem-estar e maior riqueza para todos. O interessante é que, mesmo quando não há muita liberdade nem propriedade formalmente reconhecida, o pouco que existe de mercado já melhora consideravelmente a situação dos indivíduos que participam de trocas em situações adversas. Como ressalta Alberto Benegas Lynch Sênior: "Embora os princípios liberais nunca tenham vigorado plenamente, sua adoção parcial levou a avanços notáveis em todos os campos da atividade humana"[44]. É o mesmo fenômeno, em maior e menor escala, que faz com que uma pessoa em um país estável consiga um empréstimo para comprar um carro ou uma casa, enquanto, em um lugar subdesenvolvido, outro indivíduo mal consegue sair da pobreza extrema com um emprego informal, que só lhe permite se alimentar e sobreviver. Vimos que, quando se aproxima da segunda situação mencionada acima, os políticos geralmente se referem a todo tipo de absurdo, como a "assimetria de poder" entre empregadores e empregados, ou entre consumidores e empresas, para justificar a intervenção para "melhorar" a situação dos mais vulneráveis. Em seguida, eles aplicam salários mínimos, grandes indenizações, limites de preços e todos os tipos de outras intervenções que incentivam o deslocamento econômico, reduzem as taxas de capitalização e os salários reais e aumentam o número de pobres e excluídos. Se fosse necessária uma simetria total para celebrar um contrato ou uma troca, nenhum mercado poderia existir, pois sempre estaríamos em desacordo uns com os outros em alguma questão. Entretanto, as trocas livres e voluntárias são o único sistema que beneficia ambas as partes após cada transação. É por isso que, quando um comprador e um vendedor com educação moderada concluem uma transação, ambos dizem "obrigado" simultaneamente. Quando um recebe o dinheiro e o outro leva o produto. Uma situação diferente de "obrigado" e "de nada" quando um faz um favor e o outro o recebe sem dar nada em troca.

---

44 Benegas Lynch, A. (1961). *Destino de la libertad.* Buenos Aires. Centro de Estudios sobre la Libertad. p. 17

Embora os exemplos recentes de controles de preços e leis trabalhistas, análogos aos dos anos do fascismo italiano, sejam os que mais conhecemos na Argentina, os países do chamado "primeiro mundo" também fizeram coisas muito estúpidas em termos de intervenção no mercado. Embora nem todos tenham incorrido em "leis de gôndola" ou "leis de aluguel", nem tenham o sindicalismo corporativo da Confederação Geral do Trabalho (CGT), países como os Estados Unidos e a Espanha decidiram, no início deste século, que era uma boa ideia "ajudar" o capitalismo reduzindo artificialmente a taxa de juros, para que as pessoas pudessem ter acesso, por exemplo, à compra da casa própria. Esse é um objetivo louvável, é claro, mas não pode ser alcançado por meio de atalhos ou soluções mágicas que ignorem as condições econômicas reais. Com os sinais distorcidos, o mercado começou a operar de forma errônea e, quando a bolha estourou, a situação estava pior do que antes.

Reconhecer que o Estado não pode (ou não deve) alterar os sinais do mercado não significa que não há nada a ser feito para melhorar a situação das pessoas. Por exemplo, se você quiser reduzir a taxa de juros, terá de promover - ou melhor, não tentar contra - a poupança. Isso requer uma moeda saudável, impostos baixos e bens e serviços acessíveis, em conjunto com uma economia global, longe do protecionismo. O impulso que pode ser dado pelas políticas públicas nunca é direto. Como dissemos, isso é feito por meio do fortalecimento e do reconhecimento dos direitos de propriedade e da facilitação - ou remoção de obstáculos - de trocas livres e voluntárias dentro e fora do país.

Por trás de cada argumento que defende a teoria das "falhas de mercado", há um burocrata ansioso para justificar sua intervenção. Se ele for bem-sucedido, só vai atrapalhar ainda mais o sistema. O que é grave é que, quando isso acontece, o mercado é geralmente culpado e uma nova intervenção é proposta, o que gera o pior círculo vicioso.

"O liberalismo promove o cada um por si"

Uma velha falácia, se é que alguma vez existiu, da qual todos aqueles que representaram as ideias de liberdade sofreram. Aqui, os socialistas, que comparam seu modelo de um ponto de vista ideal com as inegáveis misérias do mundo real (onde o coletivismo produziu escandalosamente os piores resultados), afirmam que o liberalismo promove a ganância e a apatia, deixando os mais necessitados desamparados.

Um dos muitos clichês que eles continuam tirando da manga é o da suposta concentração de capital que está ocorrendo no mundo à medida que a economia de mercado se consolida. Nesse sentido, eles apresentam números que mostram que estamos caminhando para uma situação em que "os ricos estão ficando mais ricos e os pobres estão ficando mais pobres". Essas afirmações são mais do que arbitrárias, assim como todas as estatísticas apresentadas pelos defensores do coletivismo intervencionista, que tem a inveja como sua principal força motriz.

Como Milei apontou em seu discurso principal nos Estados Unidos em fevereiro de 2024, a pobreza no mundo no período entre 1800 e hoje passou de 95% para 5%. Embora nossa realidade atual não perceba isso, o planeta está em sua melhor situação até agora. O que nos causa indignação liberal é que a miséria e as necessidades insatisfeitas podem ser resolvidas de uma só vez, apenas liberando as forças produtivas nos locais necessários. O fato de esse drama ainda ser relevante nos dias de hoje, mesmo que seja mínimo em comparação com outras épocas, só pode ser explicado pela insensatez e pela corrupção de certas elites ao redor do mundo, juntamente com a defesa de ideias coletivistas pelos idiotas úteis de todos os países.

Vamos fazer um exercício mental e voltar, por um momento, àquele mundo antes das revoluções liberais, que determinaram a liberdade política de muitos países e o bem-estar gerado pela propriedade privada, a divisão do trabalho e a economia de mercado. Quando o bolo da riqueza era de 5% contra 95%, além da imoralidade do sistema de castas, no qual a classe social era vitalícia e sem mérito, esses 5% não tinham um padrão de vida que podemos invejar hoje. Esses privilegiados, quando iam ao banheiro, tinham que jogar seus dejetos em potes de madeira, pela janela (um buraco na parede); não tinham as vantagens da medicina moderna e estavam expostos à morte por qualquer pequena eventualidade, que hoje pode ser resolvida por um tratamento de rotina ou preventivo. A qualidade de vida do trabalhador médio em um país moderadamente capitalista hoje é muito superior à dos reis da Espanha na época da descoberta da América. A desculpa de que as melhorias vieram "com o tempo" ou "por causa da modernidade" é completamente descartada quando se observa como era o mundo antes e depois da revolução industrial. O marxismo, ao contrário, confunde fenômenos dinâmicos com imagens estáticas de um processo incipiente e promove outra revolução fracassada, sem entender que o que eles estavam testemunhando era o nascimento traumático e necessário da civilização econômica.

Voltemos aos dias atuais de 95% vs. 5% e vejamos o que acontece em economias mais livres, onde todos os índices mostram que a pobreza e a miséria são consideravelmente menores. A primeira coisa que notamos é a questão moral de um sistema que dá prêmios e punições com base na mais pura democracia: a liberdade de escolha das pessoas manifestada no mercado. Aqui, aqueles que apresentam produtos e ideias de melhor qualidade a um preço mais acessível são bem-sucedidos. Os que não o fazem, vão à falência. Não há piso ou teto quando se trata das preferências dos indivíduos. Uma boa ideia de um jovem, surgida na garagem de casa, pode se tornar a empresa mais valiosa do país, substituindo outras que não conseguiram conquistar a preferência do consumidor. É estranho e contraditório que muitos dos que defendem os valores democráticos, que associam à liberdade de escolha, questionem o processo de mercado.

Dentro desses fenômenos dinâmicos do capitalismo, em que o mercado e a propriedade privada operam livremente, observamos várias questões. Para começar, vemos que, além das diferenças lógicas de renda, há uma porcentagem de pobreza voluntária. Na ausência de barreiras à entrada no mercado de trabalho, mas com uma economia suficientemente capitalizada para proporcionar um padrão de vida básico, há pessoas que simplesmente decidem não trabalhar e viver da caridade de outros. A propósito, as economias mais livres e vibrantes são as que mais arrecadam dinheiro para instituições de caridade. De fato, para ter empatia por aqueles que não têm nada, logicamente, é preciso ter suas próprias necessidades atendidas e recursos para doar aos outros.

Vamos contrastar essas duas questões com a realidade atual da Argentina, que sofre o resultado de duas décadas de forte intervencionismo, além do último século de estatismo paralisante. Ao contrário de outros países, onde há casos de pessoas que não querem trabalhar (e que até pedem esmolas com cartazes honestos nos quais assumem que é para comprar maconha ou cerveja, por exemplo), aqui há um problema sério de desemprego involuntário. O drama trágico de querer trabalhar e não encontrar um emprego. O fenômeno - que deveria ser escandaloso - das longas filas na madrugada, com centenas de pessoas disputando uma vaga e esperando com um currículo impresso na mão, só pode acontecer quando o mercado de trabalho sofre intervenções com os erroneamente chamados "direitos", que geram um gargalo e milhões de pessoas expulsas do sistema. Logicamente, diante da necessidade, da exclusão e de um setor privado limitado que não consegue responder, os políticos parecem comprar a vontade das pessoas com planos sociais.

Se partirmos do pressuposto de que as necessidades são ilimitadas e os recursos são escassos, a existência de um fenômeno como o desemprego só pode ser explicada por distorções que, em algum momento, desestimulam a contratação. A explicação para intervir com a implementação, por exemplo, de salários mínimos, mistura duas questões que parecem estar relacionadas, mas não necessariamente andam de mãos dadas: o mercado de trabalho e o nível de salários. Quando a contratação é livre e os acordos são voluntários, necessidades infinitas e recursos limitados significam que todos os agentes disponíveis são empregados. Obviamente, se as taxas de capitalização (que determinam o nível de salários) forem baixas, o salário pode ser um mero prato de comida.

Intervir nessa circunstância conjuntural, justificando que esse salário é indigno, nada mais faz do que expulsar todas as pessoas cuja produtividade nessa economia é menor do que o salário mínimo implementado. Seja um prato de arroz, quinhentos, mil ou dez mil dólares. Justamente, os mais necessitados são sempre deixados de fora. O problema do desemprego pode ser resolvido com acordos livres e voluntários, algo que pode ser desbloqueado a qualquer momento. O que determina os salários é a quantidade de capital investido na economia. Uma pessoa que trabalha no campo com uma pá terá inevitavelmente produtividade e renda menores do que seu colega em um país desenvolvido, que trabalha confortavelmente em um trator com ar condicionado, música e uma bebida gelada na mão. Nem o compromisso social dos políticos quando se trata de legislar sobre direitos trabalhistas nem a generosidade do empregador que paga o salário têm algo a ver com isso. Se um argentino se mudar para a Suíça e precisar chamar um encanador, ele terá necessariamente de pagar o que as taxas de capitalização do país determinam. Se ele insistir em pagar o que pagaria a um compatriota na província de Buenos Aires, é melhor fazer um curso de encanador, pois não encontrará ninguém para fazer o trabalho para ele.

Todos esses ensinamentos que aprendi desde a adolescência na teoria, graças às contribuições didáticas do grande mestre Alberto Benegas Lynch Filho, pude confirmá-los quando comecei a viajar pelo mundo, em meados dos meus vinte anos. Nunca me esquecerei da primeira vez que cheguei aos Estados Unidos, uma viagem que consegui pagar vendendo minha primeira coleção de vinis, pois não tinha recursos econômicos para isso, apesar de ter um emprego e um salário. Assim que cheguei ao aeroporto de Miami, tirei do bolso o papel com as anotações sobre o transporte público para chegar ao hotel. Para mim, fazia sentido perguntar a uma senhora cubana que estava limpando o chão onde ficava uma determinada estação de ônibus. "Desculpe-me, senhor, mas nunca usei o ônibus por aqui. Sempre venho para o trabalho com meu carro", respondeu ela sem querer parecer pretensiosa. O que isso significava? A corroboração empírica daquela questão muito teórica e distante das taxas de capitalização: em um país com mais capital investido per capita, uma pessoa que trabalha como faxineira de aeroporto tem um padrão de vida mais alto do que um jovem profissional, na época produtor de uma das mais importantes estações de rádio FM da Argentina, cujo salário não era suficiente (nem por acaso) para comprar um carro.

Embora esse fato seja indiscutível por si só, o mais interessante vem quando projetamos todo o cenário. Quanto ganhava um jornalista que fazia o mesmo trabalho que eu na Argentina naquela época? Logicamente, muito mais. Mas tanto a faxineira nos Estados Unidos quanto meu possível colega gringo e eu estamos em uma situação em que pelo menos nossas necessidades básicas são atendidas. Onde aparece o drama que deveria desafiar a todos nós? No colega da senhora que não limpa o chão no aeroporto de Miami, mas no Aeroparque ou em Ezeiza. Aqui, na margem, é onde percebemos o grave problema dos "trabalhadores pobres". Um problema que só pode ser explicado pela mentalidade anticapitalista da maior parte da liderança política da Argentina.

Se os trabalhadores argentinos, mesmo os profissionais de renda média, que passam por provações todos os dias em transportes insalubres, tivessem a experiência de ver pelo menos uma vez o padrão de vida de seus pares em economias moderadamente civilizadas, a história seria diferente. No entanto, aqui insistimos nas bandeiras da "justiça social", que ainda são migalhas como as de uma passagem de trem subsidiada. É revoltante que muitos compatriotas agradeçam, por exemplo, ao governador de Buenos

Aires, Axel Kicillof, por um dia de desconto por semana na compra de carne com a aplicação do banco estatal da província. Infelizmente, eles não percebem a ignomínia de sua própria escravidão.

Nada disso é um fenômeno marginal. O argumento apresentado na campanha presidencial pelos críticos de Milei, que diziam que, se o libertário ganhasse, as pessoas "teriam de pagar o combustível pelo que ele vale", ou seja, sem subsídios, mostra que na Argentina a cultura da esmola e da miséria prevaleceu até agora. Nós nos sentimos mais confortáveis com a tranquilidade das esmolas do que com o sonho do progresso e de poder pagar pelas coisas sem a "ajuda" do Estado. Essa atitude é uma prova de que o populismo conseguiu castrar as mentes, pois ninguém imagina o cenário de não apenas poder pagar as passagens e o combustível sem subsídios, mas também de poder sobreviver economicamente. Assim, nessa realidade de incentivos cruzados, o progresso é alcançado apenas pela proximidade com o poder.

Quando os médicos e professores argentinos das escolas e hospitais públicos, que hasteiam todas as bandeiras estúpidas que foram e serão levantadas, descobrirem como vivem seus colegas nas economias desenvolvidas, provavelmente abrirão os olhos. Enquanto isso, eles continuam a justificar seus próprios carrascos, que os submetem a uma vida miserável.

Enquanto as taxas de capitalização aumentam, todos vivem melhor. Mas aqueles que mais se beneficiam são sempre os mais necessitados. Como disse certa vez um importante empresário do setor gastronômico: "Não consigo comer mais do que dois contrafilé por dia". Mas o socialismo fica indignado quando o empresário ganha um novo milhão, mesmo que centenas de pessoas tenham conseguido emprego e enchido suas geladeiras para sair da pobreza. As políticas baseadas na inveja e no ressentimento só conseguem tornar os políticos e seus associados milionários, enquanto a grande maioria é condenada a uma miséria da qual não pode escapar.

Todos os totalitarismos ao longo da história compartilham o denominador comum da busca de fins supostamente altruístas, em oposição ao egoísmo repudiado. Em sua ascensão ao poder, Adolf Hitler questionou os "partidos burgueses", que ele acusou de se limitarem à "defesa mais apropriada de interesses egoístas"[45]. Da boca de quantos populistas ouvimos essas mesmas teses?

---

45 Hitler, A. (c. 1960). *Mi lucha*. Buenos Aires. Talleres gráficos Alborada. p. 167

O que precisa ser desmascarado é que o que os socialistas vendem como uma questão altruísta e moral nada mais é do que um perigoso cavalo de Troia. Não se trata, como as pessoas pensam, da filosofia empática de compartilhar entre todos, de acordo com as necessidades dos outros. Se um grupo de socialistas pretende viver sob essas premissas em uma sociedade livre, o liberalismo permite isso perfeitamente. A associação voluntária não implica a figura tradicional de um empregador e empregados assalariados em uma relação de dependência. No contexto liberal, qualquer comunidade pode formar grupos e viver como quiser, desde que ninguém seja forçado a fazer algo que não queira. O liberalismo permite que as pessoas se organizem sob premissas socialistas, mas o socialismo não permite o contrário. Não se trata de compartilhamento, nem de empatia, nem de igualdade. Trata-se da imposição mais crua de um modelo que fracassou na teoria e traz consigo os incentivos mais dissolventes para a vida em sociedade. É a violência de um planejamento centralizado desajeitado que destrói a prosperidade, mas também os laços sociais e a civilidade.

Basta lembrar a situação na Venezuela há alguns anos, quando a escassez de alimentos foi tão grande que houve até mortes em debandada (geralmente de mulheres idosas), pois os poucos frangos disponíveis chegavam aos supermercados meio vazios. Milhares de pessoas estavam representando graficamente, com seres humanos, o descompasso desnecessário de um gráfico teórico de lousa, em que a oferta não atende à demanda mais básica e fundamental. María Corina Machado, provavelmente a única figura séria anti-chavista na política venezuelana, reconheceu com grande pesar que as mulheres estavam usando a violência para brigar com seus próprios vizinhos para conseguir uma caixa de leite em pó para levar para casa. O "cada um por si" surge quando os países começam a trilhar o caminho fracassado do socialismo, mas desaparece quando as ideias de liberdade promovem a prosperidade.

"O candidato misógino"

Assim que Javier Milei entrou na disputa pela presidência, o kirchnerismo e a esquerda "progressista" lançaram uma campanha de difamação incomum, acusando-o de ser misógino e de "odiar" as mulheres. Entre muitas outras coisas, eles o acusaram de ser um misógino e de "odiar" as mulheres. O argumento? Mais do que ruim. Basicamente, tratava-se de repetir um arquivo de discussões acaloradas do libertário com interlocutoras mulheres, em que Milei debatia com a mesma intensidade e efusividade de sempre, idêntica à de quando tinha um homem à sua frente.

Nunca houve qualquer suspeita de abuso, "violência de gênero" ou algo do tipo. Ele nunca fez um comentário depreciativo a ninguém pelo fato de ser mulher. Situações que, de fato, abundam no universo peronista, assolado por denúncias de abuso e assédio sexual, com fatos aberrantes como o provável assassinato de uma menina (cujo corpo, ainda desaparecido, teria sido jogado aos porcos por um clã de líderes kirchneristas no Chaco) e com um presidente abertamente sexista como Alberto Fernández, que mandou as mulheres com quem debateu nas redes sociais "lavarem a louça" e "cozinharem", pois, supostamente não eram capazes de pensar. "Não é o seu forte", disse ele, referindo-se ao exercício intelectual de uma jovem com quem discutiu no X (ex-Twitter) pouco tempo antes de se tornar chefe de Estado, onde então fingiu um progressismo desconfortável e forçado durante seu mandato. Basta consultar o arquivo e ver a expressão de desconforto e constrangimento em seu rosto toda vez que ela tinha que falar em "linguagem inclusiva". Outra aberração que a atual administração, felizmente, deixou sem efeito na documentação do Poder Executivo Nacional.

O curioso é que as acusações continuaram assim que Milei chegou à Casa Rosada, apesar do fato de que ele o fez de mãos dadas com uma vice-presidente mulher, Victoria Villarruel, e várias ministras importantes. Sandra Pettovello à frente do Capital Humano, Patricia Bullrich na Segurança e Diana Mondino nas Relações Exteriores. Nenhum outro presidente jamais delegou essas pastas a mulheres.

Será que Milei as colocou lá por ser feminista? Será que o presidente acredita que as mulheres devem ter uma "cota" de representação? Não. Elas estão lá por seu próprio mérito, que não tem absolutamente nada a ver com o fato de serem mulheres. Embora o progressismo atual apele para a necessidade de cotas coercitivas (que, na realidade, são degradantes para as mulheres), a perspectiva liberal é a do mérito. Os lugares são ocupados pelos mais aptos, sejam eles homens, mulheres, heterossexuais, gays, crentes ou ateus.

É justamente o liberalismo a concepção filosófica mais antagônica à prevalência do preconceito, que é sempre coletivista. Ao julgar e valorizar as pessoas por suas qualidades, virtudes e defeitos individuais, é muito difícil ter uma perspectiva preconceituosa. Em geral, as pessoas que têm preconceito contra um grupo ou determinada minoria tendem a ser indivíduos bastante ignorantes. Pessoas pouco viajadas, com círculos sociais muito pequenos e monocórdicos, com pouca cultura e pouco voo intelectual. Esse é um comportamento tribal e retrógrado que, felizmente, o mundo globalizado está deixando para trás.

É claro que, para o liberalismo, a pessoa deve (se quiser) ter todo o direito de ser retrógrada (e até de «discriminar» com base em sua ignorância), mas a verdade é que esses personagens sempre acabarão sendo repudiados pelas pessoas mais civilizadas, que não vão querer se associar a esses indivíduos. Em outras palavras, eles próprios acabarão sendo discriminados pelo princípio da correção do mercado. Eu, como heterossexual, não escolheria jantar no restaurante de alguém que não admite homossexuais, e tenho certeza de que a grande maioria faria o mesmo. Talvez o uso desse conceito polêmico, "correção do mercado", precise de um debate imparcial, pois há várias conclusões a serem tiradas que podem ser úteis.

Apelar para punições legais para corrigir esses comportamentos (por mais que os rejeitemos) é sempre abrir uma caixa de pandora, especialmente quando isso acaba afetando os direitos de propriedade.

Agora, com o governo de Milei no poder e sem nenhuma das perseguições delirantes ou da suposta "remoção de direitos" que o feminismo alertou, do que este espaço está reclamando? Do fato de o Poder Executivo ter mudado o nome da sala "Mulheres e Diversidades" para "Próceres". Por isso gritam para o Milei "misógino", o acusam de odiar as mulheres e o chamam novamente de "ditador" impunemente. Eles o acusam de "violência" enquanto exibem faixas nas marchas do "Dia da Mulher", onde pedem que sua cabeça e a de seus ministros sejam penduradas na Plaza de Mayo (literalmente). Sim, ao presidente que concedeu mais espaços de poder e gestão às funcionárias públicas. Não por causa de sua genitália, biologia ou autopercepção, mas por causa de seus méritos como indivíduos. Ou "personas", que é feminino e termina com "a", para não ofender ninguém. É curiosa a resposta dada pelos manifestantes do "8M" quando algum repórter corajoso lhes perguntou se não era contraditório acusar o governo de Villarruel, Mondino, Bullrich e Pettovello, entre tantas outras, de ser "machista". Ocorre que elas, mais do que as mulheres, seriam pessoas "machistas", que contribuem para a consolidação do "patriarcado". Ou seja, ser mulher, em sua concepção delirante, nada tem a ver com, redundantemente, ser mulher. É pensar politicamente como elas. A própria ministra da Segurança garante que não tem a menor chance de se manifestar como mulher em nenhum desses eventos, pois considera que, se se aproximar de uma dessas passeatas, simplesmente a "matam". Quem? Aquelas que denunciam a violência do governo machista. A piada se conta sozinha.

É muito provável que, se essa situação absurda continuar, esses espaços continuarão a perder cada vez mais representatividade na opinião pública. A violência com que os grupos feministas que acusam o governo de ser misógino e violento, enquanto pedem a morte de pessoas inocentes e destroem tudo ao seu redor, assusta cada vez mais as pessoas normais. Acima de tudo, as mulheres que não têm nada a ver com essas cabeças quentes.

Há alguns anos, fiquei sabendo que havia uma espécie de "subgênero" no universo feminista chamado "lesbofeminista", logicamente de esquerda. Elas rejeitam não apenas os homens "tradicionais", mas também os transexuais, que consideram uma espécie de infiltrados, o que faria algum sentido (dentro de sua ilusão, é claro). O curioso é que elas também questionam as mulheres heterossexuais (além de sua orientação política), pois elas passariam a representar uma espécie de traidoras, não apenas "desclassificadas", mas "degeneradas" - seria esse o termo adequado - que servem aos interesses da hegemonia heteropatriarcal capitalista. Uma delas, que ministra workshops sobre esses assuntos incomuns no México, compartilhou uma música nas redes sociais sobre um mundo imaginário onde as lesbofeministas não apenas viviam na mais utópica abundância natural, mas também se reproduziam entre si. Elas fugiram dos vilões da história, chamados de "os sem útero". A única explicação racional que consigo encontrar para essa loucura é que elas são alienígenas disfarçadas, buscando promover o fim da espécie humana para dominar o planeta Terra.

Durante todos os anos do sangrento experimento comunista, que as feministas hoje reivindicam e propõem como modelo para superar o capitalismo "heteropatriarcal", nenhuma mulher ocupou qualquer posição relevante em qualquer governo socialista. Elas eram até subjugadas de forma atroz. O interessante filme A Vida dos Outros ilustra perfeitamente como os burocratas da Alemanha Oriental usaram seu poder político para tirar vantagem sexual das mulheres, até os últimos momentos da ditadura.

Felizmente, nos últimos anos, ficou evidente a total inconsistência dos partidos de esquerda com relação à história do comunismo e à suposta reivindicação das mulheres e das "diversidades". As bandeiras de Che Guevara já não passam impunemente em manifestações como as do "orgulho gay", pois boa parte da sociedade sabe o que fizeram com os homossexuais em Cuba durante os anos da incipiente revolução. Até mesmo o próprio Fidel Castro teve de reconhecer a existência dos campos de trabalho forçado, onde se buscava recondicionar essas pessoas, já que, devido à sua orientação sexual, elas não poderiam, supostamente, alcançar os cânones do "novo homem" que o socialismo exigia. Entretanto, o falecido ditador não assumiu totalmente o controle. Quando confrontado com seu próprio arquivo, ele culpou a "herança cultural machista do capitalismo" até mesmo de seus próprios subordinados revolucionários brutais.

A violência, o delírio e a loucura foram tão grandes que o regime cubano reeditou a placa da entrada do campo de concentração nazista de Auschwitz para seus centros de trabalho forçado, para onde eram levados aqueles que agora seriam incluídos entre as "diversidades sexuais", por violarem a "moral revolucionária". Enquanto os judeus que estavam prestes a ser exterminados liam na entrada do local a legenda "O trabalho os tornará livres", os homossexuais que chegavam à península de Guanahacabibes, equipados pelo próprio atirador compulsivo de Guevara, deparavam-se com uma placa semelhante que dizia: "O trabalho os tornará homens".

É claro que o arquivo não coloca em apuros somente aqueles que usam calúnias para questionar os libertários a partir do comunismo. O peronismo, que em sua versão mais «progressista» compartilha todos os questionamentos grosseiros e infundados que o trotskismo faz a Milei, também tem de explicar muitas coisas sobre o passado que alega.

Em 1946, o governador peronista da província de Buenos Aires emitiu um decreto incomum que proibia os homossexuais de votar, alegando "indignidade". Por incrível que pareça, esse regulamento esteve em vigor até meados da década de 1980, quando o justicialismo ainda tinha líderes como Ítalo Argentino Luder: o candidato presidencial que, em 1983, propôs anistia para os militares do Proceso, que hoje os jovens peronistas querem ver em prisões comuns, apesar de sua idade avançada e estado de saúde deteriorado.

Em vez de usar o arquivo para "caçoar" de nossos rivais, os liberais podem usar tudo isso para gerar algo mais construtivo para o futuro, lembrando as lições mais importantes da história. Com relação a isso, é importante observar que a entidade que mais ameaçou diversos grupos de indivíduos e minorias sempre foi o Estado. Quando o monopólio da força é obtido por aqueles que o utilizam arbitrariamente para impor sua visão de mundo, não há muito que possa ser feito para combatê-lo a partir do chão. Essa é uma das lições mais importantes para entender a necessidade de um Estado limitado que respeite as liberdades individuais de todas as pessoas.

A Escola Austríaca de Economia

Até a chegada de Javier Milei à mídia de massa, pouquíssimas pessoas na Argentina tinham ideia do que era a Escola Austríaca de Economia. Se nós, liberais, éramos uma minoria, deve-se observar que a EAE era uma minoria dentro de uma minoria. Aqueles que eram mais intelectuais e treinados em ciências econômicas estavam mais alinhados com os princípios, expoentes e metodologia da Escola de Chicago, como Milton Friedman.

Dentro dos espaços amplamente liberais e pró-mercado, aqueles que defendiam os postulados austríacos eram vistos com certa subestimação. Sem questionar muito os conceitos subjacentes (embora com muitos denominadores comuns), o pensamento austríaco era considerado um tanto utópico. Provavelmente porque essa escola de pensamento se baseia na suposição de que o aparato governamental não tem nada a fazer na área econômica, mas também porque reconhece a mesma limitação dos economistas, que não têm as ferramentas necessárias para saber o que pode acontecer no futuro. Em outras palavras, ela é utópica, não por deficiências ou questionamentos teóricos, mas pela pouca chance de aplicação em um contexto adverso, regido por interesses que não concordam com os postulados da EAE.

Em outras palavras, que político chamaria um austríaco para lhe dizer que precisa reduzir seu poder e influência? Que grupo empresarial aceitaria conselhos de economistas dessa tradição que, como primeira advertência, dizem a seus clientes que, embora possam lançar alguma luz sobre as perspectivas (especialmente sobre as políticas governamentais), eles não têm a menor ideia do que pode acontecer com seus produtos no futuro? É claro que há exceções, mas vamos concordar que há muitas razões pelas quais os austríacos não são os especialistas mais consultados, mesmo que tenham a prudência da humilde sabedoria socrática que entende suas limitações.

Com relação ao poder "preditivo", o austríaco tem as ferramentas para saber com total precisão o resultado de uma política de controle de câmbio, manipulação de preços, taxa de juros ou o que pode acontecer se, por exemplo, o mercado de aluguéis for regulamentado. O que a EAE não pretende «adivinhar» é quanto o dólar vai subir ou se um produto pode ser bem-sucedido ou não no mercado. Em outras palavras, questões que têm a ver com a escolha imprevisível e atomizada dos seres humanos.

Embora os economistas tradicionais tenham mais fracassos do que sucessos em seu crédito, eles continuam a pregar sem complexos, como os seguidores de seitas e religiões que alertam sobre um fim iminente do mundo que nunca chega. É claro que isso se explica quando, na política, os burocratas obtêm uma teoria econômica que atende a seus interesses, como é o caso do keynesianismo, que lhes fornece uma estrutura conceitual que justifica seus gastos públicos escandalosos. O fato de as premissas terem sido refutadas pela realidade pouco importa, pois, gerações de políticos profissionais passam pelo serviço público sem pagar pelas consequências de suas ações, e seus pretensiosos consultores cobram honorários suculentos por conselhos mal aconselhados que vitimam um cidadão completamente dissociado do processo com os piores incentivos.

Apesar de suas contribuições acadêmicas inquestionáveis, que descreviam os eventos da realidade melhor do que qualquer uma das outras escolas, a EAE tornou-se praticamente marginalizada após alguns anos de reconhecimento nas décadas de 1930 e 1940. O avanço do nazismo na Europa e a dispersão forçada de seus representantes mais notórios (perseguidos pelo regime) contribuíram para a perda de influência de uma escola que, curiosamente, alcançou a disseminação em massa de hoje graças a dois libertários dedicados à política, mas distantes de suas estruturas mais tradicionais. Ron Paul, nos Estados Unidos (ex-congressista do Texas e ex-candidato à presidência) e Javier Milei, na Argentina, que provavelmente já se tornou o maior divulgador do pensamento libertário austríaco no mundo.

Na conferência do Congresso da Escola Austríaca organizado pela Fundação Bases, em 2016, Milei referiu-se a uma das causas do ostracismo austríaco (que começou a ser ligeiramente revertido com o Prêmio Nobel a Friedrich Hayek, em 1974) e analisou o que considerava ser a batalha entre Keynes e Friedman, no quadro de um "triunfo austríaco" não percebido. O palestrante, que acabou se tornando presidente, alertou que nem mesmo os austríacos perceberam a importância da discussão que haviam vencido no campo das ideias.

Em sua apresentação, Milei reconheceu que, enquanto os líderes da EAE permaneciam "na torre de marfim" da intelligentsia, por não argumentarem contra as estupidezes da Teoria Geral (que inclusive voltava aos velhos teoremas refutados e rompia a relação, em seu trabalho, entre poupança e taxa de juros), foi o homem de Chicago que foi "para a lama" do debate público e teve de arregaçar as mangas para lutar. No que diz respeito à relação entre Friedman e os austríacos, o presidente argentino advertiu que há três etapas em sua vida que devem ser levadas em conta: a do acadêmico, a do divulgador didático e eficiente e a do conferencista. Em sua opinião, essa última etapa, que combina o melhor das outras duas, mostra um Friedman muito mais próximo de um Ludwig von Mises do que muitos podem imaginar. De fato, em uma de suas palestras em Israel, posteriormente publicada com o título Moeda e Desenvolvimento, ele afirmou que a única maneira de evitar o uso da inflação como método de tributação é "não ter um banco central".

A história da Escola Austríaca, com a qual os principais críticos de Milei na Argentina não estão nem um pouco familiarizados e que deveriam estudar - ainda que superficialmente, para evitar fazer papel de bobo na televisão - começa em Viena, na segunda metade do século XIX. Seus primeiros expoentes foram Carl Menger (1840-1921) e seu aluno Eugen von Böhm-Bawerk (1851-1914). Embora seja uma escola econômica, a abordagem austríaca tem a economia quase como uma instância secundária. Nessa visão, tudo o que acontece nessa esfera nada mais é do que uma consequência da ação humana. Não é um fim em si mesmo e não pode ser estudado isoladamente, por mais complexos que sejam os cálculos, gráficos e tabelas utilizados. Não é por acaso que Menger chegou ao estudo da economia depois de um doutorado em direito e de uma carreira como jornalista. Nesse sentido, essa visão de mundo a partir da qual ele se aprofundou no estudo da economia remonta à Grécia antiga, até mesmo aos pensadores pré-socráticos.

Questões como a escassez e a alocação "correta" de recursos têm sido temas de preocupação e debate entre intelectuais desde que o mundo existe.

Muitos dos erros econômicos datam de séculos (até milênios), como a ideia republicada de Platão sobre o hipotético conflito menor que a propriedade comum traria, em relação aos problemas supostamente inerentes à propriedade privada. Como vemos, o antagonismo entre o mundo utópico ideal e as imperfeições do mundo real vem de longa data, como uma luta ingênua do bem contra o mal.

Em sintonia com Adam Smith e a tradição escocesa, o que esses pensadores buscavam era entender como as coisas realmente funcionam, e não como elas "deveriam funcionar", ou como os livros indicam que elas funcionam, o que historicamente mostra incongruências entre o conteúdo de suas páginas e o que acontece nas ruas.

Logicamente, eles extraem dos clássicos grandes contribuições, como a divisão do trabalho e as virtudes do livre comércio em detrimento das ineficiências do mercantilismo, cujas falácias sobrevivem lamentavelmente até hoje. Entretanto, uma das primeiras grandes contribuições dessa raça austríaca inicial foi a refutação da teoria do valor objetivo do trabalho, enunciada por Smith, aprofundada por David Ricardo e levada ao que alguns poderiam chamar de sua última consequência nas reflexões do autor do Manifesto Comunista.

"Marx tinha um mestre? Sim, ele teve. Para entender corretamente seu trabalho econômico, é preciso começar reconhecendo que, como teórico, ele era um discípulo de Ricardo. E isso, não apenas porque ele tomou as teses de Ricardo como ponto de partida para seu próprio raciocínio, mas também - e isso é muito mais significativo - porque foi precisamente por meio de Ricardo que ele aprendeu a teorizar"[46].

Se as coisas valem o trabalho nelas empregado, além do custo dos materiais usados (que, por sua vez, teriam seu próprio valor objetivo), o lucro é o que o empregador tira do trabalhador. A teoria errônea da mais-valia foi um dos erros econômicos mais caros da humanidade. A teoria do valor é

46 Schumpeter, J. A. (1979). *Diez grandes economistas: de Marx a Keynes.* Madrid. Alianza Editorial. p. 48

tão indefensável que até mesmo alguns pensadores simpáticos à ideologia marxista em geral reconheceram que ela "não resistiu às críticas" e "não está em harmonia com os fatos"[47].

Vamos ver, com um exemplo bobo, o que acontece se eu recorrer a questões objetivas de valor para um empreendimento pessoal, concebido por minha própria subjetividade. Do meu ponto de vista, concluo que poderia ser inventada uma "vassoura dupla" mais eficiente. Vejo que o custo da vara de madeira é de 10, que o canudo que varre em sua extremidade é de 3 e que o mercado costuma oferecê-las a 20. Minha impressão é que as pessoas sempre valorizam gastar menos, então decido lançar minha nova invenção: a vassoura dupla que tem sua tradicional vara de madeira no meio, mas com a novidade das duas extremidades dos canudos que varrem. Em outras palavras, invisto 16 por unidade (10 para a vara e 6 para as duas pontas do canudo) e vou ao mercado com meu produto revolucionário, que também tem um preço de 20. Meu argumento para o público não apresenta objeções à primeira vista. Saliento que ela dura duas vezes mais do que outras vassouras tradicionais, que são compradas pelo mesmo preço. Com meu produto, o consumidor só precisa tolerar ter uma das duas extremidades do canudo perto do rosto enquanto usa a primeira e, finalmente, cortar a extremidade usada com uma serra e usar a segunda como uma vassoura tradicional.

A questão é que, quando saio para o mercado, encontro uma realidade inesperada para mim: que pouquíssimas pessoas deram o mesmo valor ao benefício econômico e preferem gastar o dobro, em um produto moderadamente econômico, em vez de ter que varrer com a palha na cara e se preocupar com uma serra quando a outra ponta estiver gasta. Em meio ao processo pessoal de fracasso duro, em que poucas pessoas receberam a notícia, recebo a ligação do local onde deixei o produto em consignação. Acontece que eles me pedem para pegar minhas vassouras, pois nenhuma foi vendida e eles precisam do espaço para outros produtos. Diante de tal desastre, posso dizer a eles que tentem vendê-las a 10, para ver se alguém as leva pela metade do preço, a fim de poder salvar pelo menos parte do investimento, apesar da perda, e dedicar os recursos a outra coisa. Em outras palavras, em minha subjetividade mutável, nesse caso, talvez eu prefira recuperar pelo menos 10 de cada 16 investidos, em vez de ter de manter o estoque inútil. O

47 Laski, H (1989). Karl Marx. México. Fondo de Cultura Económica. p. 59

trabalho realizado e o custo de produção pouco importam aqui, se o consumidor não atribuiu valor ao produto.

Como explica von Mises: "Não há nada permanente na vida. As condições sob as quais a economia se desenvolve estão sujeitas a mudanças perpétuas que as forças humanas não serão capazes de impedir"[48].

Também é interessante notar algo que Alberto Benegas Lynch Filho aponta em um de seus livros mais importantes: "Em países de grande progresso, estima-se que, de cada cem artigos lançados no mercado com abundante publicidade, setenta e cinco fracassam em curto prazo por não agradarem ao público consumidor. Assim, o processo é reajustado para atingir a chave certa: satisfazer o consumidor"[49].

Aqueles que se apegam à teoria marxista da exploração, que se baseia em uma teoria objetiva equivocada do valor, ainda não conseguem explicar como uma pepita de ouro que eu encontro por acaso na rua vale o mesmo que se eu a extraísse com muito custo. Onde ocorre o processo de mais-valia em uma camisa autografada por Lionel Messi, que passa a valer muito mais do que uma que não foi autografada? Os neomarxistas que tentaram resolver essa questão apelando para vários bens excepcionais e utilidades particulares não fizeram nada além de mergulhar nas profundezas do ridículo.

Na época em que Menger e Böhm-Bawerk desenvolveram seu trabalho, a inconsistência entre o que os livros diziam e a realidade fazia parte da vida cotidiana. Os fatos e a teoria muitas vezes seguiam caminhos diferentes, e o que acontecia nas ruas muitas vezes refutava o que era estudado a fundo nos livros didáticos.

Por incrível que pareça, mais de um século depois dessas explicações, as falácias econômicas mais grosseiras ainda estão em vigor. Em seus Princípios de Economia Política, Menger explica que "alguns punhados de farinha moída"[50] têm valor porque há uma demanda subsequente por pão. Enquanto escrevo estas linhas, ouço na televisão que uma grande porcentagem de turistas argentinos escolhe o Brasil como destino de férias porque «há muitos voos disponíveis entre Buenos Aires e São Paulo ou Rio». Às vezes é surpreendente que a humanidade tenha descoberto que a carroça está atrás do cavalo.

---

48 Mises, L. v. (1968). *Socialismo*. Nueva York. Western Book Foundation. p. 195

49 Benegas Lynch, A. (h) (1982). *Fundamentos de análisis económico*. Buenos Aires. Eudeba. 78

50 Menger, C. (1996). *Principios de economía política*. Barcelona. Folio. p. 52

Os debates ocorridos na segunda metade do século XIX, em Viena, por esses autores eram contra a escola historicista alemã, que apontava a existência de leis particulares para cada sociedade e para cada época. Menger não concordava com esse postulado, pois considerava que certas questões são permanentemente comprovadas e podem ser aplicadas como leis gerais ou universais, válidas em todos os momentos e em todos os lugares. A revolução marginalista, que também teve como expoentes William Jevons na Inglaterra e o francês Léon Walras na Suíça, explicou corretamente que, em um cenário de extrema sede e necessidade, o primeiro copo de água representa um valor muito maior do que o segundo, e assim por diante. Além disso, em um determinado momento, é provável que o quinto ou sexto copo seja usado para refrescar a cabeça, e não para beber mais um. Isso se aplica a qualquer situação, em qualquer lugar do mundo, para qualquer pessoa, como advertiram os austríacos. O mesmo se aplica à avaliação que surge da última unidade disponível de um bem. Isso resolve outro dilema histórico sobre o mistério do alto valor do ouro supostamente sem valor diante do preço acessível da indispensável garrafa de água, tão necessária para a própria vida. O fato é que as trocas quase nunca são "tudo por tudo". Uma moeda de ouro vale mais do que um copo de água, porque não se troca todo o ouro que se tem por toda a água que se pode obter. Caso contrário, a avaliação seria inversa, pois um é indispensável e necessário para a subsistência e o outro não.

Embora, quando se trata de explicar esses fenômenos, a referência seja feita quase que exclusivamente ao trio Menger, Jevons e Walras, o professor Jesús Huerta de Soto ressalta que esses paradoxos foram resolvidos quase três décadas antes por um tomista espanhol chamado Jaime Balmes. Em seu trabalho, o professor de Soto detalha as influências e os pontos em comum entre os austríacos e os escolásticos de Salamanca. Até o próprio Hayek reconheceu a ele, em uma carta de 1979, que os princípios básicos da teoria do mercado competitivo foram encontrados na Espanha.

Como Adrian Ravier destaca, no século XIII, com São Tomás, as contribuições de Aristóteles voltaram a ser discutidas nos círculos católicos. Entretanto, como muitos escolásticos, ele "não conseguiu se livrar da crítica aristotélica ao livre mercado"[51]. Foi somente depois de Juan de

51 Ravier, A. (2022). *Crítica aristotélica al libre mercado. Raíces y etapas em la historia de la escuela*

Mariana (1536-1623) que essas questões começaram a ser resolvidas na Espanha, abordando os postulados básicos que mais tarde foram desenvolvidos em detalhes pelos austríacos.

Em 1896, os pilares da teoria da exploração de Marx já haviam sido aniquilados pelos primeiros austríacos. Naquele ano, Böhm-Bawerk, seguindo as contribuições de seu mentor sobre o subjetivismo e o marginalismo, que enterraram definitivamente a antiga teoria do valor do trabalho, publicou A conclusão do sistema marxiano, em que explicou como os salários são determinados pela produtividade do trabalho e pela concorrência de mercado, e não pela tese ilusória da exploração.

Marx morreu em 1883 em Londres, mas no final de sua vida teve acesso às críticas devastadoras dos colegas austríacos. Deve-se lembrar que o único volume de O Capital publicado com seu autor vivo foi o primeiro, em 1867. O segundo volume, em 1885, e o terceiro, em 1894, editado por Friedrich Engels, são póstumos. O curioso é que Marx viveu dezesseis anos após a publicação do primeiro volume, período durante o qual, por alguma razão, decidiu deixar em stand-by seus cálculos pretensiosos e já refutados. Nos últimos tempos, ele havia abandonado as publicações teóricas e se dedicado a escrever panfletos mais intimamente ligados à política, como A Guerra Civil na França. Será que ele se calou quando percebeu que nada do que havia escrito fazia o menor sentido, pelo menos no campo teórico que ele mesmo queria desenvolver? É uma tarefa interessante para os historiadores econômicos tentar desvendar essa questão.

De qualquer forma, a destruição austríaca do núcleo central da tese marxista é esmagadora. Böhm-Bawerk enfatiza, em termos inequívocos, que não há controvérsia em O Capital, mas uma "contradição pura e simples".

"O terceiro volume de Marx refuta o primeiro. A teoria da taxa média de lucro e os princípios de produção não são conciliados com a teoria do valor. Essa, em minha opinião, é uma impressão que não pode deixar de atingir qualquer pessoa que raciocine logicamente"[52].

---

austríaca. Revista Procesos de Mercado, Espanha. p. 254.

52 Böhm-Bawerk, E. v. (2000). *La conclusión del sistema marxiano*. Madri. Unión Editorial. p. 61.

O individualismo metodológico como ponto de partida para a análise das ciências sociais permitiu aos austríacos uma perspectiva completamente diferente, que complementou perfeitamente a ideia de ordem espontânea usada pelos escoceses. Isso começou a corrigir muitas suposições imprecisas que eram consideradas válidas, como os supostos acordos coletivos (sabe-se lá quem os elaborou) que teriam determinado a implementação e o uso, por exemplo, do dinheiro. No entanto, Menger explicou que esse era um fenômeno praxeológico privado, gerado espontaneamente, de indivíduos que buscavam resolver problemas e satisfazer suas próprias necessidades. Os governos e as autoridades centrais, que depois monopolizaram a moeda com os resultados que todos conhecemos, não tinham nada a ver com isso.

A Praxeologia, ou seja, a ciência da ação humana, é a base fundamental do trabalho de Ludwig von Mises (1881-1973), o principal expoente da Escola Austríaca. Ela trata da situação inegável da ação permanente dos seres humanos e de suas motivações. Mises afirma que as pessoas estão sempre em um estado de insatisfação, o que nos leva a agir para alcançar um cenário de maior satisfação. É claro que essa ação é baseada em uma especulação a priori, em que o resultado da ação é incerto. Talvez eu decida passar um fim de semana na praia, priorizando essa experiência em vez de guardar as passagens que usarei durante a viagem. No entanto, quando eu chegar ao litoral, pode ocorrer uma tempestade terrível e, infelizmente, terei gasto o dinheiro para ficar no hotel olhando para o teto. Em geral, as ações levam a um cenário de otimização mais elevado, embora haja, é claro, exceções. Para Mises, a ação humana é inevitável. Mesmo quando parece que não estamos decidindo nada e não agimos, estamos fazendo isso, gerando consequências econômicas inevitáveis do que é, afinal, uma ação baseada em uma escolha. Quando a praxeologia se desenvolve nas trocas de mercado, o autor a chama de "catalaxia".

Essa contribuição foi mais um passo à frente na correção da teoria que não coincidia com a realidade. Enquanto os neoclássicos se apegaram (e ainda se apegam) à figura do maximizador de benefícios econômicos ("homo-economicus") desde o século XIX, Mises adverte que o que buscamos maximizar é o bem-estar. Mas devemos ter em mente que as pessoas são todas diferentes. A praxeologia explica tanto por que alguém decide ir para um emprego mais exigente e abnegado para ganhar mais dinheiro quanto por que outro indivíduo decide trabalhar menos dias por semana, já que sua subsistência mínima está garantida e ele opta por priorizar o descanso e o tempo de lazer. Essa perspectiva explica tanto o ambicioso que está desesperado para multiplicar seus milhões quanto aquele que está feliz em trabalhar em ações de caridade para os necessitados, tendo um padrão de vida humilde para si mesmo. A lei universal é que todos nós agimos em busca de novos cenários que nos levem a maximizar nosso bem-estar. Cada um para seus próprios fins e de sua própria maneira.

O liberalismo é a única filosofia compatível com a busca da felicidade para todos os indivíduos pacíficos. É por isso que ele é moralmente superior. Muito superior. É uma ideologia justificável tanto do ponto de vista moral quanto utilitário, pois os processos de mercado acabam sendo benéficos para toda a sociedade, mas principalmente para os mais necessitados.

Alguém pode dizer com honestidade intelectual que a arquitetura monocromática norte-coreana é mais atraente do que a diversidade que ocorre no Sul ou no Japão? Quando Javier Milei se atreveu a mencionar a palavra "superioridade" para se referir a essa questão e à diferença entre os dois modelos, seus críticos automaticamente o tacharam de "nazista". Como se ele tivesse se referido à "superioridade racial", que nada mais é do que uma digressão coletivista e estritamente iliberal.

Embora essas perguntas nunca tenham tido qualquer base de fato, muitas personalidades as repetiram impunemente em todos os canais de televisão. Eles até usaram uma jaqueta de couro usada por Milei para ligá-lo à SS, procurando - ou melhor, forçando - pistas onde não há nenhuma. A estética coletivista sempre será inferior ao resultado espontâneo da arte das sociedades em que reina a liberdade individual. No modelo centralista, "arte" é o que é exclusivamente determinado e endossado pelos Kims, pelos Stalins, pelos Castros ou pelos Hitlers, ao passo que, no outro modelo, é o florescimento descentralizado de todos os artistas, interagindo com a preferência do público em geral.

É claro que os processos de mercado nem sempre recompensam o que todos nós gostamos. Por exemplo, há muito tempo não vou ao cinema, pois os filmes que me interessam são exibidos dublados em espanhol, em vez de legendados com o áudio original, como eu preferiria. Evidentemente, o mercado deu um sinal aos acionistas do cinema que não me agrada. Minhas opções diante disso são «lutar contra o capitalismo» e ficar diretamente sem cinemas, plataformas, filmes, computadores, projetores e televisores, ou assumir que depois terei de assisti-los de acordo com minha preferência na minha sala de estar. A virtude do sistema é que ele tende a levar em conta todas as preferências para atender ao público como um todo, além da inovação permanente que visa a criar demandas futuras até então inexistentes. Nada disso é possível no planejamento central.

Embora as contribuições de Menger e Böhm-Bawerk tenham refutado as principais premissas marxistas, os livros, mesmo com boas ideias, não necessariamente interrompem os processos da realidade fadados ao fracasso. Quando o mundo ocidental olhava com curiosidade (e até mesmo com um otimismo ingênuo) para a revolução bolchevique, Mises previu, na década de 1920, que a experiência estava fadada ao fracasso. Ele baseou isso na impossibilidade do cálculo econômico, que é inviável para o planejamento centralizado sem um sistema de preços.

Enquanto os marxistas defendiam a eliminação da "propriedade privada dos meios de produção", como indicava o mantra refutado do falecido ideólogo, a economia perdia a possibilidade de coordenação, uma vez que os preços surgem da propriedade das coisas.

A previsão de Mises foi cumprida ao pé da letra, desde o fracasso da União Soviética até o desastre em Cuba e a calamidade venezuelana. O denominador comum de todos os experimentos sem propriedade (ou com propriedade violada e regulamentada) e preços de mercado é a escassez, com seus cartões de racionamento e longas filas. Além do repetido processo autoritário na esfera política, é claro. Nem mesmo a tecnologia gerada pelo capitalismo pôde ajudar Hugo Chávez e Nicolás Maduro a resolver o problema do desabastecimento quando tentaram alocar os produtos dos supermercados de forma "igualitária", dados os problemas de desabastecimento, com a impressão digital dos pobres venezuelanos, que tiveram de se submeter a essas humilhações para levar um pouco de comida para suas mesas.

Embora a realidade tenha refutado os teóricos intervencionistas ao longo do século XX, Mises pôde ver com seus próprios olhos e durante sua vida as certezas de suas premissas, mesmo sem ser reconhecido. Já em 1912, ele publicou sua Teoria do dinheiro e do crédito, na qual alertava sobre os riscos de manipular essas variáveis econômicas de forma discricionária.

Cerca de um ano depois, em 23 de dezembro de 1913, os Estados Unidos lançaram o Federal Reserve. Contrariando as recomendações do livro, que foi publicado em alemão e que poucos americanos conheciam, o Fed aumentou a oferta de moeda em 62% entre 1921 e 1929. Quando os sinais são distorcidos e os recursos são mal alocados, surgem problemas em países com ou sem propriedade privada. Obviamente, quanto menos propriedade e preços de mercado estiverem disponíveis, maior será a incompatibilidade. E pensar que ainda existem brutos que continuam a culpar a "ganância do capitalismo" pelo grande crash de outubro.

Após a crise da década de 1930, a receita keynesiana, que buscava resolver os problemas fazendo exatamente aquilo que causou o desequilíbrio, começou a se estabelecer no mundo. A partir daí, com as crises recorrentes do sistema que muitos erroneamente consideram "inerentes" ao capitalismo, o crescimento econômico passou a ser "apesar" do Estado e não graças a ele, como argumentam muitos burocratas que precisam justificar seus empregos e salários.

Mises teve que sofrer as dificuldades do exílio e muitas de suas previsões precisas se tornaram mais um problema do que uma fonte de satisfação pessoal. Em seus textos do período entre guerras, resgatados por Richard Ebeling na Rússia[53] na década de 1990, o austríaco alertava que se as potências vencedoras da Primeira Guerra Mundial insistissem nas pretensões de Versalhes, ignorando o que estava acontecendo na Europa, acabariam criando uma tragédia que ultrapassaria a Alemanha e o continente europeu. Ele já havia previsto que o desastre poderia afetar todo o mundo ocidental.

Embora Marx tenha sido constantemente refutado pelo mundo após sua morte, a história provou que Mises estava certo. Não apenas todas as tentativas de planejamento centralizado fracassaram, mas as economias capitalistas sofreram grandes reveses quando manipularam variáveis como a oferta de moeda ou a taxa de juros. A crise das hipotecas 'subprime' em 2008 não fez nada além de confirmar, mais uma vez, trinta e cinco anos após a sua morte. Se o mercado opera com sinais sujos, as alocações de recursos são ineficientes. Quando isso acontece, o colapso é inevitável.

No que diz respeito ao fracasso marxista, o erro de cálculo do pretensioso "socialismo científico" foi tão grande que até mesmo sua ascensão ao poder por meio da revolução bolchevique de 1917 expôs a falibilidade do

53 Ebeling, R. (2002). *Selected writings of Ludwig von Mises. Between the two World Wars: Monetary disorder, Interventionism, Socialism, and the great depression.* Indianapolis, Indiana. Liberty Fund.

profeta barbudo. Lembre-se de que Marx considerava necessário provocar o desenvolvimento capitalista para que os trabalhadores percebessem sua ignomínia e se revoltassem contra os supostos exploradores. Na sua cabeça, o surgimento dos futuros Lenins e Trotskys só poderia ocorrer em uma sociedade industrializada. Nunca em um contexto como o da Rússia czarista do início do século XX. Resumindo: Marx errou feio.

Se devemos algo a Ludwig von Mises, é o ensinamento de que o socialismo não é bom nem ruim, moral ou imoral em primeiro lugar. É simplesmente impossível a partir da própria teoria, que revela suas falhas, erros de diagnóstico, contradições e premissas falsas. Portanto, quando é implementado à força, ele necessariamente se torna um fenômeno tão ruim quanto imoral e autoritário, que já ceifou a vida de vários milhões de pessoas inocentes em todo o mundo. Ainda assim, a relação entre as más ideias econômicas (todas iliberais) e as maiores tragédias da humanidade é um tema pendente de estudo. Vale lembrar que o nazismo chegou ao poder associando a hiperinflação alemã à especulação judaica.

Embora o autor de Ação Humana tenha merecido o Prêmio Nobel por várias de suas contribuições, o reconhecimento formal da Escola Austríaca só veio com seu aluno Friedrich Hayek, um ano após sua morte. Embora Mises tenha sido seu professor na Áustria, Hayek ganhou maior notoriedade no mundo de língua inglesa antes disso, tendo se estabelecido na London School of Economics no início da década de 1930, enquanto seu mentor ainda escrevia em alemão.

Com as premissas de seus antecessores sobre a ordem espontânea, Hayek trabalhou no uso do conhecimento disperso na sociedade, que só é coordenado e relevante em contextos de liberdade, não apenas em questões econômicas, mas também no campo das instituições em geral. Embora tenha feito grandes contribuições acadêmicas, ele também desempenhou com facilidade o papel de divulgador. Ele é reconhecido como o grande rival intelectual de Keynes, com quem discutia academicamente em suas publicações e declarações públicas, mas com quem tinha um relacionamento pessoal amigável. Antes de sua morte, Hayek comentou em uma entrevista que seu colega "sabia muito pouco" sobre história econômica. Como dissemos, ele chegou a admitir que não conhecia os textos que ele mencionava e levava a ele sobre os debates do século XIX. É claro que, pelo que ele argumentou, lhe convinha ignorá-los completamente. Ele também mencionou que, na última vez em que se encontraram, em 1946, o próprio Keynes lhe confessou sua preocupação com a influência de seus discípulos, que defendiam políticas expansionistas em contextos inflacionários. Naquela noite, ele disse a Hayek que estava "certo" em suas opiniões e que pretendia reaparecer aos olhos do público para exercer sua influência e tentar corrigir as coisas. No entanto, ele morreu semanas depois, surpreendentemente, de um ataque cardíaco, aos 62 anos de idade.

Como economista consagrado, nos últimos anos de sua vida, ele escreveu A desnacionalização do dinheiro, no qual defende a necessidade de separar a moeda do Estado e submetê-la à mesma livre concorrência que outros bens. Ele pergunta "por que as pessoas têm suportado um poder exclusivo exercido pelo Estado por mais de dois mil anos para explorar e enganar o povo". Na opinião do autor, o mito da prerrogativa do Estado se tornou tão firmemente estabelecido que "nem mesmo os estudiosos profissionais do assunto pensaram em questioná-lo"[54].

No livro 'A fatal arrogância: os erros do socialismo', já no título, há outra referência que costuma ser ouvida de Javier Milei ao questionar a soberba desajeitada dos planejadores centrais de todo o espectro político tradicional. Um problema que vem de longa data. Por alguma razão, Hayek dedicou sua obra 'Caminho da Servidão' (1944) aos 'socialistas de todos os partidos'.

A Escola Austríaca depois de Viena e além da economia

Felizmente, a história do EAE conseguiu transcender Viena e já existem "austríacos" internacionais em todo o mundo. Um deles, nascido no bairro portenho de Palermo em 1970, chegou à presidência da Argentina em dezembro de 2023.

A primeira onda de austríacos internacionais surgiu principalmente nos Estados Unidos, um fenômeno ligado à presença de Mises, que vivia em Nova York desde a década de 1940. Vários dos principais "austríacos americanos" tiveram a sorte de ter o autor de Socialismo como seu professor e amigo. Um deles foi o influente jornalista Henry Hazlitt (1894-1993), autor de Economia em uma lição, um livro indispensável para quem

54 Hayek, F. A. (1985). *La desnacionalización del dinero.* Madri. Hyspamérica. p. 28

quer entender os fundamentos do assunto de forma simples. É uma vacina eficiente que inocula o leitor para o resto da vida contra todas as falácias intervencionistas. Embora seja um texto de 1946, ainda é totalmente relevante e atualizado.

Outro autor que os seguidores de Milei costumam ouvir mencionar é o já mencionado Murray Rothbard (1926-1995), que levou as premissas austríacas um passo adiante de seus predecessores ao questionar todas as funções monopolistas do Estado a partir do que é conhecido como "anarcocapitalismo". É nesse ponto que as águas se dividem no debate dentro do libertarianismo. Alguns consideram, a partir da perspectiva do liberalismo clássico, que o Estado deve se limitar às funções básicas não delegáveis e indispensáveis do minarquismo. Outros questionam o fato de que os incentivos do Estado o levarão permanentemente ao crescimento e, portanto, defendem a eliminação do monopólio da força. Eles propõem substituí-lo por um sistema baseado na propriedade privada e em contratos livres, abrindo todas as funções do Estado, inclusive áreas como segurança e justiça, à concorrência.

Além desse debate específico, que não deve separar os liberais em um contexto de estatismo sufocante como o atual, Rothbard tem obras importantes para todo o público liberal, como seus volumes de História do Pensamento Econômico. O papel do "Rothbard historiador" (que muitos libertários acham mais interessante do que as contribuições do "Rothbard teórico") é fundamental para entender a história econômica sob a perspectiva da Escola Austríaca.

O próprio Ron Paul reconhece que, em sua juventude, tendo sido criado em um lar republicano, ele acreditava que a longa duração da Grande Crise estava relacionada à "não cooperação dos democratas no Congresso". O ex-congressista do Texas descreve Rothbard como "um bom professor" que lhe ensinou que as políticas intervencionistas "foram responsáveis pelo prolongamento da Depressão"[55].

Se algum leitor quiser abordar o livro Ação Humana, de Mises, e achar difícil, ler previamente Homem, Economia e Estado, de Rothbard, pode ser muito esclarecedor. As maravilhosas palestras on-line dos professores Huerta de Soto e Martín Krause, disponíveis no YouTube, também são mui-

55 Paul, R. (2009). *End the FED. Nueva York. Grand Central Publishing.* p. 58 (trad. Propia do autor).

to úteis para uma introdução ao mundo muito interessante do pensamento austríaco.

A maior eminência da EAE atualmente é o rabino Israel Kirzner (1930), que teve o próprio von Mises como orientador de sua tese. Seu nome costuma aparecer ano após ano, quando são mencionados os possíveis ganhadores do Prêmio Nobel de Economia. Entretanto, até o momento, ele não recebeu o merecido reconhecimento que tem sido dado a economistas de menor relevância e com ideias já refutadas. Sua principal contribuição está ligada ao estudo do papel do empreendedor, seu processo permanente de busca e descoberta, dentro da estrutura dos processos de mercado. Essa questão, muitas vezes negligenciada, é fundamental para a compreensão dos fenômenos dinâmicos que contribuem para o progresso. Em outras palavras, descobrir o que não existe hoje, mas que pode estar em alta demanda no mundo todo amanhã.

A praxeologia do Direito

Além da questão ligada ao campo tradicional da economia, a metodologia austríaca tem um universo de possibilidades muito mais amplo, que vai além do que está estritamente ligado à catalaxia, como Mises definiu a praxeologia no mercado.

Ricardo Manuel Rojas, jurista e escritor argentino, chegou a uma conclusão tão natural e óbvia quanto ambiciosa e revolucionária: a de que os princípios metodológicos da EAE poderiam ser aplicados ao campo do Direito. Ou seja, levar as premissas gerais da Escola Austríaca para além da economia.

Muito melhor do que eu, Rojas pode explicar todo esse processo de descoberta e suas perspectivas futuras com suas próprias palavras e em primeira pessoa. A seguir, um trecho de suas declarações no âmbito de uma entrevista exclusiva para este livro:

"Ao ler Mises há muitos anos, pensei que os princípios do individualismo metodológico que se desenvolvem em torno da praxeologia não precisam se limitar à catalaxia. Comecei meus estudos quando era muito jovem, não com os austríacos, mas com os escoceses, especialmente Adam Smith e Adam Ferguson, e tinha muita clareza sobre sua ideia de processos sociais como produto de decisões

individuais. Assim como esses filósofos morais estudavam os fenômenos sociais sem distinção e os tratavam como um único fato a ser investigado em seus diferentes aspectos, eu não via razão para distinguir o estudo da economia de qualquer outro aspecto de um fenômeno social, incluindo o direito.

Em seguida, deparei-me com uma nota de rodapé na qual Mises lamentava que a praxeologia tivesse sido circunscrita como a base da catalaxia e não fosse empregada em outras áreas das ciências sociais. O quadro se fechou quando descobri alguns escritos de Bruno Leoni em italiano, dos quais não havia tradução em inglês ou espanhol, em que ele desenvolvia detalhes de sua visão jurídica: para Leoni, em minha opinião o mais importante pensador da Escola Austríaca do ponto de vista jurídico, o Direito começa a ser estudado a partir da pretensão individual ("il diritto como pretesa"), o que implicava uma visão praxeológica do Direito.

Isso me levou a estudar os fundamentos de uma teoria do direito baseada na praxeologia e a determinar as áreas em que a teoria precisa ser desenvolvida de acordo com essa visão. Tudo isso resultou em meu livro Fundamentos praxeológicos do direito[56]*, publicado em 2018.*

Se você perguntasse às pessoas na rua hoje em dia, ou a um jovem estudante que está entrando na faculdade de Direito, o que é o Direito, elas provavelmente lhe diriam que é o que os legisladores no Congresso sancionam e que as pessoas têm de obedecer. Mas o Direito não é isso, ele é o produto de uma evolução que inclui decisões individuais, contratos, reivindicações, discussões jurídicas de todos os tipos e soluções que se integram umas às outras para formar um corpo robusto de regras e normas que não são construídas ou impostas por uma autoridade política.

Em suma, Leoni entendeu que o Direito é uma ordem espontânea para a qual todos nós contribuímos para formar. Ao contrário, na visão coletivista do Direito que prevalece hoje, enquanto as pessoas estão lendo este livro, o Congresso provavelmente está discutindo uma lei que afetará suas vidas, sem que elas sequer tenham a chance de dar sua opinião antes que ela seja aprovada.

A praxeologia é a cota de realidade que o Direito precisa. A mesma realidade que normalmente é encontrada na análise econômica, em que as leis econômicas foram descobertas a partir da maneira como os seres humanos se comportam.

Em geral, falamos em separar a Igreja do Estado, a Economia do Estado,

56 https://www.unioneditorial.net/libro/fundamentos-praxeologicos-del-derecho/

a Educação do Estado, mas não costumamos falar em separar o Direito do Estado. Para os juristas, o Direito é uma criação do Estado; eles não o concebem de outra forma. Essa ideia de que o direito é criado pela autoridade é um preconceito grave que deve ser erradicado. O Direito é formado de forma completamente separada do Estado. É o produto de discussões jurídicas e lógicas, não políticas.

Na tese central do meu ensaio Ciências sociais ou ciência da sociedade? defendo que, ao contrário do que aconteceu especialmente a partir do século 18, quando o racionalismo dividiu o estudo da sociedade em diferentes ciências guiadas por diferentes princípios, os fenômenos sociais deveriam ser todos objeto de uma única ciência da sociedade, que contempla diferentes aspectos, mas de um mesmo fato.

O problema com a multiplicidade de ciências que existem hoje é que cada uma delas tem diferenças metodológicas que levam a consequências muito diferentes. Por exemplo, a noção de propriedade do economista e a noção de propriedade do jurista são completamente diferentes hoje em dia. Enquanto o jurista está interessado em saber quais títulos uma pessoa possui sobre a coisa ou relação jurídica, o economista está preocupado com os fatos, ou seja, o que pode ou não ser feito com relação à coisa.

Se os fenômenos sociais fossem estudados por uma única ciência, baseada na praxeologia, seriam utilizadas as mesmas bases metodológicas para isso, ponderando os diferentes aspectos dessa ciência. Em suma, o enfoque praxeológico dos fatos sociais permitiria estudá-los com maior coerência do que atualmente, onde tais fatos são divididos em diferentes ciências sociais, e em cada uma delas são tratados de acordo com diferentes princípios".

Um presente complicado e um futuro promissor

Javier Milei já deixou claro que não tem nenhum problema em repetir o papel de Carlos Pellegrini. Ou seja, assumir o controle da complicada situação herdada, limpar a economia e ir embora. Não com aplausos, mas com insultos. Foi assim que o ex-presidente saiu, caminhando, em 1892, depois de dois anos no cargo, que começaram com a renúncia de Miguel Juárez Celman.

Quando as políticas impopulares de Pellegrini começaram a dar frutos, mostrando um crescimento econômico rápido e em expansão, os insultos foram substituídos por aplausos e reconhecimento. Três anos depois, com uma economia saudável e os princípios da Constituição liberal como estrutura, a Argentina tinha o maior PIB per capita do mundo. Carlos Pellegrini pôde ver tudo isso durante sua vida, pois deixou este mundo em 1906. Hoje, sua figura é ainda maior, respeitada e valorizada do que naquela época. Principalmente com tantos sucessores que não tiveram pulso para tremer quando se tratou de fazer o que tinha que ser feito. Paradoxalmente, o primeiro a ousar repetir o épico foi aquele que assumiu o cargo com a maior fraqueza política da história: nenhum governador e um pequeno punhado de legisladores.

Como vimos anteriormente, nem mesmo os militares, com a soma do poder público e sem uma oposição com a qual concordar, ousaram pegar o touro pelos chifres quando se tratou de corrigir os desequilíbrios econômicos e fiscais historicamente sofridos pelo nosso país.

Deve-se observar que Milei não precisa sair da mesma forma que aquele herói argentino que deixou o poder executivo em 1892. Ele pode sair com o reconhecimento de ter feito bem as coisas, com resultados tangíveis em tempo real. Da mesma forma, o fato de o atual presidente estar disposto a repetir o papel de "piloto de tempestade", sem especulações de curto prazo, é uma boa notícia para os argentinos.

Infelizmente, as estatísticas mostram que não é muito provável que a excepcionalidade de um presidente com essas características se repita em um futuro próximo. É por isso que é necessário que o maior número possível de reformas seja irreversível. Milei, além de ser o portador das ideias certas para superar a decadência nacional, tem a personalidade ideal para o momento e as circunstâncias em que se encontra.

O fato de que em suas redes sociais ele continua dizendo "economista" e não "presidente" diz muito sobre sua estrutura mental. Isso significa que ele não tem um ego importante? Não. Isso indica que ele tem seus impulsos canalizados para outras questões, muito diferente dos políticos tradicionais, que preparam a vida inteira para o que Milei conseguiu em dois anos, quase sem pestanejar.

Se eu dissesse que suas prioridades e desejos (mesmo os mais "egoístas") são "maiores" do que os dos demais, estaria contradizendo tudo o que afirmei anteriormente sobre a subjetividade do valor. Além disso, não posso me responsabilizar por dizer o que se passa na mente de outra pessoa. Mas, até onde suspeito, suas ambições mais profundas estão em sintonia com os interesses do país. E acredito, em termos econômicos, que se ele atingir as metas impulsionadas por seu autorrespeito e autoestima, nós, argentinos, estaremos desfrutando dos benefícios de uma "externalidade positiva" sem precedentes.

A situação atual não é simples. Entretanto, é necessário fazer alguns esclarecimentos. Diante da herança recebida, que é de conhecimento de todos, o poder executivo pode fazer algumas coisas que podem ser aplicadas e ter um resultado direto. Logicamente, nada disso é fácil, mas com determinação política é possível. Entre elas, podemos destacar questões como deixar de financiar o Tesouro e o déficit fiscal com emissão monetária e começar a corrigir os gastos vinculados ao Poder Executivo Nacional.

Não é segredo para ninguém que a inflação está começando a desacelerar e que os cortes estão na ordem do dia. Entretanto, há uma decisão firme de ir até o fim. As críticas que se ouvem têm a ver com a percepção da situação nesse contexto, diante de uma economia que está começando a se estabilizar. Por exemplo, o aumento dos preços está começando a desacelerar, mas não há dinheiro suficiente para ir ao supermercado. Os apartamentos, que haviam desaparecido por causa da "lei do aluguel", agora estão disponíveis no mercado, mas os salários básicos ainda não podem pagar por eles.

Para começar, é preciso observar que não havia possibilidade de sanear a economia sem liberar os preços por todos os motivos que expusemos acima. Embora Alberto Fernández tenha pedido que "arregaçássemos as mangas" para trabalhar para reverter a situação, qualquer melhoria dentro da estrutura das distorções do governo anterior era absolutamente impossível. Todas as exortações que apelavam para o altruísmo patriótico estavam fadadas ao fracasso. Agora, pela primeira vez em muito tempo, as bases para o crescimento estão começando a ser lançadas.

Como temos desenvolvido, uma coisa é criar empregos e outra bem diferente é garantir bons salários (a liberdade de acordo é necessária para a primeira e a capitalização da economia para a segunda), uma coisa é eliminar as distorções do sistema e outra bem diferente é garantir o bem-estar das pessoas. O último não pode ser alcançado de forma alguma sem o primeiro. Não há exceção.

O poder executivo está fazendo tudo dentro de suas prerrogativas e possibilidades, mas até que as principais propostas, como a famosa DNU e a "Lei Bases", que exigem a concordância ou, pelo menos, o não boicote do poder legislativo, entrem em vigor, o trem não poderá começar a andar e dar a partida corretamente. Mesmo que a oposição continue a colocar obstáculos no caminho, a situação melhorará lentamente e em pequenos passos. Mas as forças produtivas devem ser liberadas para que o foguete decole. Acredite em mim, o foguete argentino tem todo o potencial para ser o melhor do mundo.

É contraditório culpar o governo pela difícil situação atual e, ao mesmo tempo, tentar frear suas iniciativas, que são necessárias para avançar. De «cima para baixo», é possível parar de desvalorizar a moeda e reduzir os gastos públicos, mas a reativação da economia depende de um fenômeno inverso, de «baixo para cima». Um processo indireto, em que a política só pode remover os obstáculos.

Reclamar com Milei sobre o desemprego ou as demissões no setor público, enquanto a reforma trabalhista está sendo interrompida, ou sobre os salários baixos, enquanto a legislação para capitalizar a economia não está sendo viabilizada, é uma hipocrisia total.

Que ninguém se deixe enganar. Os críticos mais furiosos das reformas não são sindicalistas, governadores ou legisladores que "pensam diferente". Eles são parasitas que se recusam a abrir mão da única fonte de suprimento que conhecem: o roubo forçado de recursos dos cidadãos. Se dependesse deles, o governo cairia hoje. Se eles ainda não embarcaram em tal aventura, é porque entendem que a opinião pública está apoiando o presidente de forma esmagadora. É por isso que eles optaram pela estratégia de desgaste, enquanto especulam sobre o momento certo para atacar. É claro que, quando as primeiras iniciativas começarem a dar frutos, nada os impedirá, em seu desespero para perder seus privilégios, de tentar algo maluco.

Javier Milei pode traçar o caminho, mas não pode, sozinho, realizar o épico de tornar a Argentina grande novamente. Essa é a tarefa de todos. Também é sua.

SOBRE OS AUTORES

NICOLÁS MÁRQUEZ

Nasceu na Argentina em 22/04/1975. É escritor, ensaísta, analista político e conferencista internacional. Também é advogado, formado pela Universidad Nacional de Mar del Plata (2003). É pós-graduado em Terrorismo, Contrainsurgência, Tráfico de Drogas e Crime Organizado. É graduado pelo Center for Hemispheric Defense Studies da National Defense University (Washington DC -2008 e 2009-), educador (Universidade FASTA -2012-) e possui um diploma em Filosofia Thomística (Universidade FASTA -2018-). Ele tem mestrado em Bioética (Universidad Católica Múrcia, Espanha -2019). Finalmente, é autor de 15 livros (cinco dos quais são best sellers), publicados em 20 países e traduzidos para o italiano, inglês e português.

MARCELO ALEJANDRO DUCLOS

(1981, Buenos Aires) Estudou Jornalismo na TEA e Ciência Política e Economia na ESEADE. Foi produtor da POP Radio e apresentador do programa Los violinistas del Titanic na Radio Palermo. Trabalhou como assessor de imprensa no Congresso Nacional e foi coordenador de comunicações da Fundação Naumann. Colaborou como colunista convidado em vários meios de comunicação nacionais e internacionais. Atualmente, é colunista da Argentina e analista político e econômico do PanAm Post. Colecionador de Queen, baixista humilde e entusiasta do vinho. Tutor responsável de Taylor, Nova e Zaius, que o acompanham quando ele escreve.

BIBLIOGRAFÍA

Abad, J. J. (1978). La selección de lar aza aria (Lebensborn). Madri. Círculo de Amigos de la Historia.

Acuña, Carlos M. (2003). Por Amor al Odio, La Tragedia de la Subversión en la Argentina. Volume I. Buenos Aires. Ed. Del Portico.

Alemann, R. (1997). Breve Historia de la Política Económica Argentina. Buenos Aires. Editorial Claridad.

Alsogaray, A. (1989). Bases liberales para un programa de gobierno. Buenos Aires. Planeta.

" " (1993). Experiências de 50 anos de política e economia argentinas. Buenos Aires. Planeta.

Apa, Jorge N. (2017). Al gran fraude argentino ¡Salud! El paroxismo de la mentira. Buenos Aires. Edivern.

Arenz, E. (1986). Libertad: un sistema de fronteras móviles (Ensayo sobre la doctrina liberal). Ed. Zuccoli.

Barraza, R (2006) En 100 años de dolarización o un siglo sin Banco Central: el caso de Panamá. Panamá. Fundación Libertad.

Beccar Varela, C. (1991). Curiosidades. Panorama de la historia argentina. Diccionário político y manual prático para destruir el poder de los corruptos. Buenos Aires. Ed. de autor.

Benegas Lynch Senior, A. (1961). Destino de la libertad. Buenos Aires. Centro de Estudios sobre la Libertad.

Benegas Lynch Filho, A. (1982). Fundamentos de análisis económico. Buenos Aires. Eudeba.

Benegas Lynch Filho, A. e Krause, M. (1998). En defensa de los más necesitados. Buenos Aires. Atlántida.

Böhm-Bawerk, E. v. (2000). La conclusión del sistema marxiano. Madri. Unión Editorial.

Bonasso, M. (2000). Diario de un clandestino. Buenos Aires. Ed. Planeta.

Círculo Militar (2000). In memorian. Un aporte a la verdad sobre la violencia subversiva en la República Argentina. Buenos Aires. Editorial del Círculo Militar.

De Pablo, J. C. (2013). Vivencias extremas. La hiperinflación de 1989 y la corrida de 2001 relatadas para quienes no las vivieron. Buenos Aires. Ediciones Barbarroja.

Doman, F. e Olivera, M. (1989). Los Alsogaray. Secretos de una dinastía y su corte. Buenos Aires. Aguilar.

Ebeling, R. (2002). Selected writings of Ludwig von Mises. Between the two World Wars: Monetary disorder, Interventionism, Socialism, and the great depression. Indianápolis, Indiana. Liberty Fund.

Friedman, M. (1971). Dólares y déficit. Buenos Aires. Emecé.

" " (2004). Libertad de Elegir. Barcelona. RBA Coleccionables.

González, J. L. (2003). El Loco. La vida desconocida de Javier Milei y su irrupción en la política argentina. Buenos Aires. Planeta.

Hardoy, E. (1993). No he vivido en Vano. Buenos Aires. Marymar Ediciones.

Hayek, F. (1985). La desnacionalización del dinero. Madri. Hyspamerica.

" " (1990). La fatal arrogancia. Los errores del socialismo. Madri. Unión Editorial.

" " (2011). Camino de servidumbre. Madri. Alianza Editorial.

Hitler, A. (c. 1960). Mi lucha. Buenos Aires. Talleres Gráficos Alborada.

Keynes, J.M. (1996). El final del laissez-faire em Ensayors sobre intervencionismo y liberalismo. Barcelona. Folio.

Laje, A. (2022). La Batalla Cultural. Buenos Aires. Hojas del Sur.

Laprida, M. (1994). Los increíbles radicales. Buenos Aires. Ed. de autor.

Laski, H (1989). Karl Marx. México. Fondo de Cultura Económica.

Levitt, S. e Dubner, S. (2014). Freakonomics. Barcelona. Ediciones B.

Locke, J. (2005). Cartas sobre la tolerancia. Buenos Aires. Gradifico.

Márquez, N. (2004). La Otra Parte de la Verdad. La respuesta a los que han ocultado y deformado la verdad histórica sobre la década del 70 y el terrorismo. Buenos Aires. Edivern.

Martínez de Hoz, J. A. (1991). Quince años después. Buenos Aires. MC.

Massot, V. (2021). La Excepcionalidad Argentina. Del Apogeo al subdesarrollo sustentable. Buenos Aires. Claridad.

Marx, C. e Engels, F. (2004). El manifiesto comunista. Buenos Aires. Akal.

Marx, C. (2014). El Capital. México. Fondo de Cultura Económica.

Menger, C. (1996). Princípios de economia política. Barcelona. Folio.

Milei, J. (2022). El Camino del Libertario. Buenos Aires. Ed. Planeta.

Mises, L. v. (1968). Socialismo. Nova York. Western Book Foundation.

" " (2011). La acción humana. Madri. Unión Editorial.

" " (2012). La teoria del dinero y del crédito. Madri. Unión Editorial.

Paul, R. (2009). End the FED. Nova York. Grand Central Publishing.

Pigna, F. (2005). Lo pasado pensado. Entrevistas con la historia argentina (1955-1983). Buenos Aires.

Ravier, A. (2022). Crítica aristotélica al libre mercado. Raíces y etapas en la historia de la Escuela Austríaca. Revista Procesos de Mercado, Espanha.

Rojas, M. (2005). Suecia después del modelo sueco. Del Estado benefactor al Estado posibilitador. Buenos Aires. Fundación Cadal.

Rojas, R. (2018). Fundamentos praxeológicos del Derecho. Buenos Aires. Unión Editorial.

" " (2022). La inflación como delito. Buenos Aires. Unión Editorial.

Romero, L. A. Breve historia contemporánea de la Argentina (2001) Fondo de Cultura Económica. Buenos Aires.

Rothbard, M. (1979). Moneda libre y controlada. Buenos Aires. Fundación Bolsa de Comercio de Buenos Aires. Centro de Estudios sobre la Libertad.

" " (2005). Hacia una nueva libertad. El manifiesto libertario. Buenos Aires. Grito Sagrado Editorial.

" " (2023). El igualitarismo contra la naturaleza. Buenos Aires. Barbarroja Ediciones e Unión Editorial Argentina.

Sanz, C. (2023). Massa Confidencial. Buenos Aires. Hojas del Sur.

Sastre, M.; Alberdi, J. B.; Gutiérrez, J.M e Echeverría E. (comp. desconhecido) (1958) El salón literario Buenos Aires. Hachette.

Sennholz, H. (ano desconhecido). Las causas de la inflación. No Suplemento "Las ideas de la Libertad". Buenos Aires. Centro de Estudios sobre la Libertad.

Schumpeter, J. A. (1979). Diez grandes economistas: de Marx a Keynes. Madri. Alianza Editorial.

Smith, A. (1997). La teoría de los sentimientos morales. Madri. Alianza Editorial.

" " (2011). La riqueza de las naciones. Roma. Greenbook Editore.

Stefanoni, P. (2021) ¿La rebeldía se volvió de derecha? Cómo el antiprogresismo y la anticorrección política están construyendo un nuevo sentido común (y por qué la izquierda debería tomarlos en serio). Buenos Aires. Siglo XXI.

Stuart Mill, J. (2022). La esclavitud femenina. Penguin. Espanha.

Yofre, J. B. (2006). Nadie fue. Crónicas, documentos y testimonios de los últimos meses, los últimos días, las últimas horas de Isabel Perón en el poder. Ed. pelo autor.

WEBGRAFÍA

Constituição da Nação Argentina em: http://www.saij.gob.ar/nacional--constitucion-nacion-argentina-lnn0002665-1853-05-01/123456789-0abc--defg-g56-62000ncanyel

Fundación Atlas para una Sociedad Libre (2004). Claves para interpretar la Argentina. Em: https://www.fundacionatlas.org/index.php?m=biblioteca

Leis referenciadas disponíveis em: https://servicios.infoleg.gob.ar/infolegInternet/

JORNAIS / SITES

www.aciprensa.com
https://www.afa.com.ar/es/
www.ambito.com
www.argentina.gob.ar
www.bbc.com/
www.clarin.com
https://cnnespanol.cnn.com
www.cronista.com
www.diariocronica.com.ar
https://www.eldiarioar.com
https://eleconomista.com.ar
www.eldestapeweb.com
www.elmundo.es
https://elpais.com
www.elpais.com.uy
www.forodesaopaulo.org
https://fundaciondisenso.org
https://gaceta.es
https://grupoclarin.com
www.grupodepuebla.org
https://www.ides.org.ar
https://idesa.org
www.infobae.com
https://infocielo.com
www.lanacion.com.ar
https://www.lapoliticaonline.com
https://www.libremercado.com
http://www.martinezdehoz.com
https://mises.org/es
https://www.negociosdelcampo.com
https://noticias.perfil.com
https://www.nytimes.com/es
www.pagina12.com.ar
www.perfil.com
https://prensarepublicana.com
https://rae.es/
https://realpolitik.com.ar
https://revistas.ungs.edu.ar
www.rosario3.com
https://www.sipiapa.org
https://es.statista.com
https://www.swissinfo.ch
https://www.telam.com.ar
www.tn.com.ar
https://twitter.com/home
https://udesa.edu.ar
https://urgente24.com
https://www.utdt.edu/
www.20minutos.es

ÍNDICE GERAL

HOJAS DEL SUR

www.hojasdelsur.com

www.ingramcontent.com/pod-product-compliance
Lightning Source LLC
LaVergne TN
LVHW010539160826
845677LV00013B/2924

* 9 7 8 9 8 7 8 9 1 6 9 6 5 *